时尚品牌

选 购 完 全 指 南

世界品牌研究课题组　主编

北京工业大学出版社

出版缘起

在现今的时尚人群中，“潮范儿”日渐成了一大热词。所谓的“潮”，很大程度上代表了时尚一族注重自我个性表达，不想盲从和隐没在大部分人所跟风的时尚潮流之中的心态。比起一般意义上的时尚，潮人所表现出来的往往是更加个性、更加前卫的品位，他们十分重视第一眼的视觉元素，比如骷髅头、动物纹理、金属铆钉、做旧处理、撞色，并且通过从帽子、发型、时装、配饰、包袋到鞋子的整体搭配，秀出品位，展露个性。本书将能够充分表达这些先锋概念的时尚品牌称之为时尚潮牌。

虽然，潮人通常都会比较青睐一些略显张扬、大胆的个性化设计，但他们却绝非完全脱离于主流时尚文化之外的“新新人类”，不是一味地、简单地追求妖异、非主流、叛逆和标新立异，他们拥有自己的审美旨趣，不会为了另类而另类。相反，相对于中规中矩的着装风格，潮人其实更加需要注重整体搭配的相得益彰，这样才能恰到好处地显示出潮范儿。很多时候，潮范儿其实是搭配出来的，也许就是一身明亮色调的九分裤修身西装，或者是一只极简主义风格的帆布手袋，搭配一双铆钉元素高帮运动鞋和牛仔超短热裤，潮范儿就呼之欲出了。从根本上讲，潮人们穿的是概念，表达的是态度。

目前，在欧美、澳大利亚特别是日本地区，都出现了一些备受潮人推崇的时尚品牌。诸如亚历山大·麦昆、菲利普·普莱恩、D 二次方、安逸猿，而一些一线时尚品牌旗下的副线品牌，比如普拉达的缪缪、马克·雅可布之马克，也是时尚潮人们十分钟爱的品牌。这些潮牌的设计理念往往不像传统品牌那样，沿袭固有的特定风格，而是可以更多地发挥创意，充分考虑到时尚潮人表达自身个性的需要，它们往往乐于选取一些非常独特的设计元素，比如朋克风十足的各式铆钉，野性十足的豹纹，或者是看似惊悚诡异的骷髅头，而在特定文化中，骷髅头其实代表着勇气。

在一些备受热捧的人气潮牌中，有些品牌尽管并不在款式上追求奇特，博人眼球，但是它的 Logo（商标），比如日本潮牌安逸猿的猿猴头像，足已经证明了穿戴者的潮人品位。另外，品牌之间、品牌与知名设计师之间常常进行跨界合作，比如阿迪达斯三叶草与杰瑞米·斯科特联手推出的作品，一直都是潮人们极其关注的潮品。

为满足品位一族对潮牌服饰的了解需求，世界品牌研究课题组经过精心筹备出版了本书。本书是一本时尚潮人最值得拥有的实用导购指南，将现今最具人气的近 80 个时尚潮牌一一收录，除了设计风格、适用人群、基本价位、标志性元素等实用信息以外，全面涉及了这些品牌最知名的镇店潮品和最具人气的必购潮品，潮品数量多达 3000 多款，品类全面涉及男女时装、鞋类、包袋、饰品、腕表、香水、丝巾、太阳镜、腰带、帽子、耳机等，对每一款作品的相关材质、设计特点、参考价格等都进行了细致的解读和标注，并附有大量搭配建议。

由于一些外国品牌并不像纪梵希、迪奥等品牌一样，有着认可度极高的通用中文译法，因此，书中沿用了其原始外文形式。另外，旨在为读者提供延伸性阅读空间的"买手必购榜"栏目，并没有出现在本书的所有品牌中。

本书是一本高品位潮人手边必备的扫货全攻略，商品标价综合了官网、实体店、专业购物网站所提供的信息以及汇率因素，可供参考。各个潮牌的相关购买信息，均在本书的"直通名店"一栏（店面信息以中国及亚洲其他国家和地区为主）进行了介绍。另外，在必逛潮店 Top 10 榜单中，重点介绍了在米兰、东京、巴黎、香港等时尚购物圣地出现的综合性精选店，那里可以同时购买到多家潮牌精品，时尚潮人一定不要错过。

世界品牌研究课题组

2014 年 1 月

目录

CONTENTS

Bell & Ross
BR

时尚达人最爱潮牌TOP10

NO.1 *Alexander McQueen* 亚历山大·麦昆

品牌档案
创始人：亚历山大·麦昆
流行指数：★★★★★

流行人群：在国内，了解亚历山大·麦昆的人数有限，但它可是时尚圈、名媛和明星们用来夺人眼球的必胜法宝。在国外，此品牌具有超高人气，“阿曼迪罗”高跟鞋更是天后 Lady Gaga（蕾蒂嘎嘎）的御用高跟鞋。

热门潮品：骷髅标志丝巾、超低腰牛仔裤、阿曼迪罗高跟鞋

NO.2 *Dsquared²* D二次方

品牌档案
创始人：迪恩·卡登和丹·卡登
流行指数：★★★★★

流行人群：这个性感、浪漫、狂野的意大利品牌从创立之初至今，越来越吸引年轻人的目光。在意大利，只要提到D二次方，就代表着一种个性与时尚的撞击，追求时尚潮流的年轻人一旦爱上了D二次方，就不会轻易改变对该品牌的衷心爱戴。

热门潮品：紧身牛仔裤、楔形凉鞋、流行元素饰品

NO.3 *Vivienne Weswood* 维维安·韦斯特伍德

品牌档案
创始人：维维安·韦斯特伍德
流行指数：★★★★★

流行人群：在资深时尚人士和喜欢时尚的年轻人群中，品牌一直保持着良好的口碑。英国年轻人对该品牌的喜爱甚至超过了博柏利和玛百莉，相对于中规中矩的黑白米色格子，他们更喜欢融入叛逆怪诞味道的红蓝格子。

热门潮品：苏格兰格纹服饰及箱包、品牌 Logo 星球手提包、厚底高跟鞋

NO.4 *Giuseppe Zanotti* 朱塞佩·萨诺第

品牌档案
创始人：朱塞佩·萨诺第
流行指数：★★★★★

流行人群：在中国，了解该品牌的资深时尚人士、职场精英、明星和名媛都是它的粉丝。在国外，品牌的认知度要高于中国，它是备受好莱坞推崇的意大利殿堂级鞋履品牌。

热门潮品：由铆钉、水晶或是刺绣打造的时尚另类高跟鞋

NO.5 *Christian Louboutin* 克里斯提·鲁布托

品牌档案
创始人：克里斯提·鲁布托
流行指数：★★★★★

流行人群：时尚圈和高级白领对于红底鞋的喜爱程度可谓只增不减，高级办公区或是星光璀璨的红地毯上，经常可以看到红底鞋性感的影子。

热门潮品：方头露趾鞋、极细高跟鞋、绑带靴和铆钉运动鞋

NO.6 *Adidas Originals* 阿迪达斯三叶草

品牌档案

创始人：阿道三·达斯勒

流行指数：★★★★★

流行人群：在时尚的运动型潮人一族中，阿迪达斯三叶草拥有众多的忠实粉丝，特别是它与美国怪才时尚设计师杰瑞米·斯科特合作推出的鞋款，一直是潮人们热衷于收藏的热门潮品。

热门潮品：融入翅膀、豹纹和动物造型等时尚元素的服饰和运动鞋

NO.7 *John Galliano* 约翰·加利亚诺

品牌档案

创始人：约翰·加利亚诺

流行指数：★★★★

流行人群：约翰·加利亚诺天马行空的想象力让他的作品在崇尚个性的时尚人群中备受推崇，而其产品显而易见的卓越品质让高薪白领们情有独钟，至于那些始终站在时尚前沿的好莱坞明星，无论出席任何场合，穿约翰·加利亚诺永远不会出错。

热门潮品：金属色外套、朋克风格皮件、金属色细高跟鞋

NO.8 *Lulu Guinness* 露露·吉尼斯

品牌档案

创始人：露露·吉尼斯

流行指数：★★★★

流行人群：另类摩登的风格一直受到资深时尚人士和好莱坞明星的推崇，更赢得了热爱时尚的白领阶层的欢心。

热门潮品：房屋型手提包、唇形迷你包

NO.9 *Comme des Garcons* 川久保玲

品牌档案

创始人：川久保玲

流行指数：★★★★

流行人群：在时尚达人的必购清单中永远缺少不了川久保玲的产品。无论是热爱日本潮牌的年轻一族、非潮牌不穿的潮流达人，还是必须始终在公众面前保持光彩照人形象的明星，川久保玲这个品牌都是他们的信仰。

热门潮品：抽象图案的黑白双色丝巾、低色度服饰

NO.10 *KD2024* KD2024

品牌档案

创始人：艾里克·托里拆利

流行指数：★★★★

流行人群：对于喜欢视觉创意的潮人来说，以仿真的动物造型饰品作为主打的KD2024，绝对是不可不知的潮牌，其作品十分博人眼球，多为925纯银、合金以及贵重金属材质手工打造饰品。

热门潮品：爪形及动物元素戒指

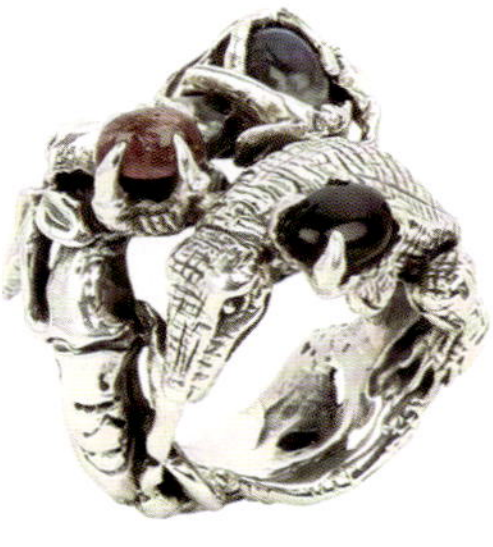

必逛潮店TOP10

No.1 Colette

Colette 位于巴黎著名的圣奥诺雷路上，隔壁店一边是路易威登，一边是迪奥。它分为三层，首层主要售卖的是街头版新奇潮物，包括腕表、配饰、运动鞋、书籍、杂志、CD、DVD、高科技产品和 T 恤等。一整面的限量版运动鞋展示墙和那间挂满各品牌 T 恤的透明玻璃屋，绝对是街头文化粉丝们的心头好。二层展示的货品几乎每周定期更换，绝大多数是极具个性的设计师品牌的女装系列和配饰，当然还包括一小部分买手精心挑选的男装单品。它还有一个水吧，在地下一层，但只在午餐时开放，供应着来自世界各地的上百种品牌的矿泉水。Colette 也经常举办有趣的展览。

作为一家精选店，它的品位是综合的，街头的、地下的、艺术的、时尚的，在此都能找到。Colette 经常会搜集售卖一些比较难找到的限量版商品，许多不错的新品牌更是希望和 Colette 合作进行独家销售。逛这样的精选店，要比去逛一个一个大牌店省去很多时间，每年 1 月和 7 月是打折季。很多对设计、时尚感兴趣的年轻人，去巴黎一定会去 Colette，去这家店里看看最近都有些什么新鲜有趣的东西，但目的却绝不完全是购物，而是去发现最新流行的元素。

★必扫潮品：化妆品、服饰、鞋类

营业时间：11:00～19:00

网上商店：http://www.colette.fr

No.2 10 Corso Como

10 Corso Como 是米兰的代表性时装精品店。1990 年，意大利时装杂志《VOGUE》的传奇主编卡拉·索珊尼，将其作为集合了书店、画廊、商店、咖啡厅甚至后来的酒店概念的复合文化空间正式开设。店中除了出售自营品牌的服装、包袋外，还出售一些时尚潮牌的热卖款，包括汤米·希尔费格的男鞋、Carmina Campus 包袋。现在，除了米兰总店，10 Corso Como 在东京、首尔和上海也设立了分店。在店里，一种完整的慢购物体验本身已经成了一件很潮的事情。

★必扫潮品：包袋、T 恤

米兰店

营业时间：10:30～19:30

周三周四　10:30～21:00

首尔店

营业时间：11:00～20:00

东京店

营业时间：11:00～20:00

周五周六　11:00～21:00

★必扫潮品：化妆品、饰品

营业时间：周一到周六　10:00～20:00

周日　12:00～19:00

No.3 Henri Bendel

位于曼哈顿区第五大道的Henri Bendel纽约旗舰店，是美剧《绯闻女孩》中女主角们最爱疯狂扫货的地方，可以说，这家始建于1895年的老牌百货店，已经成为纽约商业历史的一个标志。Henri Bendel当初以销售女帽起家，是第一个将可可·香奈儿的设计带到美国的百货公司。在这家店里，汇聚了瑞克·欧文斯、黛安·冯芙丝汀宝等一些知名设计师的作品。重点是，这家百年老店每半年会举办一次名叫"Open-See（开放展示）"的活动，时尚界的新面孔可以借这个机会，向买手们推荐和介绍他们的设计，被选中的优秀作品不但可以在只对VIP客户开放的私人秀中亮相，甚至有机会被放置于店内销售。因此，这家店也就成了引领纽约流行时尚的一个风向标。

Henri Bendel以销售化妆品、首饰等女性商品为主，所以说，它是不折不扣的女性购物天堂。如果想购买纽约最新潮的化妆品、饰品，Henri Bendel堪称首选。

No.4 Salon by Surrender

这家位于上海的时装店其实来自法国，其设计极具凡尔赛宫的建筑特色，墙板据说采用的是18世纪原材料，由巴黎直接空运，而内设的家具，如吊灯和座椅，都是出自知名的荷兰设计师马丁·巴斯之手。这家店的氛围很私密，值得一提的是，它还特别配备了矩形的多面镜试衣间，可以令人轻易迷失在多角度的视觉变化中。店里所展示的品牌包括理查德·尼勒、拉夫·西蒙等一些欧美知名品牌，以及络纹姿、高桥盾UC等一些极具知名度的日本人气潮牌，十分值得一逛。

★必扫潮品：络纹姿银饰、高桥盾UC休闲装、Mr.Hare男鞋

营业时间：11:00~20:00

No.5 Beaker

位于首尔江南区清潭洞的潮店Beaker囊括了欧美日前沿时尚的超强品牌，并以先锋、环保的建筑装饰理念，吸引了众多潮人成为其忠实顾客。它是距盆唐线狎鸥亭Rodeo地铁站3号出口最近的店面，经营的品牌范围从韩国本土品牌扩至欧洲、美国以及日本。在这家店里，你不仅可以找到像亚历山大·麦昆这样的大牌，也可以找到瑞格布恩这样高品质的高街品牌，很多韩剧中男女主角穿的服装就是出自这里。除了购物空间，该店同时设有咖啡店、书店等配套休闲场所。

★必扫潮品：衬衫、外套、毛衣

营业时间：11:00~20:00

徐濠萦等众多女明星热捧的 Tata Baby 豹纹迷你手袋

No.6 Liger

Liger 潮店的老板是香港知名艺人徐濠萦，店内经常会出现即使是去欧洲都一件难求的设计师热款，更有许多眼光独到的独立设计师单品。虽然来自于不同的品牌，但硬派混搭的整体风格十分统一协调，前卫有型。

★必扫潮品：Tata Baby 包袋、Joomi Lim 饰品、卡米拉·斯科夫高锯齿底高跟鞋、伊迪·波哥饰品

铜锣湾百德新街店

营业时间：周一到周六　12:30～21:00

铜锣湾白沙街店

营业时间：12:00~21:00

九龙弥敦道活方店

营业时间：12:00～21:00

No.7 I.T

I.T 潮店以独特、年轻、时尚风格为主，在中国香港以及北京、上海等各大城市的一些大型购物中心设有店面。特别是香港的一些店面汇集了众多的以款式前卫、多元化和引导潮流著称的欧美和澳大利亚时装品牌，包括马丁·马吉拉时装屋、加勒斯·普、杰弗里·坎贝尔等，以及席卷亚洲的日本年轻潮流时装品牌，如安娜苏、津森千里以及 X-Girl 等。

★必扫潮品：弗莱德·派瑞衬衫、卡苏比牛仔服、杰弗里·坎贝尔女鞋、EMU 雪地靴

营业时间：11:30～22:00

No.8 S Cube

作为在北京颇有名气的时尚潮店，S Cube 店内主要经营新兴设计师品牌的女装、男装、鞋类、配饰及家居时尚用品等。光顾这里的人很多都是老顾客，店家会在货品到店后短信发送消息给他们，所以常常会出现新货还没上架，就已经被预订一空的情况。S Cube 店共有上下两层，店内一层贩售成品、二层则用作定制，自有设计品牌和代购品几乎各占一半。

★必扫潮品：眼镜、腰带、时尚风衣和 T 恤

营业时间：周一到周五　11:00~20:00

周六周日　11:00~23:00

No.9 Dahood

Dahood 一词源于嘻哈音乐，这家香港地区以时尚及潮流元素为主题的运动连锁品牌潮店，目前在香港旺角花园街、铜锣湾礼顿道等地设有多家店面，在上海静安区也设有一家旗舰概念店。这些店中代理着阿迪达斯三叶草等一些知名的运动潮流品牌，经常会有一些全球限量版的热卖鞋款，运动型的潮人们绝对应该去碰碰运气。

★必扫潮品：

阿迪达斯三叶草系列

营业时间：12:00~22:00

No.10 Candy

2010 年 4 月，在东京涩谷闹市区，由 Candy、Sister 以及 Gallery Fake 三家时尚店铺组成的三层专卖店——FAKE 隆重开业，其中，位于一层的 Candy 以提供超具个性的潮人单品闻名，其所经营的品牌大部分是从国外采购的，甚至是经常出现在巴黎时装周上的名品，一些设计感超强的二手服饰也会在这里销售。很多欧美明星都会慕名而来悄悄光顾，其中就包括 Lady Gaga。

★必扫潮品：加勒斯·普新款时装、KTZ 连衣裙

营业时间：12:00 ~ 22:00，无固定休息日

Alexander McQueen 亚历山大·麦昆

绝对潮牌

品牌创始人亚历山大·麦昆，是时尚圈不折不扣的“鬼才”设计师，他的设计总是妖异出位，充满天马行空的创意，以狂野的方式表达情感，浪漫但又决绝的现代感，具有很高的辨识度。他总能将两极的元素融入一件作品之中，比如柔弱与强力、传统与现代、严谨与变化等。细致的英式定制剪裁、精湛的法国高级时装工艺和完美的意大利手工制作都能在其作品中得以体现。亚历山大·麦昆的奢华舞会礼服深受明星和贵族的追捧。

在配饰方面，亚历山大·麦昆擅长设计一些非常独特的头饰，如动物的头角、动物的面具等；在服装表演的舞台设计方面，亚历山大·麦昆总是别出心裁，把表演场地选在喷水池中，抑或是将舞台设计成下着鹅毛大雪的雪地等，被多位时装评论家誉为是当今最具吸引力的时装表演。

如今，麦昆的得意门生莎拉·伯顿执掌品牌大旗，为品牌注入了更为柔和、更贴近自然的新鲜元素。

镇店潮款

雪尼尔提花毛衣

这款红色上衣采用极其柔软的雪尼尔面料于意大利制成，堪称极致奢华的毛衣。别致的针织提花面料则为这件舒适华丽的套头衫更添深邃感和立体感。铅笔半身裙或紧身牛仔裤，会是它不错的搭配伙伴。

参考价格：￥7 600

搭配建议：

绗缝雪尼尔面料迷你裙（参考价格：￥7 400）

带装饰弹力绉纱礼服

这款黑色弹力绉纱礼服的精美上身完全由手工缀饰，金色亮片和水晶缀饰以奥地利画家古斯塔夫•克里姆特的镀金画作为设计灵感。建议搭配同样华美的手拿包，衬托出这款礼服的炫目魅力。

参考价格：￥41 500

搭配建议：

铆钉黑色皮革横硬壳手拿包（参考价格：￥17 500）

双色蟒蛇皮高跟鞋

这款红黑双色蟒蛇皮高跟鞋采用细高跟设计和皮革内衬，集舒适摩登为一体，是白领丽人们日常出行和参加聚会的时尚法宝。

参考价格：￥7 500

真丝抹胸上衣

这款抹胸上衣带有蜂巢及蜜蜂图案设计，结合腰带凸显腰部，让你看上去分外迷人。

参考价格：￥35 100

搭配建议：

Heroine 真皮手袋

（参考价格：￥19 400）

蜜蜂刺绣麂皮吸烟装便鞋

威尼斯式鞋面，亮金属色皮革饰边，带来强烈的对比感，麂皮鞋面装饰蜜蜂刺绣。建议搭配单色短袖和短裙。

参考价格：￥4 900

真皮镂空凉鞋

独特前卫的蜂巢状镂设计，突显个人时尚品位。

参考价格：¥9 2[illegible]0

骷髅头围巾

作为时尚界的宠儿，这条围巾完美展现了该品牌配饰的标志性元素——骷髅。建议效仿伦敦前卫时尚达人的装扮风格，用这款黑色和沙色围巾搭配机车皮夹克。

参考价格：¥2 100

镂空蕾丝盒形手拿包

这款钴蓝色盒形手拿包带有标志性的骷髅头搭扣与漂亮的镂空蕾丝外壳，可营造出惊艳的对比效果，绝对是一款闪耀夺目的派对配饰之选。建议搭配干练的中性服装，增添华丽点缀。

参考价格：¥9 500

Britannia Skull 皮质盒形手拿包

这款手拿包的设计亮点在于顶部饰有施华洛世奇水晶缀饰骷髅头形搭扣，彰显不凡个性。建议搭配全黑色装束。

参考价格：¥16 000

独角兽骷髅蕾丝手拿包

亚历山大·麦昆的品牌个性从来不拘一格，正如潮人所渴望的。配合精湛的工艺和标新立异的设计，这款华贵手拿包像魔法般深入人心。双独角兽装饰主骷髅金属指扣，将蕾丝的华丽推向极致，集万千美妙于一身。

参考价格：¥18 [illegible]0

Heroine 真皮铆钉手提包

这是亚历山大·麦昆的一款标志式包款，加入酷感十足的铆钉点缀，优雅地散发着朋克味道。搭配西服外套和高跟鞋，一定是时尚白领的不二选择。

参考价格：¥22 200

黑色骷髅印花两用丝巾

经典黑白双色的优雅气质，骷髅头的死亡气息营造出的暗黑美学，用强烈的戏剧效果表达个性灵魂。可作小丝巾增添颈间风情，亦可系于手腕。

参考价格：¥2 300

蜜蜂骷髅复古金色和银色戒指

一对蜜蜂攀爬上骷髅，身上却嫁接柔美仙翅，交织成完美造型，闪亮镶饰在骷髅中绽放异彩。用这款主角级的戒指，可以点缀你的任何个性装扮。

参考价格：¥2 700

银色骷髅镶水晶手镯

将耀眼水晶镶嵌于这款骷髅手镯上，令它成了派对上的完美焦点。

参考价格：¥2 800

金色骷髅皮革流苏钥匙扣

大颗金色骷髅下，皮革流苏轻轻摆动，个性醒目的一款装饰。让亚历山大·麦昆的这款钥匙扣，闪烁于你的包袋一角，为你的装扮更添亮点。

参考价格：¥2 200

宝石蜂巢耳环

细致的蜂巢及骷髅头图案设计，加上宝石点缀，更显另类感觉。

参考价格：¥2 900

金色蜜蜂双针方扣黑色皮带

金色蜜蜂与镶饰，金光流转，为亚历山大·麦昆的这款黑色皮带赋予灵魂，用它搭配深色裤装，或外束于长款衣裙，可令整体装束个性醒目。

参考价格：¥8 200

买手必购榜

结构感肩部设计绉纱连衣裙

这款黑色绉纱连衣裙能够勾勒出迷人的身材。利落剪裁、垫肩和颇具俏皮感的宽下摆裙身形成鲜明的对比。

参考价格：¥13 400

搭配建议：

搪瓷骷髅图案手镯

（参考价格：¥1 800）

纯羊毛花卉图案连衣裙

宽松的剪裁，别致的花卉，搭配保暖的羊毛材质，时尚感和实用性兼得。建议搭配中跟凉鞋。

参考价格：¥11 600

黑白蜂巢提花喇叭连衣裙

修身喇叭裙身，完美展现你的妙曼曲线，搭配一款蜜蜂造型配饰，戒指抑或胸针，你必会成为派对的女主角。

参考价格：￥12 300

带装饰弹力针织礼服

这款带有蜂巢图案刺绣和珠饰的修身礼服，上身正面开衩且带有垂褶细节，背部挖剪设计。搭配细高跟鞋和金色手镯，绝对可拥有令人惊艳的造型。

参考价格：￥51 600

蜻蜓印花真丝雪纺礼服

这款蜻蜓印花礼服采用多层薄透的真丝雪纺裁制而成，内置带胶骨的紧身胸衣提供充分支撑，并确保这款无肩带礼服的穿着固定性。不妨为这款飘逸的礼服搭配黄金手镯和素雅妆容。

参考价格：￥39 000

搭配建议：
皮质高跟鞋
（参考价格：￥4 200）

弹力针织连衣裙

这款红色连衣裙选用灵活贴身的弹力针织面料制成，腰部采用罗纹设计，宽下摆裙身可让你的曼妙曲线尽显无余。建议搭配同色系配饰。

参考价格：￥16 300

露肩礼服

这款甜心抹胸领口设计雪纺黄色天鹅绒金色礼服，以隐藏拉链紧固。重量级的设计，简单而有趣。

价格请店洽

印花棉质混纺罗缎半身裙

这款棉质混纺罗缎半身裙采用标志性的钟形剪裁，定会让你成为众人瞩目的焦点。

参考价格：￥6 500

红色立裁落肩裙摆短外套

深V领和立体落肩的设计，硬朗中透着性感。亚历山大•麦昆以精湛立体剪裁，造就这款短摆外套，搭配腰带，无论穿着修身裤装或半身长裙，都能展现动人气魄。

参考价格：￥21 100

双色羊毛混纺光泽感外套

黑色和白色羊毛混纺光泽感夹克彰显出该品牌一流的制作工艺。富有结构感的肩部和车缝褶腰身塑造出利落的廓形，而背面双开衩则留出了足够的身体转动空间。这款夹克堪称引领黑白色潮流的大师之作。

参考价格：￥33 700

无袖金属色蜂窝状蕾丝装饰下摆外套

精美的金属色蕾丝外套饰有层叠装饰下摆和黑色缎面边饰，这些细节的设计灵感源自蜜蜂翅膀的构造。收腰设计可凸显玲珑曲线，正面的口袋在蜂窝状图案的掩映下让人难以察觉，甚是惹人喜爱。

参考价格：￥47 100

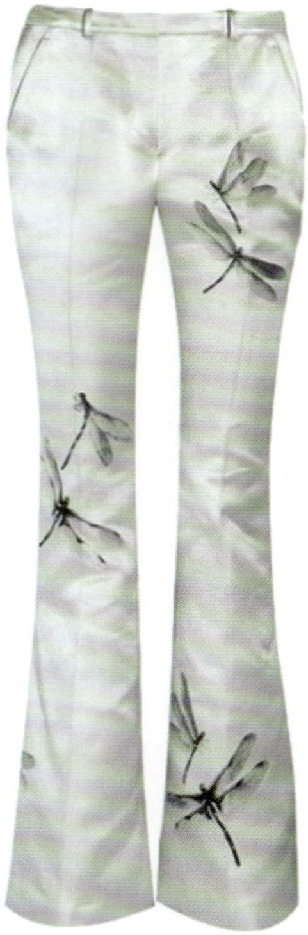

真丝混纺缎布蜻蜓提花外套

这款真丝混纺缎布外套运用金属色提花打造了精致的昆虫细节。它采用尖形垫肩和正面双排扣设计，简洁利落的廓型完美体现了专业剪裁技艺。可搭配同款长裤。

参考价格：￥50 000

搭配建议：

真丝混纺缎布蜻蜓设计提花长裤

（参考价格：￥34 000）

牛巴革机车夹克

品牌凭借这款剪裁利落的牛巴革设计，对经典的机车夹克进行了崭新诠释。从角度安排巧妙的拉链口袋到精心打造的背面褶裥装饰下摆，这件贴身夹克时尚帅气又不失优雅。建议搭配白色牛仔裤和短靴。

参考价格：￥26 000

尖形垫肩夹克

这款潇洒帅气的黑色皮夹克为经典的机车夹克融入一丝优雅格调。它带有奢华的真丝衬里和褶饰装饰下摆，展现出该品牌对细节的极致考究。建议搭配喇叭裤，平衡标志性的尖形垫肩设计。

参考价格：￥46 300

水晶缀饰斜纹布外套

这款黑色斜纹布外套采用结构感肩部和收腰设计，塑造曼妙且极具气场的身材曲线，而璀璨夺目的施华洛世奇水晶缀饰则十分炫酷。建议搭配简约装束，让这款外套成为整套装扮的焦点。

参考价格：￥112 200

穿珠蜜蜂背心

这件背心以蜜蜂和蜂巢为创作灵感，充满自然的活泼气息，结合穿珠点缀，同时散发优雅气质。搭配喇叭长裤和铆钉高跟鞋，在任何场合都一定会成为焦点。

参考价格：￥7 000

刺绣真丝欧根纱女衫

这款真丝欧根纱女衫饰有金色蜻蜓刺绣，以优雅方式表现设计师的独特视角。不妨为其搭配贴身铅笔半身裙和高跟鞋，与荷叶边衣袖形成完美平衡。

参考价格：￥22 200

印花羊毛连衣裙

这件印花羊毛连衣裙的灵感源自彩色玻璃窗户上的纷繁图案。富有结构感的设计秉承了该品牌对前卫廓形的钟爱，背面配有全开衩罩层，露出下方的半贴身裙身。

参考价格：￥22 000

白色纯棉抽象图案男士短袖T恤

具有亚历山大·麦昆特有的不羁风格，彰显个性，适合休闲场合穿着。

价格请店洽

蜻蜓V领男士运动衫

充满艺术随性之美，适合休闲场合穿着。

参考价格：￥6 100

蜂窝印花弹力打底裤

蜂窝是亚历山大·麦昆春季系列的核心图案元素。这款印花黑色和裸色打底裤是日常展现这一图案的完美之选。建议用这款舒适弹力打底裤搭配长款上装和高跟鞋。

参考价格：￥4 800

立裁衩边七分裤

在前身裤边剪开衩口，彰显了亚历山大·麦昆式的玩味不羁，独到剪裁，更新了对七分裤的基本款印象。

参考价格：￥6 800

搭配建议：

扣领荷叶绲边白色衬衫（价格请店洽）

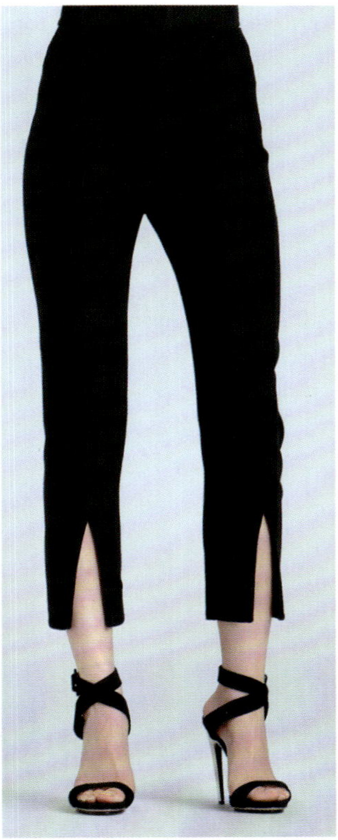

金色铰链骷髅头夹脚平底凉鞋

金色永远都是恢宏璀璨的代名词，但亚历山大·麦昆的这款金色铰链骷髅头夹脚平底凉鞋却为金色抹上了一丝魅惑表情。建议搭配亚历山大·麦昆骷髅头指环和亚历山大·麦昆纯棉衬衫裙。

参考价格：￥4 900

金色铆钉黑色交织网高跟凉鞋

将繁复网状铠甲运用到高跟鞋上，颇具维多利亚时代的极致美感，结合金色铆钉与弧形高跟。亚历山大·麦昆的这款铆钉高跟鞋，挟带强大气势登场，展现你的个性与锐气。建议搭配单色短裤。

参考价格：￥10 600

编织皮质和链条凉鞋

鞋跟高约14厘米，带2.5厘米防水台。雕塑感鞋跟已经成为亚历山大•麦昆的一项标志，而这双略带弧度的凉鞋能帮你以优雅的方式打造时尚造型。这款皮质凉鞋采用链条精心编织而成，定能为你的派对着装增添一缕前卫气息。

参考价格：¥10 400

15厘米漆皮开口坡跟鞋

又是一款张扬别致的鞋子，15厘米闪光有机玻璃高跟，4.5厘米防水台，可调节式搭扣漆皮带。软羊皮革内底和内里，令人感受舒适。建议搭配彩色调连衣裙或不规则图案衬衫。

参考价格：¥30 900

阿曼迪罗系列鞋

“阿曼迪罗”鞋子的出现可谓是乍惊世人，被称为“最疯狂的鞋子”。有人把它形容为驴蹄子，所以俗称“驴蹄鞋”。Lady Gaga曾在她的MV里面穿着“阿曼迪罗”惊艳出场，于是更多名流以“驴蹄”造型示人以博取眼球，英国黑啤酒家族健力士的女继承人达芬妮，就在不久前的一个名流派对里，靠一双粉红色的“阿曼迪罗”成为当晚最引人注目的人。

价格请店洽

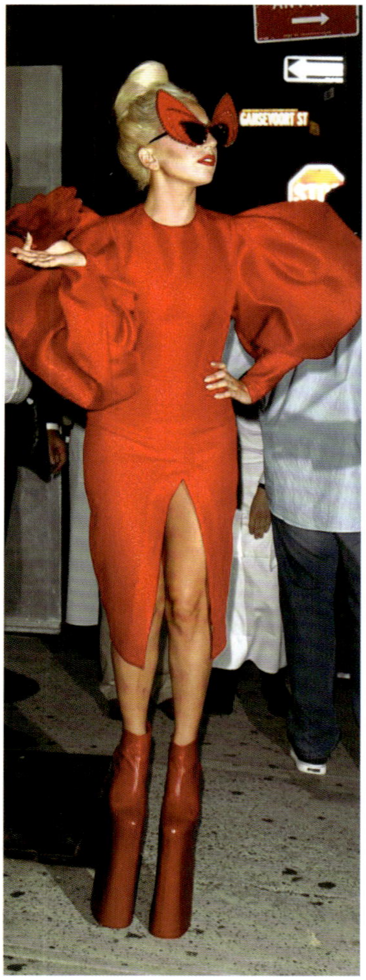

水晶镶饰双面骷髅高跟鞋

这款高跟鞋最出彩处不在于闪耀水晶的骷髅、坚实柔韧的绒面革或流畅纤细的高跟，而是所有这一切完美地融于一体，从而由内而外地提升你的气质，令你成为众人之中的闪光点。适合搭配连衣裙和真皮手拿包，凸显名媛气质。

参考价格：￥7 900

真皮铆钉平底便鞋

所有与蜜蜂有关的事物都能激发设计师的无限创作潜能，这双平底鞋以铆钉砌成蜂巢图案，华丽夺目。搭配黑色单品尤其突出。

参考价格：￥6 500

鹿皮蝴蝶平底便鞋

色彩对比鲜明的平底便鞋，用上亚历山大·麦昆以昆虫为主题的设计，配上轻便休闲的款式，透出时尚趣味。

参考价格：￥6 200

深红色造型弧线高跟凉鞋

镂空造型感鞋身，丝绒鹿皮材质。典雅红调，尽显华贵。

参考价格：￥5 800

真空小牛布洛克男鞋

参考价格：￥4 900

绒面革 Perspex 有机玻璃高跟鞋

鞋跟高约 14 厘米，带 2.5 厘米防水台。亚历山大·麦昆这款黑色和金色绒面革高跟鞋轻松展现了该品牌的华贵美感。窄细的 Perspex 有机玻璃鞋跟为这款醒目张扬的鞋子赋予了未来主义的前卫魅力。无论是剪裁利落的西装还是小礼服，这双鞋都是你的百搭之选。

参考价格：￥12 650

搭配建议：

V-panel 针织铅笔裙

（参考价格：￥13 300）

亮片骷髅头装饰绒面皮革便鞋

参考价格：￥4 300

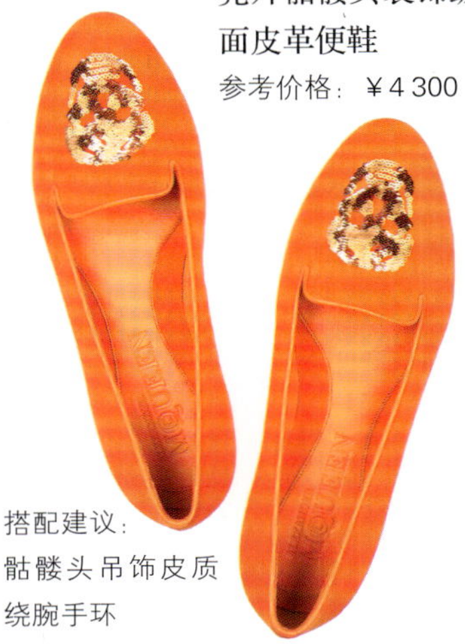

搭配建议：

骷髅头吊饰皮质绕腕手环

（参考价格：￥1 700）

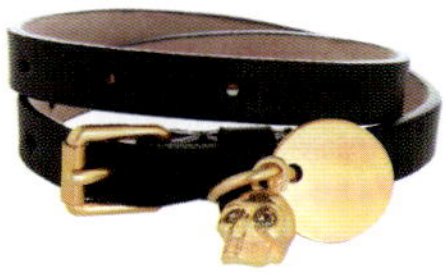

天鹅绒踝靴

这款激光切割及踝靴完美展现了品牌对繁复细节的审美理念。柔软的白色绒面革外精心设计了华丽的黑色天鹅绒罩层，营造出醒目的对比效果。

参考价格：￥6 600

De-Manta 系列大号手提包

这款大号手提包容量充足，鲜艳夺目，适合打造各式造型。

参考价格：￥10 500

De-Manta 系列印花手拿包

采用彩色花朵经典设计，双向拉链，折角处设有磁扣，柔软皮质和折角设计巧妙呈现独具内涵的高格调。适合喜欢混搭风的年轻潮人们。

参考价格：￥4 100

De-Manta 真皮铆钉手拿包

独特的外形，酷感全黑设计与铆钉完美结合，散发狂野大胆的味道。

参考价格：￥8 800

De-Manta 系列真皮手拿包

独特的造型设计，加上鲜艳的颜色，时尚又充满趣味。建议搭配抹胸小礼服和真皮高跟鞋。

参考价格：￥5 800

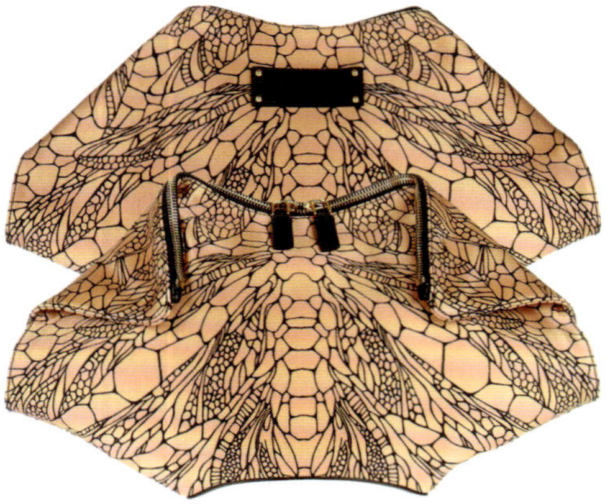

丝缎手拿包

装饰艺术主义珠宝常以纤美的蜻蜓为灵感，而这款华丽丝缎手拿包就是一款值得永远珍爱的个性之作。标志性造型营造出宽敞的空间，足以容纳你的所有必备物品。无论白天还是夜晚，都可以将它拿在手中。建议搭配线条分明的黑色连衣裙。

参考价格：￥4 800

蜂巢漆皮手提包

蜂窝元素，突显时尚感。

参考价格：￥21 300

施华洛世奇水晶缀饰盒形手拿包

这只黑色缎面设计饰有数十颗施华洛世奇水晶和金色珠子，绝对是最炫目迷人的晚间配饰。

参考价格：￥17 300

真皮铆钉长款钱包

酷感十足的铆钉黑色设计，属潮流达人必备的日常单品。

参考价格：￥4 400

麂皮骷髅头宝石手拿包

鲜艳的大红色调，加上宝石及品牌标志式的骷髅头点缀，大胆性感，是晚礼服的最佳拍档。

参考价格：￥17 200

钉饰金属色皮质盒形手拿包

这款皮质手拿包饰有平滑的黑色、金色和银色钉饰，将前卫元素完美融入华丽晚间风格中。

参考价格：￥13 450

骷髅头缀饰皮质 iPad 保护套

这款黑色和浅粉色 iPad 保护套装饰有水晶缀饰骷髅头，让你用最帅气的方式携带高科技产品，让屏幕免受碰撞及刮花。

参考价格：￥3 260

银色施华洛世奇水晶蜻蜓手镯

这个蜻蜓造型的款式镶嵌着闪耀而含蓄的施华洛世奇水晶，并巧妙地将标志性骷髅头元素融入其中。

参考价格：￥5 200

蜻蜓印花真丝乔其纱披肩

这款轻薄真丝乔其纱披肩是一款充满奢华气息的百搭配饰，采用飘逸的衣袖式设计，可以层搭在贴身上衣外，也可以垂坠在肩部。

参考价格：￥6 700

双骷髅水晶皮质绕腕手环

这款备受推崇的双骷髅水晶皮质绕腕手环是潮人首饰盒中的必备配饰。

参考价格：￥2 400

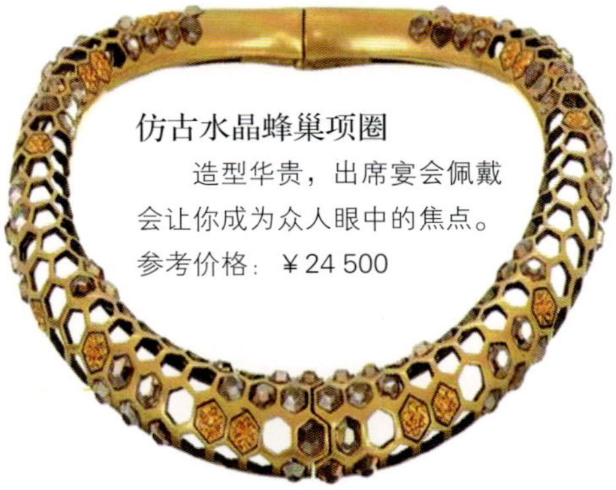

仿古水晶蜂巢项圈

造型华贵，出席宴会佩戴会让你成为众人眼中的焦点。

参考价格：￥24 500

丝绸混纺围巾

配有骷髅头和蜻蜓印花，别致生趣。这款丝绸混纺围巾可为任何装扮增添高级时装风范。不妨搭配清爽白色 T 恤，可倍添清新魅力。

参考价格：￥3 600

国旗围巾

以拼色设计，加上品牌来自蜂巢的设计灵感，为这条围巾注入英伦风格。

参考价格：￥5 600

Skull Temple 飞行员太阳镜

参考价格：￥2 800

猫眼造型太阳镜

大尺寸猫眼造型太阳眼镜，周身镶嵌如瀑布般的金属铆钉。色调搭配包括洋红色、哈瓦那色、透明绿色和黑色。

参考价格：￥2 800

直通名店

目前，亚历山大·麦昆仅在全球的少数几个城市开设了 20 多家店面，其中包括伦敦、迪拜、伊斯坦布尔、米兰、多哈、东京、贝鲁特、纽约、迈阿密、洛杉矶、拉斯维加斯、达拉斯，以及北京、上海、南京和香港。

北京 三里屯
上海 芮欧百货
南京 德基广场
香港 圆方商场

Lulu Guinness

露露·吉尼斯

绝对潮牌

LULU GUINNESS

1990年诞生的时尚品牌露露·吉尼斯，致力于设计各类时尚手袋，包括可配日装的日常手袋，可衬礼服的晚装手袋，以及零钱包和化妆袋等。露露·吉尼斯素有英国手提包女王之美名，以精致纯手工著称，有着独特的英伦风情，设计理念是以20世纪40年代和50年代的怀旧元素作为设计灵感，其作品带有高贵英国淑女优雅的气质，此外更常将各种花卉、宠物和女性饰品等运用在各种设计主题上，柔美高雅的创作风格深深地吸引了各年龄层的女性。

镇店潮款

涂漆嘴唇拉链手拿包

参考价格：￥2 800

粉红色蛇皮嘴唇单肩包

参考价格：￥4 440

金色有机玻璃嘴唇拉链手拿包

参考价格：￥2 300

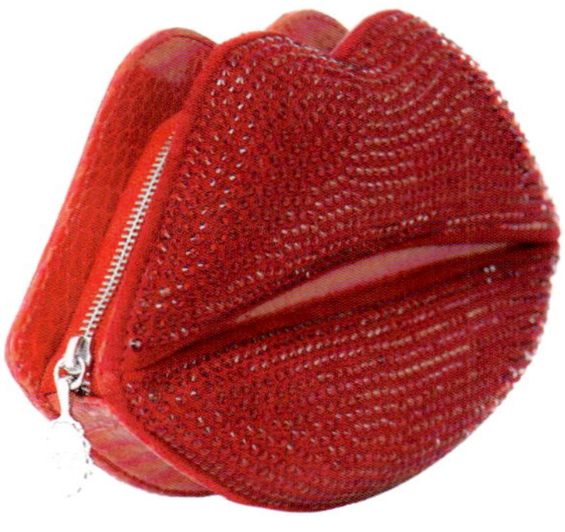

施华洛世奇水晶红唇拉链手拿包

性感嘴唇上饰满闪烁光芒的水晶。

参考价格：￥6 300

黑白条纹蛇皮信封式手拿包

参考价格：￥3 500

绗缝嘴唇小号手提包

参考价格：￥1 200

唇印手提包

出去购物记得背上它哦！

参考价格：￥550

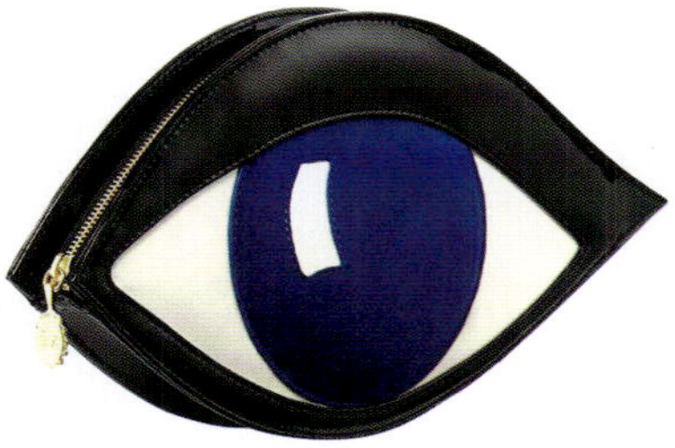

蓝宝石眼睛拉链手拿包

露露·吉尼斯品牌常有令我们意想不到的作品问世，就像这款眼睛手拿包，第一次见到时足以令你惊叹！

参考价格：￥3 700

黑色漆皮眼睛手提包

适合平日装扮或日常通勤使用。

参考价格：￥2 600

迈阿密酒店手提包

参考价格：￥3 100

娃娃脸小号手提包

大眼睛长睫毛是不是很得你欢心呢？

参考价格：￥2 300

睫毛娃娃脸手提包

一向走可爱风格的女孩子定会爱上这款包包。

参考价格：￥1 040

扇形晚宴包

为优雅晚装增添一点点潮味。

参考价格：￥5 600

电话转盘手提包

电话盘设计十分复古。

参考价格：￥2 600

豹纹手拿包

参考价格：￥2 800

买手必购榜

翡翠色手提包

独特的翡翠绿其实很好搭配服装。

参考价格：￥3 700

红色骰子手提包

钟爱包袋的潮人们，怎么可以允许自己没有这样一款另类讨喜的包款？品牌精湛的做工让这款骰子手提包惟妙惟肖，十分逼真有趣。

参考价格：￥2 600

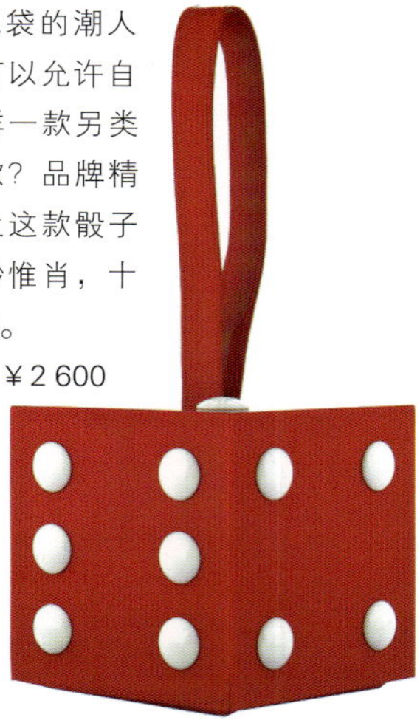

条纹手提包

参考价格：￥560

鞋子商店手提包

很有趣味的一款手提包。

参考价格：￥3 300

黑色牛毛手提包

参考价格：￥5 600

红色漆皮手拿包

漆皮材质在露露·吉尼斯的设计中并不多见。

参考价格：￥2 800

路易莎手提包

包型简约，却又时尚百搭。

参考价格：￥650

粉红色皮革手链手表

参考价格：￥1 500

国旗蛇皮嘴唇拉链手拿包

参考价格：￥4 500

黑色漆皮星星扣手拿包

简单精致，一见倾心。

参考价格：￥2 600

黑色铆钉嘴唇拉链手拿包

十分具有朋克风的一款手拿包。

参考价格：￥4 400

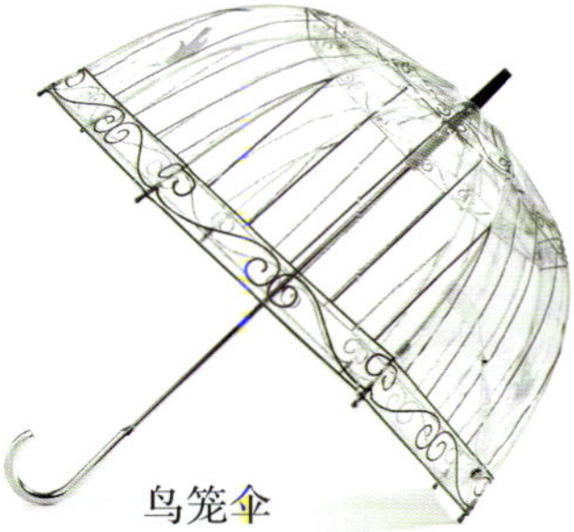

鸟笼伞

参考价格：￥300

红唇腕表

参考价格：￥1 500

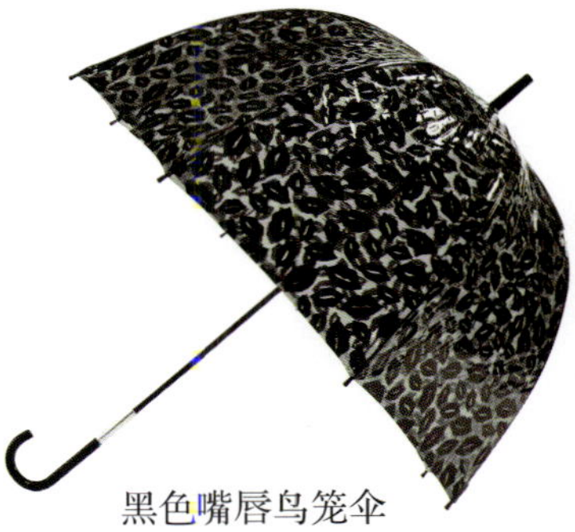

黑色嘴唇鸟笼伞

有它在手中，雨中弥漫着浪漫的情调。

参考价格：￥300

露露酒店化妆包

参考价格：￥510

伦敦之夜化妆包

参考价格：￥510

斜条纹雨伞

外部为纯色，内部为条纹。

参考价格：￥370

直通名店

目前，露露·吉尼斯品牌只在伦敦和纽约设有专门店，提供品牌当季新款及更多热卖款式，过季会有打折活动。

纽约 Bleecker Street

伦敦 Burlington Arcade·Ellis Street·Bicester Village·Royal Exchange

LANVIN
PARIS

Lanvin
浪凡

绝对潮牌

LANVIN
PARIS

通常，只有在真正开始追求个人风格时，你才会真正想要了解品牌的内涵。作为巴黎最老的时装品牌之一，浪凡并没有像香奈儿、迪奥那样被大多数中国消费者所熟知，相反，而是一直坚持小众路线的姿态。浪凡从来不是炫富的首选，而是表现出特有的个人生活方式，满足人们对于小众设计与品位的追求。正因如此，品牌平添了些许神秘色彩。

浪凡的产品涉及男女时装、鞋类、配饰、香水并提供定制服务，价格区间大致在 5 000 ~ 50 000 人民币之间。目前，大量的 80 后、90 后成为新的消费主力军，他们追求独一无二的生活方式，对于独特性有非常强烈的意识，之所以会青睐浪凡，主要是因为它既可以满足个性化，同时又不会像其他一些大牌那样，太过难以驾驭，而且还能从中找到一点知性的味道。

镇店潮款

脚踝绑带楔形凉鞋

表面为蛇皮与小山羊皮材质，衬里为 100%小牛皮。

参考价格：￥10 200

Oracle 项链及手镯

黄铜材质，气场强大。

参考价格：项链￥6 000

手镯￥4 100

真丝蝴蝶提花连衣裙

参考价格：￥41 200

编制底台高跟鞋

亮眼的红色，搭配编织效果的底台，脚面上点缀着丝质花朵，脚踝处设有鞋带，鞋面彩用丝及蛇皮材质，衬里为100%小牛皮材质。

参考价格：￥4 300

搭配建议：
罗缎包
（参考价格：￥7 300）

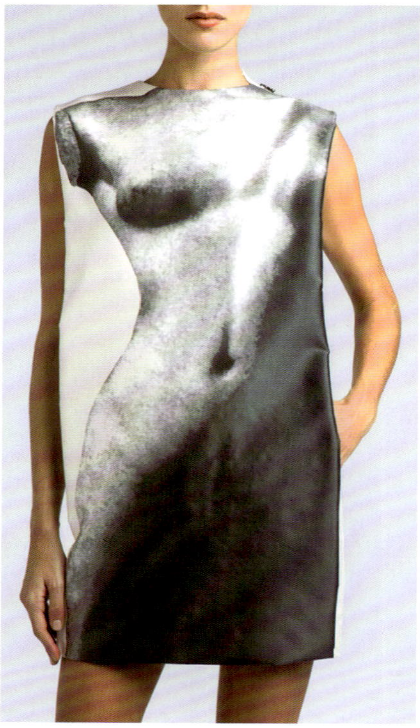

无袖连衣裙

正面带有别致的人形轮廓印花，视觉上让人眼前一亮，左肩部有拉锁。

参考价格：￥18 500

红色芭蕾鞋

70%羊皮加上30%蛇皮材质。

参考价格：￥3 200

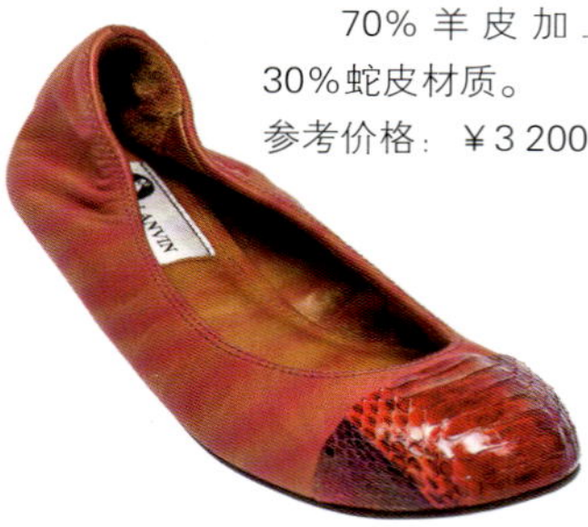

豹纹印花长袖长裙

真丝材质，腰部的细带可以很好地勾勒曲线，豹纹元素本身已经十分抢眼，不妨搭配一双低调的高跟鞋。

参考价格：￥28 000

搭配建议：
有机玻璃鞋跟漆皮高跟鞋
（参考价格：￥5 500）

Arpege 搪瓷手拿包

造型灵感源自于经典的浪凡 Arpege 香水瓶，可以放入唇膏和小巧化妆镜。

参考价格：￥18 800

虎纹印花裙

参考价格：￥21 000

Draped 单肩连体套装
参考价格：￥27 000

搭配建议：
Pompom 项链
（参考价格：￥7 000）

Cut off 豹纹踝靴

小牛皮材质，鞋跟高度为 13 厘米。
参考价格：￥8 200

Strass 小羊皮高跟鞋

午夜蓝原本是一种稍显低调甚至沉闷的颜色，但大量水晶元素的加入则打破了原来的低调，仿佛营造出了满天繁星的璀璨效果。
参考价格：￥14 400

Asymmetrical 单肩小礼服

单肩设计，正面为黄色，背后为黑色。
参考价格：￥27 900

蟒蛇皮高跟鞋

蟒蛇皮加小牛皮材质，脚踝处设有鞋带，鞋跟高 13 厘米，防水台高 3 厘米。
参考价格：￥8 200

小羊皮楔形凉鞋

黑色小羊皮材质，搭配烟熏色效果的鞋跟，衬里为小牛皮材质。
参考价格：￥5 300

大号开衫毛衣

长度达到膝盖上方，主要材质为 70%羊毛加上 30%羊绒。
参考价格：￥32 100

德比鞋

独特的鞋面效果，100%小牛皮材质。

参考价格：￥5 700

豹纹平底鞋

豹纹本身是一种比较抢镜的元素，如果让豹纹鞋与豹纹手袋或者围巾搭配起来，更能强化野性美。

参考价格：￥4 700

搭配建议：

Partition 托特包

（参考价格：￥17 700）

低跟女鞋

后帮采用带扣设计，足跟裸露，鞋面材质为50%小牛皮加上50%小羊皮，衬里为100%小牛皮材质。

参考价格：￥4 100

晚装手拿包

独特的矩形造型，皮革及缎面材质，搭配可拆卸式长链。

参考价格：￥12 200

豹纹皮手套

参考价格：￥4 500

露趾高跟鞋

对于对自己的肤色比较自信的潮人来说，黄色不失为一种十分明智的颜色。

参考价格：￥4 100

疯狂条纹手拿包

表面饰以精致的亮片、珠粒刺绣，形成色彩斑斓的条纹效果，搭配可拆卸式长链。

参考价格：￥12 200

楔形凉鞋

黑、红、黄之间的时尚撞色效果，搭配编织效果的楔形鞋跟，脚踝处设有鞋带。材质中包含了小羊皮以及蛇皮。

参考价格：￥4 100

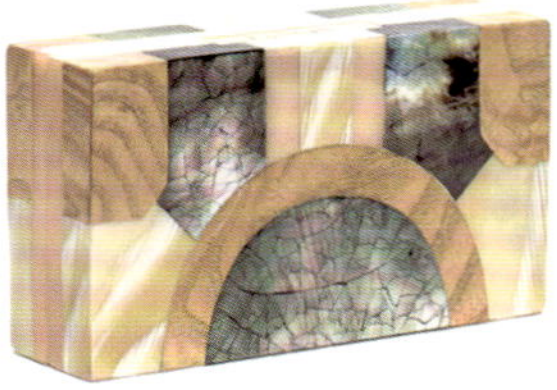

珍珠母贝手拿包

别致的外观源自于别致的材质，其中包括珍珠母贝、黄铜以及木材。

参考价格：￥11 100

Partition 相机包

层压蟒蛇皮材质，搭配金色金属腕带。

参考价格：￥14 800

迷你 Pop 包

亮面蛇皮材质，长链上饰有可拆卸式的浪凡徽章。

参考价格：￥11 100

中号 Happy 马驹皮和牛皮肩包

参考价格：￥19 000

For Me 包

小羊皮和小牛皮混搭材质，有黄色和红色两种款式可选。

参考价格：￥8 200

大号 Amalia 桶包

皱痕山羊皮材质，抽带式收口设计，底部有 4 个螺钉。

参考价格：￥13 600

大号 Partition 肩背包

材质为小牛皮及蛇皮，经典而百搭的黑白配色，手柄为金属链加小牛皮。

参考价格：￥18 900

中号鳄鱼皮 Happy 包

这款手袋是为庆祝著名设计师阿尔伯·艾尔巴茨加入浪凡 10 周年而设计的，100%鳄鱼皮材质。

参考价格：￥147 000

Kalahari 项链

与众不同的动物条纹风格，比较适合颈部线条漂亮的潮女，材质主要为黄铜、玻璃和皮革。

参考价格：￥14 600

牛皮芭蕾舞平底鞋

参考价格：￥3 900

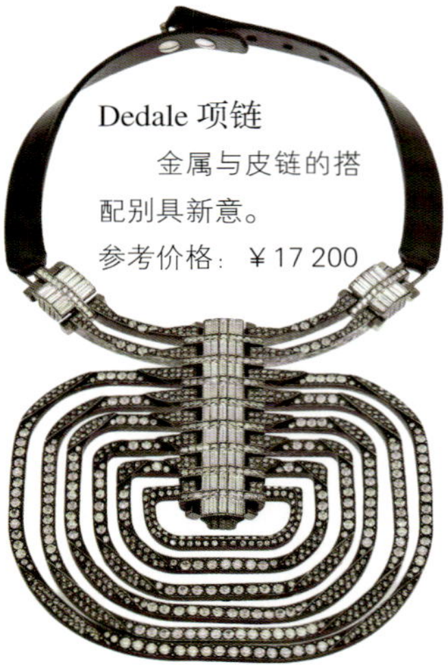

Dedale 项链

金属与皮链的搭配别具新意。

参考价格：￥17 200

Babylon 项链和耳环

材质主要为树脂、黄铜、玻璃、铅锡合金、人造丝。

参考价格：项链￥21 300

耳环￥8 100

皮毛效果印花围巾

参考价格：￥3 700

施华洛世奇蜜蜂胸针

参考价格：￥14 200

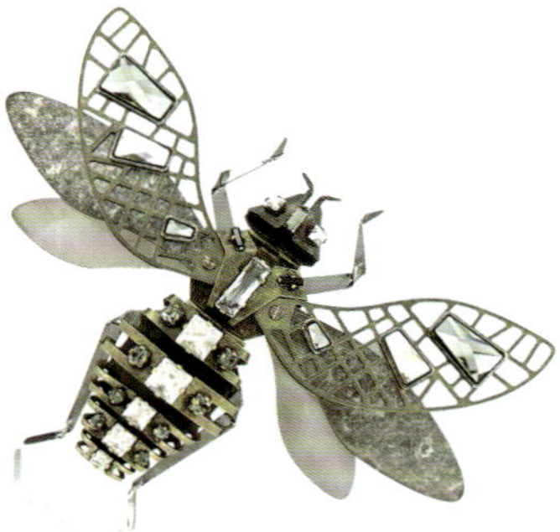

豹纹腰带

在潮女的搭配圣经里，豹纹腰带常常是非常关键的点睛之笔。

参考价格：￥7 800

无吊带长裙

如果你的锁骨和手臂线条足够漂亮，那么，这款兰花印花长裙一定不要错过。

参考价格：￥18 000

LOVE 中号纯皮手拿包

参考价格：￥4 500

Acetate 太阳镜

全框设计，镜架有黑色、蓝色和卡其色可选。

参考价格：￥2 100

Acetate 太阳镜

参考价格：￥1 850

Acetate 太阳镜

参考价格：￥1 850

狸毛皮披肩围巾

参考价格：￥75 700

Richelieu 平底鞋

平底鞋、锥形牛仔裤加个性短衫，一直是潮女们轻松秀出自己黄金比例身材的一大妙招。这款系带平底鞋采用了带有金属质感的金色小羊皮材质，衬里为全牛皮材质。

参考价格：￥3 600

埃菲尔铁塔手拿包

缎面材质，表面刺绣形象为埃菲尔铁塔的轮廓，搭配可拆卸式腕带。

参考价格：￥11 500

直通名店

北京 三里屯·王府半岛酒店

上海 恒隆广场·国金中心·越洋广场

沈阳 恒隆广场

哈尔滨 卓展购物中心

香港 太古广场·国际金融中心·置地广场·海港城

Adidas Originals
阿迪达斯三叶草

绝对潮牌

阿迪达斯三叶草系列出自于德国著名运动品牌阿迪达斯，这一系列以蓝色三叶草为标志，大量运用 20 世纪 40 年代到 80 年代的元素作为设计灵感，具有强烈的复古感。这一系列通过与美国怪才时尚设计师杰瑞米·斯科特合作，以其天马行空的想象力，运用翅膀、豹纹、动物造型等时尚元素，陆续推出了众多洋溢着强烈个性气息的潮款设计，在全球各地有着众多的追捧者和收藏者。

镇店潮款

三叶草 × 杰瑞米·斯科特印第安人风格上衣

参考价格：￥1 900

三叶草 × 杰瑞米·斯科特印第安人风格运动鞋

将印第安人标志性的面孔抽象卡通化，鞋舌设定为印第安人脸谱造型，而两侧的双翼则以印第安人的羽毛图案取代。

价格请店洽

三叶草×杰瑞米·斯科特玩具熊运动鞋

假如你童心未泯，一定会第一时间爱上这款鞋吧？

参考价格：￥1 900

三叶草×杰瑞米·斯科特男款运动衫

参考价格：￥2 500

三叶草×杰瑞米·斯科特上衣

价格请店洽

三叶草×杰瑞米·斯科特男款运动裤

参考价格：￥3 700

三叶草长裙

参考价格：￥2 800

三叶草×杰瑞米·斯科特翅膀运动鞋
参考价格：￥1 900

三叶草×杰瑞米·斯科特蝴蝶夹克
参考价格：￥3 300

三叶草×杰瑞米·斯科特帆布运动鞋
参考价格：￥1 100

三叶草×杰瑞米·斯科特女靴
展翅欲飞的蝴蝶造型，绝对吸睛。
参考价格：￥2 500

三叶草背包
参考价格：￥1 000

三叶草×杰瑞米·斯科特贵宾犬运动鞋
参考价格：￥1 700

三叶草×杰瑞米·斯科特豹纹运动鞋
个性的豹纹，后面设计了俏皮的小尾巴。
价格请店洽

三叶草手提包
参考价格：￥1 100

三叶草×杰瑞米·斯科特迷彩熊运动鞋
参考价格：￥1 900

三叶草×杰瑞米·斯科特帆布男鞋
参考价格：￥1 100

三叶草×杰瑞米·斯科特女式夹克

多颗大大的别针用于装饰，是绝对的视觉焦点。

参考价格：¥7 300

三叶草×杰瑞米·斯科特男款背带短裤

参考价格：¥4 000

三叶草×杰瑞米·斯科特泳衣

参考价格：¥700

三叶草×杰瑞米·斯科特男款夹克

参考价格：¥18 800

三叶草×杰瑞米·斯科特男款短袖T恤

参考价格：¥1 300

搭配建议：

三叶草×杰瑞米·斯科特豹纹平底鞋

（参考价格：¥1 100）

三叶草×杰瑞米·斯科特荧光色平底鞋

参考价格：¥1 600

三叶草×杰瑞米·斯科特键盘格女裙

渐变的明亮色调，格子的排列按照电脑键盘的布局并标注着相应的字母和数字。

参考价格：¥2 000

三叶草×杰瑞米·斯科特男款套头上衣

参考价格：￥1 900

搭配建议：
三叶草×杰瑞米·斯科特格纹运动鞋
（参考价格：￥1 600）

三叶草×杰瑞米·斯科特背带格纹长裤

不同颜色格纹布料的搭配构成了独特的元素，后面带有四条可调节宽窄的拉链。

参考价格：￥1 900

三叶草×杰瑞米·斯科特男款运动裤

参考价格：￥1 900

三叶草×杰瑞米·斯科特男款短袖T恤

参考价格：￥800

三叶草×杰瑞米·斯科特男款运动裤

参考价格：￥1 700

三叶草×杰瑞米·斯科特坡跟女靴

参考价格：￥2 200

三叶草×杰瑞米·斯科特搭扣运动鞋

四组银色雕花搭扣，与鞋尖的银色元素相呼应。

参考价格：￥3 000

直通名店

北京	东方广场·国贸商城·新中关购物中心·翠微广场
上海	莘庄百盛·龙之梦·金桥国际商业广场·96广场·正大广场·南京西路·崇光百货·东方商厦
西安	巴黎春天·钟楼饭店
沈阳	大悦城

Charlotte Olympia

夏洛特·奥林匹亚

绝对潮牌

英国新锐设计师夏洛特·奥林匹亚有着一半巴西血统一半英国血统，她深受20世纪40年代和50年代风格魅力的影响，善于利用鲜亮的色彩和独特的轮廓，打造出个性独立的设计。该品牌的经典设计元素就是鲜艳的色彩和厚实的独立防水台，为保证卓越的品质，鞋子都在意大利制作，并且每双鞋底均饰有一个金色蜘蛛网，这是该品牌的标志。夏洛特·奥林匹亚最畅销的单品，是它的Dolly系列高跟鞋，其猫脸形象的平底鞋深受明星潮人的宠爱。

Dolly 羽饰高跟鞋

色彩缤纷的羽毛装饰，让这款鞋充满了异域风情。

参考价格：￥7 500

镇店潮款

Mae West 高跟凉鞋

鞋面采用的美女形象源自于已故著名女星梅·蕙丝，鞋跟高度为11厘米。

参考价格：￥7 400

Belinda 高跟凉鞋

鞋面造型华丽，鞋跟高度为14.5厘米，防水台高3厘米。

参考价格：￥9 300

Charming 豹纹高筒靴

靴筒长度超过了膝盖，整体的豹纹让这款靴子流露出狂野的个性魅力，靴口向下卷起，并带有蜘蛛图案作为细节装饰。

参考价格：￥9 300

Cherie 高跟凉鞋

鞋跟采用了别致的动物雕塑造型，眼睛和项圈运用了水晶元素，鞋跟高度为 14.5 厘米，防水台高 3.5 厘米。

参考价格：¥11 100

Birds of Paradise 高跟凉鞋

鞋跟设计成鸟笼的形状，高度为 14.5 厘米，防水台高 3.5 厘米。

参考价格：¥13 900

限量版 Dolly Riot 高跟鞋

这是夏洛特•奥林匹亚与汤姆•宾斯联手的杰作，表面以大量别针作为装饰。

参考价格：¥9 300

Dolly 玫瑰丝绒高跟鞋

酒椰纤维覆盖鞋面以及 15 厘米高跟，点缀红色玫瑰，镜面金色防水台高 3 厘米。

参考价格：¥7 500

Daphne 凉鞋

参考价格：¥5 700

宇宙十二星座系列之双鱼座平底鞋

参考价格：¥4 600

Bisoux 平底鞋

豹纹加红唇，时尚潮人们会错过它吗？

参考价格：¥4 600

Hazel 高跟踝靴

红黑配色十分易于搭配服饰，锯齿形的图案具有较强的视觉冲击效果，鞋跟高度为 11 厘米，后部拉链开合。

参考价格：¥7 800

Kitty 平底鞋

夏洛特•奥林匹亚的猫咪平底鞋加上修身铅笔裤，成了欧美潮人的街头标配。

参考价格：¥4 300

Pandora Hula 手拿包

表面和手柄采用了经过特殊处理的竹竿，打开以后可以将手柄隐藏进包内。

参考价格：¥8 350

Motion Picture 手拿包

参考价格：¥8 600

Mushroom Pandora 手拿包

参考价格：¥8 700

买手必购榜

Ursula 高跟凉鞋

参考价格：¥6 950

Metropolitan 高跟凉鞋

参考价格：¥6 950

Rising Star 粗跟凉鞋

这是夏洛特·奥林匹亚的高跟鞋中为数不多的粗跟设计，防水台和鞋跟的星星里镶有水晶。

参考价格：¥8 350

Victoire 高跟凉鞋

设计灵感源自埃菲尔铁塔，鞋跟高度为 14.5 厘米，前部防水台高 3.5 厘米。

参考价格：¥10 200

Dolly 绒面高跟鞋

带有可取下的牛皮编织踝带，鞋面有不同颜色可选。

参考价格：￥6 700

Minerva 短靴

参考价格：￥7 650

Rose 高跟凉鞋

以红色的玫瑰和绿叶作为点缀，细鞋跟的高度为 15 厘米，前部独立防水台高 3.5 厘米。

参考价格：￥6 950

Premiere 高跟凉鞋

设计灵感源于电影胶片，鞋跟高度为 11 厘米。

参考价格：￥5 550

Marcelle 平底鞋

鞋尖处是一只贵宾犬的造型，带有蓝色水晶眼睛和串珠装饰而成的鼻子。

参考价格：￥6 000

Eve 高跟鞋

参考价格：￥7 400

Kiss Me Dolores 高跟鞋

鞋尖处是别致的红唇，脚踝处设有鞋带。

参考价格：￥6 350

Gigi 楔形凉鞋

鞋跟高度为 15 厘米，防水台高 5 厘米。

参考价格：￥6 800

Spider Pandora 手拿包

有机玻璃材质，蜘蛛造型搭扣上镶嵌施华洛世奇水晶元素，可更换不同图案的内袋。

参考价格：￥6 700

Owl Pandora 手包

参考价格：￥8 400

Walk of Fame 手拿包

灵感源自于好莱坞星光大道，搭配长链条肩带。

参考价格：￥6 500

Discover Brazil 手袋

印有南美洲彩色地图，以及鹦鹉、香蕉、西瓜等具有当地风情的标志性形象，手柄为竹节式设计。值得一提的是，这款手袋还附有一把特制的梳子。

参考价格：￥4 600

Royal Pandora 手拿包

头冠形搭扣上镶嵌施华洛世奇水晶元素，可更换不同图案的内袋。

参考价格：￥6 400

Punk Pandora 手拿包

顶部是一个大大的别针，内袋上也装饰了大量的别针。

参考价格：￥8 350

Time Piece 手拿包

参考价格：￥8 400

直通名店

台北	新光三越百货
伦敦	Mayfair 购物区
纽约	Manhattan 购物区
洛杉矶	Beverly Hills 购物区

猫头鹰长链手袋

这款包袋延续了夏洛特•奥林匹亚一贯的个性化设计风格，猫头鹰的形象十分生动，眼睛以水晶元素装饰。

参考价格：￥3 500

Dsquared^2
D二次方

DSQUARED^2

绝对潮牌

迪恩·卡登和丹·卡登是一对加拿大孪生兄弟设计师，他们移居到意大利后曾先后加盟范思哲和迪赛，并于 1994 年在米兰创办了 D 二次方品牌。

D 二次方最初只生产男装，2002 年受到麦当娜的邀请，该品牌的两位年轻设计师为她设计了多套服饰。一直以来，D 二次方以创造具有火爆效果的秀场而闻名，它喜欢使用大胆出格的主题，辅之以些许的俏皮与幽默感，与一些时尚跟风者们区别开来。目前，该品牌在欧美年轻人中大受追捧，更包括布拉德·皮特等一众明星，而它的牛仔裤是麦当娜最喜欢的牛仔品牌，另外比较值得购买的还有 T 恤、鞋和饰品。

镇店潮款

双十字黄铜涂漆吊坠项链
参考价格：￥800

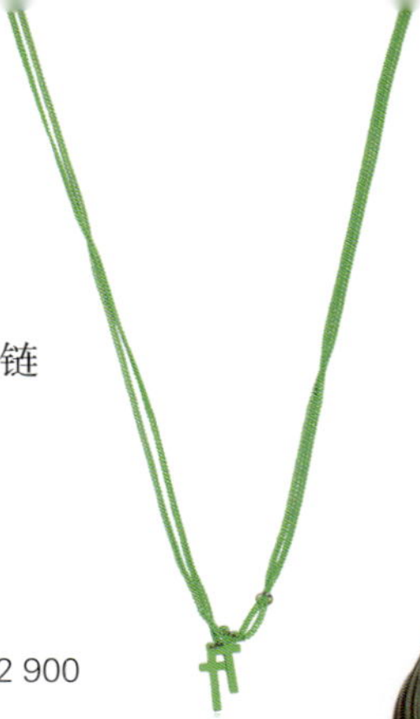

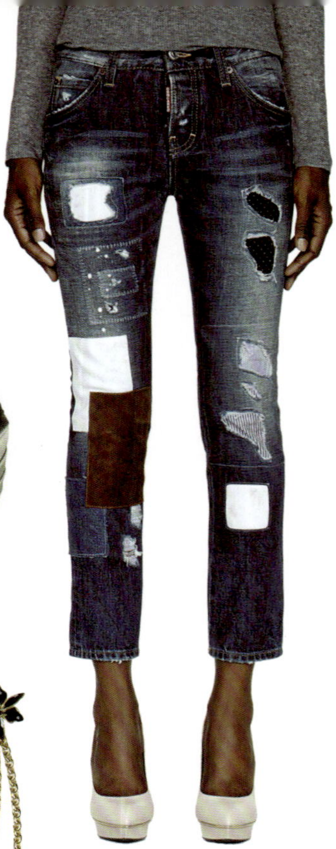

黑色皮夹克
参考价格：￥12 900

搭配建议：
丝缎棒球帽
（参考价格：￥2 500）

补丁牛仔八分裤
参考价格：￥4 650

胸针
参考价格：￥2 700

高跟凉鞋

设有三处可调节式皮带，鞋跟高度为 15 厘米，防水台高度为 4 厘米。

参考价格：￥7 400

双胞胎丝巾
参考价格：￥2 000

长链迷你斜挎包
参考价格：￥3 300

芭蕾平底鞋
参考价格：￥1 200

骷髅蛛网T恤
参考价格：￥1 260

印花围巾
印有骷髅图案，长宽各为110厘米。
参考价格：￥2 400

踝靴
红色的鞋面，搭配着纯白色鞋底，十分抢眼。
参考价格：￥4 300

平钉牛皮手链
参考价格：￥1 000

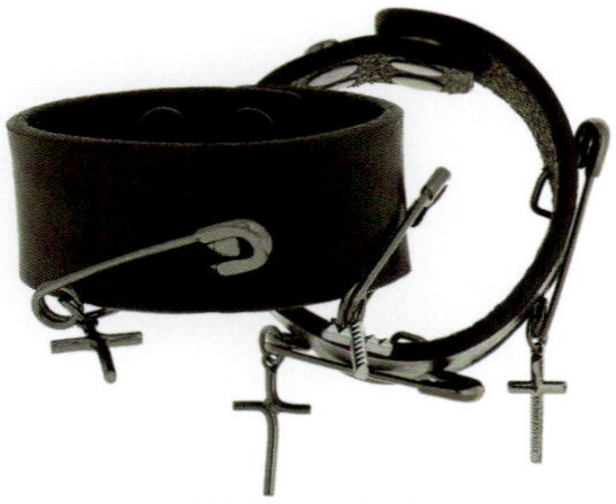

十字架别针皮手镯
参考价格：￥1 600

花坠黄铜项链
参考价格：￥1 650

金属质感高帮运动鞋
参考价格：￥6 700

豹纹尖头靴
2.5厘米鞋跟，侧开拉链。
参考价格：￥2 100

帆布手袋
参考价格：￥3 000

平纹连衣裙

参考价格：￥11 100

镂空连衣皮裙

颈后系带设计，后部露背并带有拉链，双层裙摆。

参考价格：￥29 900

紧身蕾丝牛仔裤

紧身设计，腰线以下有蕾丝衬入。

参考价格：￥9 050

铆钉高跟鞋

后部运用了大量的尖形铆钉和水晶元素，炫酷十足。

参考价格：￥12 000

露趾高跟靴

前后挖空的设计，鞋尖以及搭扣上的金属元素是亮点。

参考价格：￥9 640

铆钉凉鞋

参考价格：￥5 500

坡跟凉鞋

参考价格：￥4 600

绿色金属质感皮夹克

参考价格：￥10 400

真皮链饰高帮运动鞋

侧面以金属链装饰，内设 3 厘米防水台。

参考价格：￥5 200

拼色高跟鞋

参考价格：￥4 900

皮革材质七分裤

加入了多处牛仔布元素，裤脚外侧设有金属拉链，搭配金属皮链腰带。

参考价格：￥21 900

坡跟凉鞋

参考价格：￥4 750

搭配建议：

印花短裤

（参考价格：￥3 200）

白色皮夹克

领口及袖口处都加入了拉链元素，前襟的拉链可以向上下两个方向拉动。

参考价格：￥11 300

金线刺绣夹克

参考价格：￥16 300

高跟短靴

参考价格：￥6 100

高跟凉鞋

参考价格：¥6 700

漆皮手拿包

前翻盖设计，长 42 厘米，高 17 厘米，宽 4 厘米，镶有施华洛世奇水晶元素。

参考价格：¥7 000

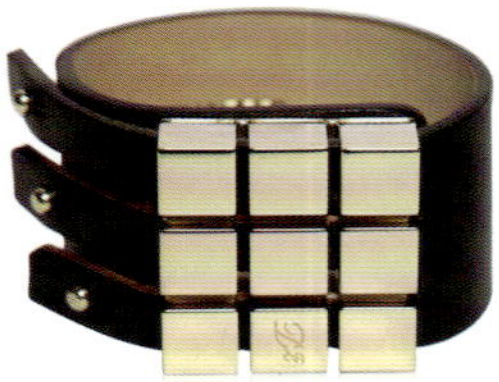

真皮黄铜手镯

参考价格：¥1 180

豹纹印花肩背包

参考价格：¥7 100

PVC 购物袋

无拉链设计，包面印有 D 二次方标志性的卡通图案。

参考价格：¥3 000

流苏链袋包

参考价格：¥9 200

兰花彩饰手镯

参考价格：¥1 100

漆皮穿珠装饰高跟鞋

漆皮饰边，15 厘米皮革包跟，3 厘米外防水台以及 1 厘米内防水台，鞋面上采用了大量的穿珠装饰，内侧设有拉链。

参考价格：¥13 600

皮革编金属链条项链

参考价格：￥3 100

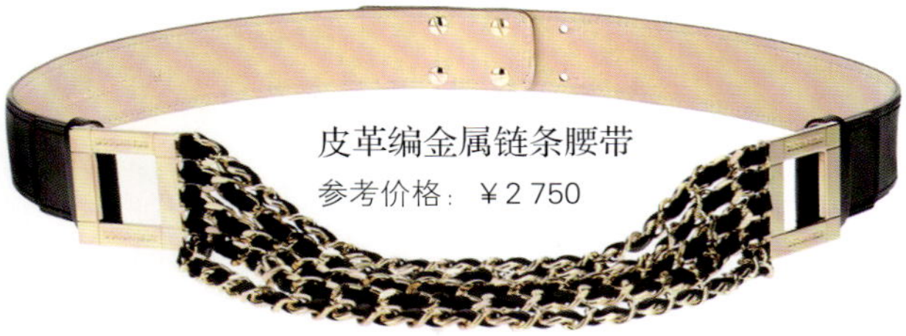

皮革编金属链条腰带

参考价格：￥2 750

蛇形手镯

双圈设计，蛇头带有铆钉元素。

参考价格：￥2 500

胸针

参考价格：￥2 300

方形手镯

参考价格：￥1 250

大号印花围巾

棉加莫代尔材质，长宽均为 140 厘米。

参考价格：￥1 300

彩饰手链

参考价格：￥1 900

真皮草编手袋

参考价格：￥8 000

铆钉皮手套

手背上有一排心形铆钉，别具一格。

参考价格：￥1 300

老鹰印花长袖衬衫

正面是两只老鹰，翅膀延伸到背后。

参考价格：￥4 000

金属配饰长袖衬衫

参考价格：￥4 700

高帮帆布鞋

外侧带有骷髅和蛛网图案，前部系带，内侧带有拉链。

参考价格：￥3 650

高帮运动鞋

参考价格：￥3 000

拼色系带鞋

参考价格：￥3 000

金属质感牛津鞋

锯齿形厚底的设计，绝对是这款鞋的吸睛元素。

参考价格：￥4 600

高帮运动鞋

参考价格：￥3 650

豹纹便鞋

参考价格：￥5 200

金属质感鞋尖牛津鞋

参考价格：￥4 600

骷髅 T恤

印有两个骷髅头，面料经人工做旧磨洞处理。

参考价格：￥3 500

金属饰面皮手环

参考价格：￥1 600

链饰腰带

参考价格：￥3 800

金属质感皮手环

参考价格：￥460

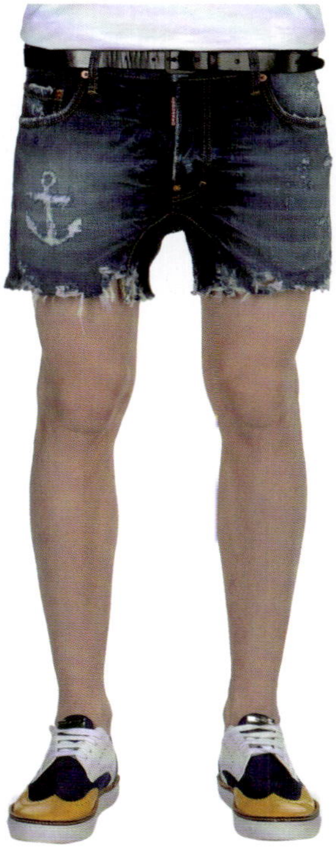

毛边牛仔短裤

参考价格：￥2 100

帆布包

参考价格：￥3 500

胸针

参考价格：￥2 550

金属饰面腰带

参考价格：￥2 800

直通名店

北京	三里屯
上海	环贸广场·国金中心
南京	德基广场
香港	海港城
东京	银座
迪拜	迪拜购物中心
巴黎	Saint Honoré 精品店
新加坡	ON Orchard 商场

铆钉腰带

参考价格：￥2 150

豹纹帽

参考价格：￥5 600

B A R B A R A   B U I

Barbara Bui
芭芭拉·裴

绝对潮牌

芭芭拉·裴的设计特点是线条清晰、面料讲究，时而比较偏爱中性化的剪裁手法，时而偏爱摇滚风。穿上芭芭拉·裴的女性们，绝不会仅仅满足停留在性感、甜美或娇柔的自我风格中，她们更喜欢追求变化。值得一提的是，品牌创始人芭芭拉·裴具有一半的亚洲血统，她的父亲是越南人，因此，她的作品中常常带有东西方文化相互融合、碰撞的风格。另外，动物纹路的印花也带来了隐喻的力量、感官的刺激，透出了一丝象征主义风格。这个品牌的夹克和裁至脚踝的八分裤一直很受追捧，除了时装，芭芭拉·裴的鞋、包袋、配饰等也常有令人惊喜的表现。

高跟踝靴

结合了精致的穿珠刺绣工艺，营造出了极为出众的视觉效果。

价格请店洽

镇店潮款

机车皮夹克

小羊皮材质，三兜式设计，袖口处有拉链，肩部和肘部有加厚设计。

参考价格：¥9 9[illegible]0

鸡尾酒礼服

圆形领口部分带有水钻及穿珠刺绣，上身部分为印花，下半部分带有亮片装饰。

参考价格：¥9 800

搭配建议：

金属质感凉鞋

(参考价格：¥4 800)

Air 单肩包

外观设计带有背包感，兜盖加以豹纹印花元素，搭配可调节式长肩带。

参考价格：¥8 450

束腰印花连衣裙

参考价格：￥3 000

铆钉装饰凉鞋

参考价格：￥4 100

搭配建议：

Chipibo 手镯（参考价格：￥1 000）

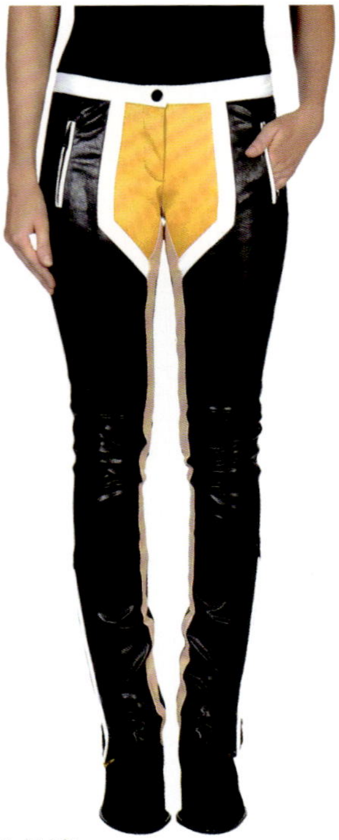

小羊皮长裤

黑、白、黄拼色设计，内缝为白色，外侧裤脚带有拉链，带有两个拉链式开合兜袋。

参考价格：￥1 460

露趾高跟鞋

纺织纤维材质，鞋跟高度为 13 厘米，防水台高度为 3 厘米。鞋尖处采用了方形设计，绿色及橘色的运用巧妙地打破了黑色的拘谨与沉闷。

参考价格：￥3 100

搭配建议：绿色皮手环

（参考价格：￥890）

Caddy Pencil 印花短裙

前后都印有面包树风景图案，而侧面的素色条与之形成了别致的对比效果。

参考价格：￥2 700

Bank Note 手拿包

蛇纹印花皮革，长 22 厘米，宽 5 厘米，高 10 厘米。

参考价格：￥6 300

Feel Me 桶包

绒面小牛皮材质，搭配肩带，可以单肩侧背，也可以斜挎。

参考价格：￥4 400

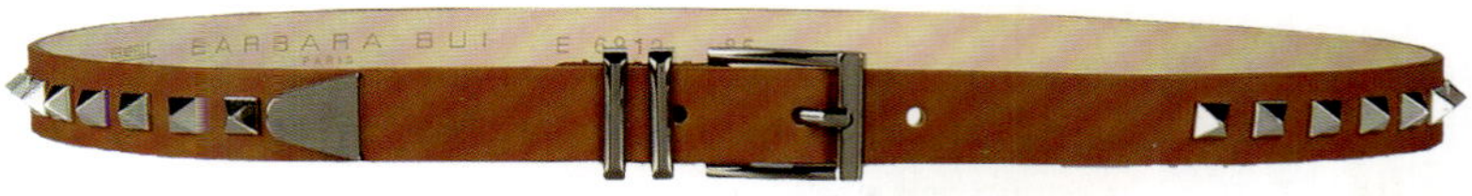

铆钉皮质腰带

参考价格　¥1 300

蛇形项链

大胆的蛇形造型，带有皮革衬里。

参考价格：¥7 200

铆钉耳机

这款镶嵌着个性铆钉的耳机由芭芭拉·裴与美国耳机品牌 Frends 合作推出，戴上它，绝对拉风。

参考价格：¥3 200

印花围巾

参考价格：¥1 200

买手必购榜

机车皮夹克

肩部和袖子采用了双重明线菱格纹绗缝，肩部设有带扣。

参考价格：¥10 000

Crepe de Chine 拉链上衣

丝质面料，无衬里，袖口采用了带有固定带的上卷式设计。

参考价格：¥3 900

搭配建议：

漆皮高跟凉鞋（参考价格：¥3 500）

印花低腰裤

黑白双色印花，由上至下逐渐变窄的修身剪裁，长度及于脚踝。

参考价格：¥2 300

搭配建议：

丝质印花便鞋

（参考价格：¥2 300）

亚麻印花连衣裙

深 V 领口，肩部带有穿珠刺绣，印花图案源自于地毯风格。

参考价格：￥17 600

Clark 长裤

采用了欧根纱材质，营造出了透视装的效果。

参考价格：￥5 100

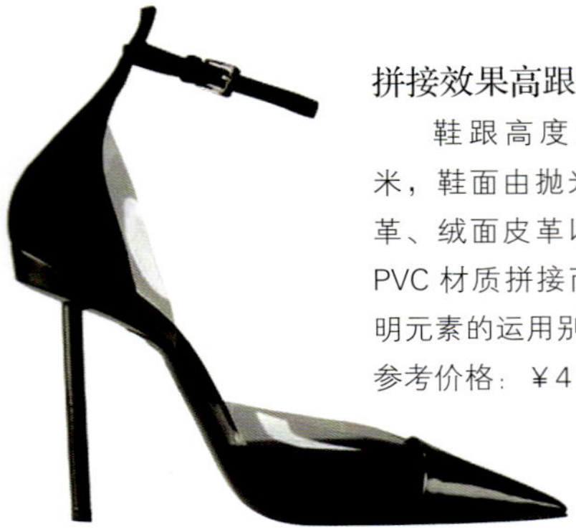

拼接效果高跟鞋

鞋跟高度为 10 厘米，鞋面由抛光亮面皮革、绒面皮革以及透明 PVC 材质拼接而成，透明元素的运用别具匠心。

参考价格：￥4 000

绒面凉鞋

绒面皮革材质，鞋跟高度为 11 厘米。

参考价格：￥4 700

金属质感平底凉鞋

参考价格：￥3 700

机车靴

参考价格：￥5 350

丝质印花高跟鞋

鞋跟高度为 11 厘米，鞋面采用了丝质印花材质，脚踝鞋带上带有铆钉装饰。

参考价格：￥3 300

楔形凉鞋

鞋跟高度为 14 厘米，前部防水台高 4.5 厘米。

参考价格：￥2 300

刺绣高跟鞋

鞋面的刺绣装饰工作需要耗时 110 小时，带有金属铆钉装饰。

参考价格：￥10 100

豹纹围巾

如果想搭配深色系特别是黑色大衣，豹纹元素其实很容易成为亮点。

参考价格：￥1 600

豹纹小牛皮踝靴

参考价格：￥4 900

Dude Travel 手袋

纺织纤维材质，表面刺绣，小牛皮镶边。

参考价格：￥17 700

印花高帮运动鞋

芭芭拉·裴的高帮运动鞋让素爱以高跟鞋出境的好莱坞女星们都倾心不已。

参考价格：￥3 500

金属质感蟒蛇皮运动鞋

蟒蛇皮加小牛皮材质，表面经过特殊的色彩处理，呈现了闪亮的金属质感效果。

参考价格：￥6 500

Feel Me 桶包

真皮镂空材质，前后和侧面装饰着尖铆钉，可以单肩侧背也可斜挎。

参考价格：￥9 600

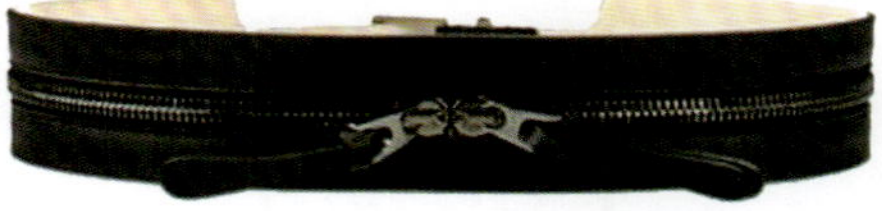

拉链装饰腰带

参考价格：￥2 000

School's Out 手袋

绒面小牛皮材质，内设多层结构，搭配可调节式肩带，有黄色、酒红色等多种颜色可选。

参考价格：￥5 900

直通名店

巴黎	Printemps 百货·Montaigne 大道
米兰	Via Manzoni 大街
纽约	SoHo 购物区
科斯塔梅萨	South Coast Plaza 购物中心
洛杉矶	Beverly Hills 购物区

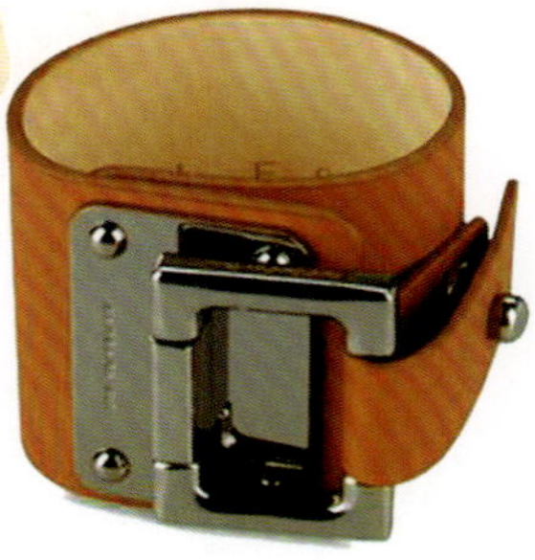

Portobello 手镯

参考价格：￥1 300

金属质感手拿包

羊皮材质，搭配金属长链，长 24 厘米，宽 6 厘米，高 11 厘米。

参考价格：￥5 200

Eddie Borgo 伊迪·波哥

绝对潮牌

伊迪·波哥的作品一向强调前卫的几何感和建筑感，带着硬朗、犀利的朋克摇滚味道，但是不同于其他朋克路线设计师的过于追求前卫和标新立异，伊迪·波哥虽然也经常用到锥形铆钉、子弹、骷髅头、锯齿等比较粗犷的元素符号，但却明显带有一些精致和别致的意味，讲究简约而抽象的设计构造，对富于空间感的立体造型有着极为出色的驾驭力，适合那些喜欢佩戴首饰而且能接受新鲜创意的时尚潮人。艾里珊·钟、黛安·克鲁格、蕾哈娜等明星都是该品牌珠宝配饰的粉丝。

Andromeda 项链

采用了可拆卸式设计，可另外组成两条手链。

参考价格：¥4 900

Edie 手镯

参考价格：¥2 750

Edie 戒指

造型设计具有建筑感和空间感。

参考价格：¥2 300

5 Station Hedron 项链

参考价格：¥3 100

Hinged Ratchet 戒指

独特的设计结合了手指的弯曲弧度，极富新意。

参考价格：¥1 700

5 Finger 戒指

五根手指同时佩戴，造型别致。

参考价格：¥1 800

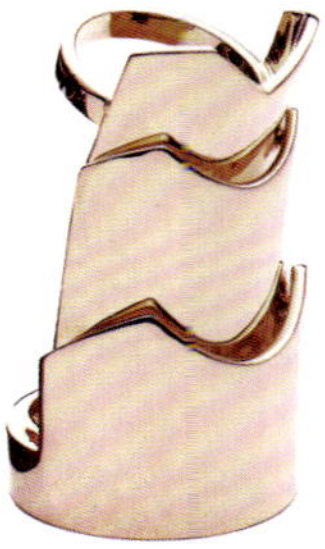

Hinged Plate 戒指

参考价格：¥1 700

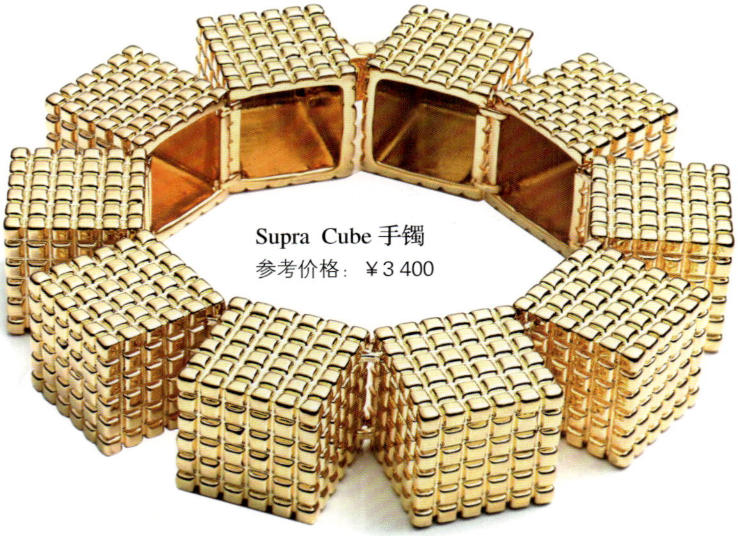

Supra Cube 手镯

参考价格：¥3 400

Joined 手镯

参考价格：¥3 400

Orbit Penendent 项链
参考价格：￥23 900

Lattice 戒指
参考价格：￥1 400

Hinged Plate 戒指
参考价格：￥2 600

Hedron 耳环
价格请店洽

Scaled Triangle Drop 耳环
参考价格：￥1 500

Axis 大号手镯
参考价格：￥3 800

Bullet 吊坠
参考价格：￥3 100

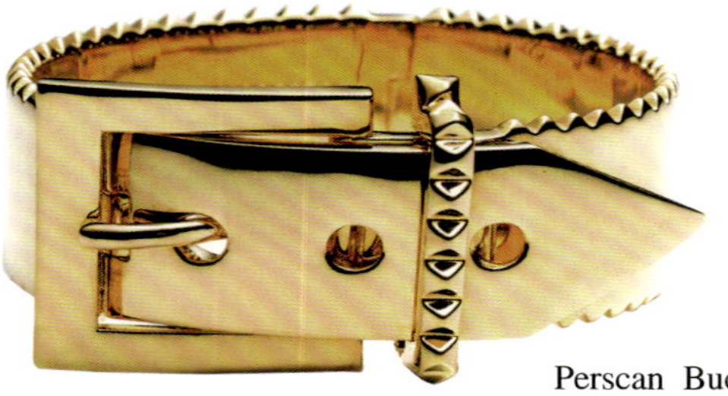

Perscan Buckle 手镯
参考价格：￥2 140

Cluster 手镯
参考价格：小号￥1 550
中号￥2 140

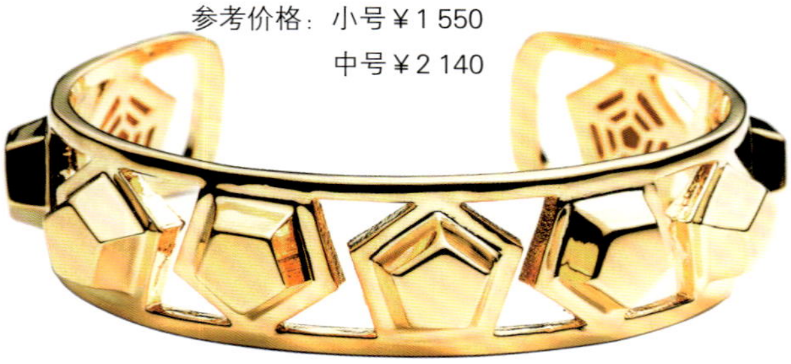

Gemstone Cone 手镯
参考价格：￥2 300

Pave Cone 手镯
参考价格：￥6 200

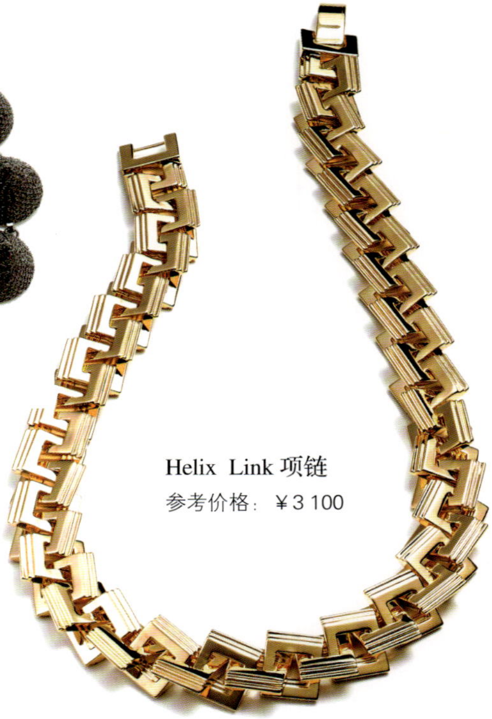

Helix Link 项链
参考价格：￥3 100

Helix Link 耳环
参考价格：￥1 500

Edie 耳环
参考价格：￥3 100

Supra Link Drop 中号耳环
参考价格：￥1 700

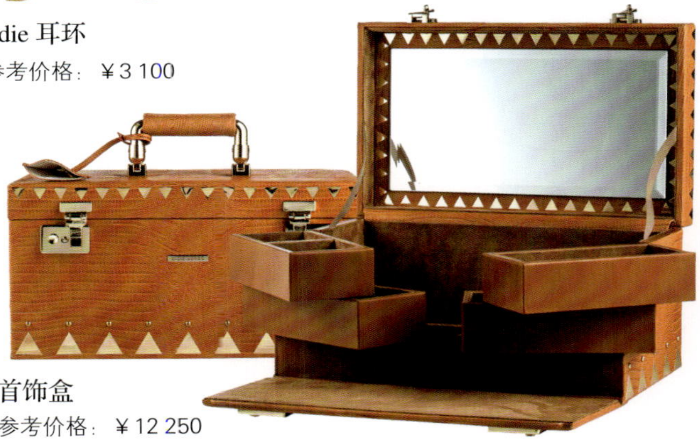

首饰盒
参考价格：￥12 250

Supra Link 耳环
参考价格：￥3 100

Dimensional Paradox 耳环
参考价格：￥1 500

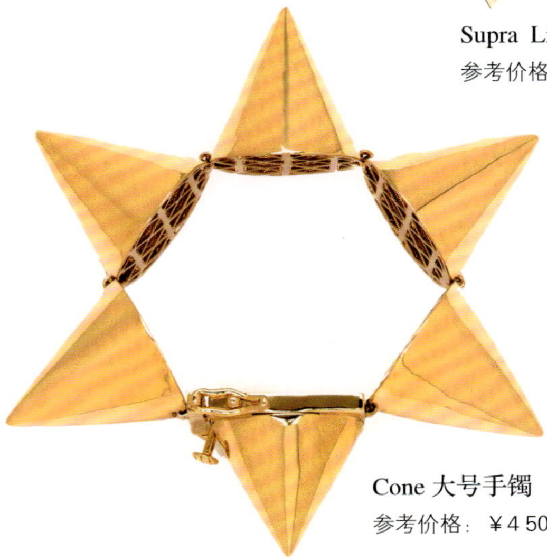

Cone 大号手镯
参考价格：￥4 500

直通名店

上海	金鹰国际购物中心 Le Lutin 精品店
香港	连卡佛·Liger 精品店·Joyce 精品店
台北	Club Designer 精品店
纽约	Barneys New York 精品店
巴黎	Colette 精品店
伦敦	Liberty 百货

Marc by Marc Jacobs
马克·雅可布之马克

绝对潮牌 MARC BY MARC JACOBS

马克·雅可布之马克创立于 2001 年，该品牌也自此将其备受追捧的复古时尚风格运用到了必备饰品系列上，包括包袋、鞋子和风格标新立异的手表等。大胆色块拼接、原创印花和复古风尚，非常迎合时尚人士和白领们的爱美之心。马克雅可布之马克的设计真正体现革新易穿时尚。

Nicoletta 拼色混纺羊毛毡外套

这款拼色毛毡外套可助你演绎时尚的混搭造型，素雅的色调十分清新且极具潮流气派。

参考价格：￥5 800

镇店潮款

对比带花边连衣裙

V 型领口，无袖设计。

参考价格：￥2 100

猎豹印花短裙

豹点与明亮红色条纹相搭配，风格活泼。

参考价格：￥1 100

衣领贴花真丝双绉连衣裙

这款线条流畅的设计优选真丝双绉面料制成，剪裁干净利落，并带有缎面衬里。建议搭配透明手拿包和趣致的高跟鞋，展现该品牌俏皮可爱的个性魅力。

参考价格：￥3 100

真皮坡跟球鞋

瞩目的荧光色调，让你成为全场焦点。

参考价格：￥4 200

Too Hot to Handle 豹纹小牛毛包

以光滑的小牛毛作为动物纹的载体，再借助蓝色皮质饰边增添视觉冲击力。建议用它搭配波点女衫，营造时尚的图形碰撞效果。

参考价格：￥2 200

铆钉鼠脸平底鞋

参考价格：￥1 500

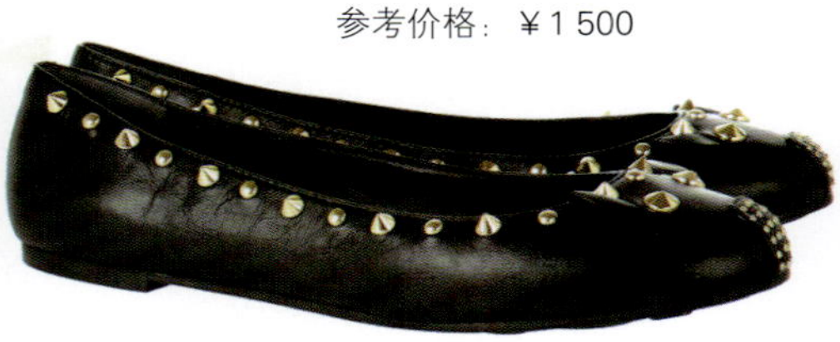

全息涂层乙烯树脂带腕绳手拿包

这款全漆涂层宝蓝色乙烯树脂手拿包，不仅能收纳日常随身物品，还能为其增添未来主义风情。配有便捷的腕绳，是外出时的理想之选。

参考价格：￥1 000

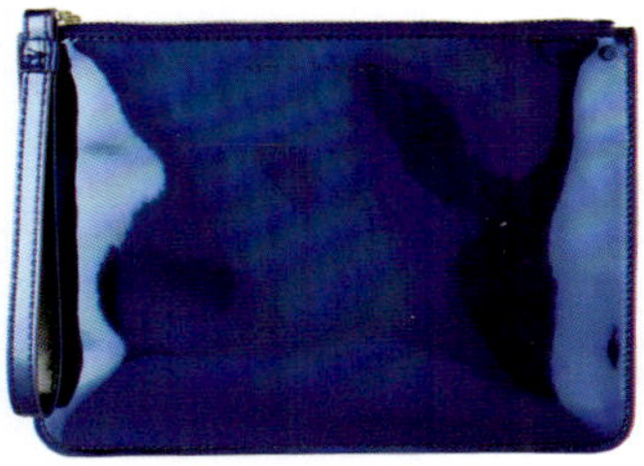

Mareika Tulip 印花莫代尔羊绒混纺围巾

这款柔软的莫代尔羊绒混纺围巾印有散发浓郁艺术感的郁金香图案。可以在微风习习的天气为装束增添一抹别致时尚的色彩。

参考价格：￥1 500

皮质边饰 PVC 和蕾丝手提包

采用 PVC 覆面蕾丝精制而成，可谓独具匠心。这款大容量手提包是周末购物的理想之选。

参考价格：￥1 900

Dot 女士淡香水

参考价格：￥430/50 毫升

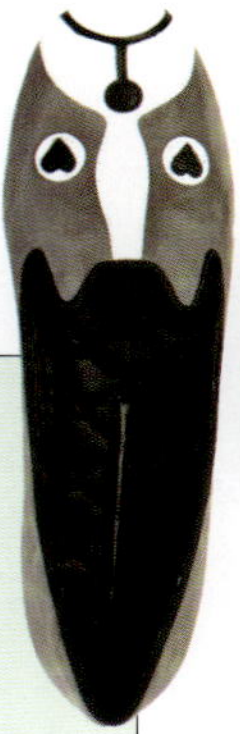

皮质贴花绒面革便鞋

光滑的皮革和绒面革拼接成俏皮的小狗图案。带衬垫内底，即使穿一整天都不会感到疲惫。建议搭配舒适的毛衣和打底裤。

参考价格：￥3 200

直通名店

马克·雅可布之马克品牌在中国和全球各大城市均有出售，过季时其全球范围的专门店会有打折活动。

北京　国贸商城
上海　恒隆广场
哈尔滨　卓展购物中心
苏州　华泰商城
杭州　杭州大厦
南京　德基广场

Christian Louboutin

克里斯提·鲁布托

绝对潮牌

品牌克里斯提·鲁布托是设计师克里斯提·鲁布托先生于 1992 年创办的同名高级鞋履品牌。其品牌的招牌标志红底鞋，凸显了女性的柔媚、美丽和不张扬的成熟性感。

克里斯提·鲁布托的方头露趾鞋曾经风靡全球，而今又回归了。过于沉重而戏剧化的方头鞋可能是很多女性的噩梦，不过在前面开个口，效果就大大不同了。对于传统的圆头而言，方头是一个很好的调剂物。它很新潮，但又不像尖头鞋那么难以驾驭。

从极细高跟鞋到绑带靴和铆钉运动鞋，这个天马行空的鞋履品牌是每位爱美女性的不二之选，它的鞋款能够彻底让平凡的装束焕然一新。

豹纹蕾丝鱼嘴高跟鞋

大红色调搭配豹纹与蕾丝，整体透着性感诱惑。

参考价格：￥15 700

漆皮拼色高跟鞋

经典级致配色与渐变12厘米有机玻璃鞋跟，结合黑色漆皮、米色绒面皮和白色小牛皮的新颖美靴，诠释了城市一族的新时尚。

价格请店洽

漆皮高跟凉鞋

跟部淡荧光水蛇皮设计，是此款凉鞋的点睛之笔。

参考价格：￥5 500

缎带露趾凉鞋

典雅的织缎从鞋面绕到鞋尾，形成一个超大的蝴蝶结，绽放出让人无法抗拒的魔力，将优雅性感演绎到极致。

参考价格：￥6 000

漆皮鱼嘴高跟凉鞋

性感鱼嘴搭配12厘米细高跟，时尚摩登。

参考价格：￥6 800

仿绒低帮休闲鞋

这是克里斯提·鲁布托首次推出的经典低帮休闲鞋系列。设计融合了鞋面暗红色绒面皮革及鞋头铆钉元素，风格前卫。

价格请店洽

黑色铆钉鱼嘴高跟凉鞋

参考价格：￥24 000

尖头铆钉高跟鞋

经典极致配色与渐变 10 厘米高跟，搭配黑色及金色铆钉。

价格请店洽

锦缎鱼嘴高跟鞋

非洲手染锦缎和弗拉明戈风格褶边点缀的鞋面，民族风情十足。

参考价格：￥9 200

链条肩背包

配金属链条单肩带，缀有夸张装饰物。

参考价格：￥10 000

斑马纹牛皮背包

斑马纹和淡黄牛皮包身，加上银色铆钉及邪恶眼徽章，无一不体现了设计师的大胆创新。

参考价格：￥21 600

蛇皮链条单肩包

最受青睐的摇滚款单肩包加入高雅妩媚的元素，为前卫个性的潮人们量身定做。

参考价格：￥17 000

铆钉高跟鞋

经典鞋款搭配靓丽抢眼色彩和满身铆钉的大胆设计，加上 10 厘米高跟，凸显冷艳个性。

参考价格：￥7 300

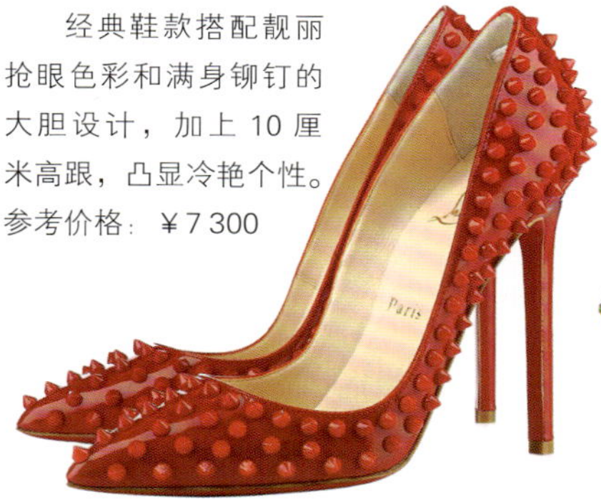

彩色水晶高跟鞋

参考价格：￥21 000

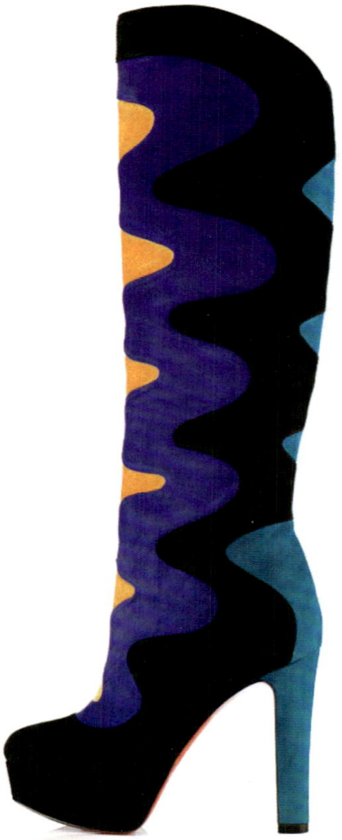

麂皮拼色高筒靴

色彩丰富抢眼，鞋跟高 12 厘米。

参考价格：￥11 000

买手必购榜

麂皮镂空高跟凉鞋

采用红色和金色麂皮材质，镂空效果设计大胆，个性十足。

价格请店洽

拼色斑马纹鱼嘴短靴

设计呈现摩登时尚风格，又不失大方气质，利落的细跟展现迷人气质。

参考价格：￥12 000

漆皮细带高跟鞋

漆皮细带设计，优雅别致。10 厘米精致高跟和细腻的 PVC 透明材质十分前卫摩登。

参考价格：￥5 400

鱼嘴铆钉高跟靴

采用黑色软羊皮及银色铆钉覆盖整个靴身，设计大胆，个性十足。

参考价格：￥12 000

金属漆皮露趾凉鞋

鞋面采用半透明设计，与艳丽的红色蝴蝶结形成强烈的视觉冲击，在极度性感中又渗透出甜美可爱的气息。

参考价格：￥7 500

蛇皮高跟踝靴

参考价格：￥17 000

尖头铆钉平底鞋

黑色反革尖头搭配 PVC 材质透视效果的蕾丝鞋身，黑色铆钉加以点缀，设计刚柔并济，让此鞋的质感更为独特。

参考价格：￥5 500

红色绒毛露趾高跟鞋

以大量羽毛装饰营造轻盈灵巧的感觉，精致非凡。

参考价格：￥38 000

天蓝色麂皮红底高跟鞋

天蓝色的麂皮绒面包裹着造型独特的鞋款，像盛满鸡尾酒的高脚酒杯一般优雅，令人迷醉。

参考价格：￥6 850

麂皮踝靴

简洁大方，建议搭配紧身牛仔裤。

参考价格：￥11 370

艺术图案高跟鞋

防水台设计散发出高贵气质，颜色和图案独一无二。

价格请店洽

流苏麂皮过膝靴

红色麂皮是最性感的材质，丰富的颜色和纹理更显档次，错落有致的流苏设计，传递出浓郁的波希米亚风情。

参考价格：￥16 000

银色漆皮高跟鞋

闪亮光滑的银色漆皮显出奢华的高档质感，极细的银色高跟搭配艳红鞋底，性感诱人。

参考价格：￥6 850

金属头高跟鞋

帅气闪亮的金色长短铆钉设计，在霸气中略带奢华感。

参考价格：￥9 600

丝绒平底鞋

玫粉色丝绒搭配黑色蝴蝶结，舒适美观。

参考价格：￥8 400

木质单肩包

闪亮木质金色翻盖与橙红色包身完美结合，配有可拆卸提链。

参考价格：￥6 700

尖头蛇皮手拿包

这款金色手拿包气派十足，两侧尖钉耀眼夺目，必是晚装造型的一大亮点。

参考价格：￥12 200

铆钉购物旅行袋

同色柳钉的装饰增添了它超前卫个性。为增强安全性顶部配有拉链，中国红罗缎衬里，可调节提带。

价格请店洽

经典款手拿包

参考价格：￥6 100

黑色真皮链条肩背包

参考价格：￥18 000

金钉椭圆手包

顶部镶嵌金色扣锁，衬里使用中国红罗缎，彰显品牌红色传奇。

价格请店洽

水蛇皮黑白拼色手提包

黑白拼色的水蛇皮手提包衬托出典雅大气的着装风格。

参考价格：￥17 000

直通名店

克里斯提·鲁布托现今在欧美地区设有多家专门店，在中国一些主要城市也能看到该品牌的时尚门店。

北京 金融街购物中心
上海 上海商城
沈阳 恒隆广场
杭州 吴山广场
香港 云咸街·海港城·广东道

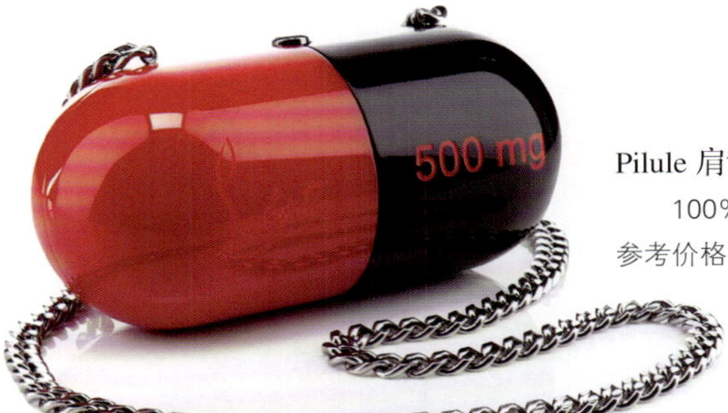

Pilule 肩背包

100%树脂材质，搭配金属链。

参考价格：￥43 000

Bell & Ross 柏莱士

Bell & Ross

绝对潮牌

柏莱士是个相当特立独行的瑞士军表品牌，设计始终以符合现代潮流又兼具专业性为走向。所以有很多宇航员、飞行员、潜水爱好者，甚至炸弹爆破专家都热爱使用柏莱士的腕表作为他们的必备工具。性能创造外观是柏莱士的品牌哲学，柏莱士制表历来秉承四大原则：清晰显示、卓越功能、精确无误、性能稳定。因其是军表领域知名品牌，制表的各个环节要求就更加严苛，其精湛技术和超卓性能能够轻松应对各种复杂环境，不仅得到军方认可，成为军队重要选择之一，而且更受到表迷追捧。

镇店潮款

Aviation 系列 BR 01 Red Radar 腕表

设计灵感源于飞机驾驶舱的雷达显示系统，与传统腕表的显示形式大相径庭。采用直径 46 毫米表径，喷砂打磨黑色碳涂层精钢表壳。以三个同心黑色圆盘显示时间，外圈显示小时，中圈显示分钟，内圈显示秒钟，防水深度 100 米。

参考价格：￥37 500

Aviation 系列 BR 01 Heading Indicator 腕表

设计灵感源于一个叫作回转罗盘的设备，该设备会显示飞机航线。搭载 ETA 2892 自动上链机芯，黑色 PVD 不锈钢表壳，46 毫米表径，蓝宝石玻璃表镜，有刻度的为小时与分钟盘，至于中央黄色 Bell&Ross 标记面盘则代表秒。小时读取以外表盘的黄色双三角形做指示，分钟则以黄色机头指示中间表盘为准，而黄色飞机与简易刻度则印刻在表玻璃下方，防水深度 100 米。

参考价格：￥147 000

Aviation 系列 BR 01 Airborne II 腕表

自动机械机芯，采用精钢材质打造，46 毫米表径，表壳被设计为独特的“步枪枪管”式打磨效果。表盘被覆以象征死神的黑色，并加入骷髅头标志。表镜则被设计师镶以尖齿形时标，指针也被设计为军人专属的匕首形，防水深度 100 米。

参考价格：￥55 000

Aviation 系列 BR 01 Casino 腕表

采用 ETA 2892 自动上链机芯，46 毫米方形表径，并装置了一个轮盘式表盘，时间显示模式脱胎自柏莱士研发的转碟显示系统，由三块同心转碟组成，分别显示时、分、秒：最外围有数字“0”的转碟显示小时，中间设有一个小球的转碟指示分钟，而最中央的部分显示秒钟。

参考价格：￥61 500

Aviation 系列 BR 03–92 Military Ceramic 腕表

以军事保护色为灵感，采用了喷砂打磨军绿色陶瓷表壳，42 毫米表径，以及自动上链机械机芯。表盘配有光线反射涂层数字、刻度和指针，染色强化玻璃和防反光蓝宝石水晶表镜，防水深度 100 米。

参考价格：￥27 700

Vintage 系列 PW1 怀表

设计灵感来自 1910 年间的古典怀表，这款怀表带有一条长表链，表达了柏莱士对古典军用表的钟爱。全精钢 49 毫米表壳，手动上链机械机芯，圆形表盘的黑色镀层上面覆有荧光涂层的指示器、数字及指针，防水深度 30 米。

参考价格：￥24 100

Vintage 系列 WW1–92 Military 腕表

腕表表径为 45 毫米，防水深度 50 米。搭载 ETA 2892 自动上链大三针机芯。采用喷砂打磨处理精钢表壳，配衬质感独特的洗水小牛皮表带。采用精钢舌扣。表盘采用微拱电镀太阳射线纹黑色表盘；数字、时标和指针经夜光物料涂层处理。

参考价格 ￥28 500

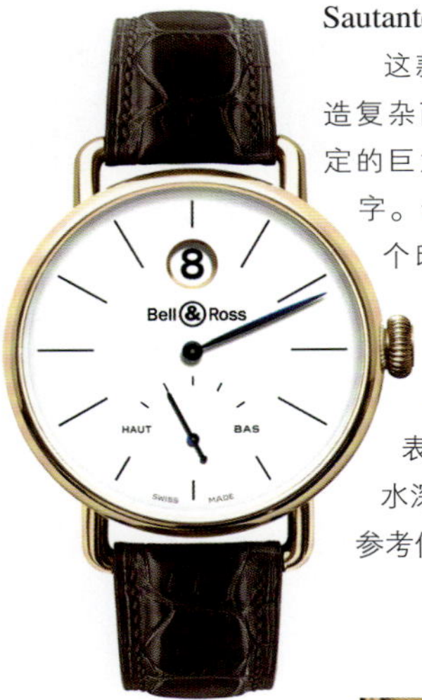

Vintage 系列 WW1 Heure Sautante 玫瑰金腕表

这款“跳时”腕表的构造复杂而独特，可在一个固定的巨大窗口内显示小时数字。也就是说，时针被一个印有小时数字的旋转圆盘所取替，当小时发生变更时，数字会瞬间跳动。42 毫米表径，鳄鱼皮表带，防水深度 100 米。

参考价格：￥241 000

直通名店

柏莱士在全球 400 多个商家有售，更在新加坡、北京、香港和澳门等亚洲城市开设专卖店。

北京　金融街购物中心
香港　圆方商场
台北　台北 101

Roberto Cavalli

罗伯特·卡沃利

roberto cavalli

绝对潮牌

罗伯特·卡沃利由意大利著名设计师罗伯特·卡沃利创立，以狂野性感的风格成为时尚潮流的先锋。罗伯特·卡沃利向来只走自己的路，奢华的皮草大衣、民俗风刺绣以及图案繁复的粗针织上衣是众所周知的潮款单品。化简为繁、取材自然、大胆用色和性感剪裁，是品牌惯有的设计手法。

多年来，罗伯特·卡沃利将其公司不断扩展，设计了多个面向年轻人的品牌系列，成为年轻潮人们追求向往的时尚品牌。

镇店潮款

印花真丝雪纺上衣

这款透视真丝雪纺上衣质地轻盈、线条流畅，即使在正午炎炎烈日之下，也能保持凉爽。建议将其穿在裸色吊带背心外面，增添一丝含蓄之美。

参考价格：￥5 200

长袖印花衬衫

参考价格：￥11 000

花卉印花真丝雪纺长罩衫裙风格上衣

这款长罩衫裙上衣印有精美的郁金香、兰花、牡丹和绣球花图案，为常规休闲装扮增添一抹清新靓丽。建议搭配贴身白色短裤和平底凉鞋。

参考价格：￥8 000

印花真丝雪纺蕾丝礼服

这款具有完美垂坠效果的礼服，以精致的透视黑色蕾丝拼接而成。

参考价格　￥41 000

流苏亮片连衣裙

这款无肩带黑色连衣裙，饰有数百个熠熠闪光的亮片，层叠的金属线边饰为时尚流苏平添摩登韵味，内置紧身胸衣，确保打造出艳冠群芳的廓形。

参考价格：￥29 000

蕾丝边饰弹力绉纱连衣裙

妩媚迷人的黑色蕾丝边饰深受爱美女士的喜爱。参加派对时穿着它，绝对亮眼。

参考价格：￥18 000

缀饰乔其纱礼服

参考价格：￥42 000

纯棉长袖衬衫

参考价格：￥6 200

印花长袖衬衫

参考价格：￥5 800

平纹编织夹克

参考价格：￥14 000

V 领毛衣

参考价格：￥7 200

短袖 T 恤

参考价格：￥2 500

男士平纹编织手袋
参考价格：￥10 000

鳄鱼纹单肩包
参考价格：￥11 000

莱茵石耳坠
参考价格：￥5 500

亚麻围巾
参考价格：
￥4 400

买手必购榜

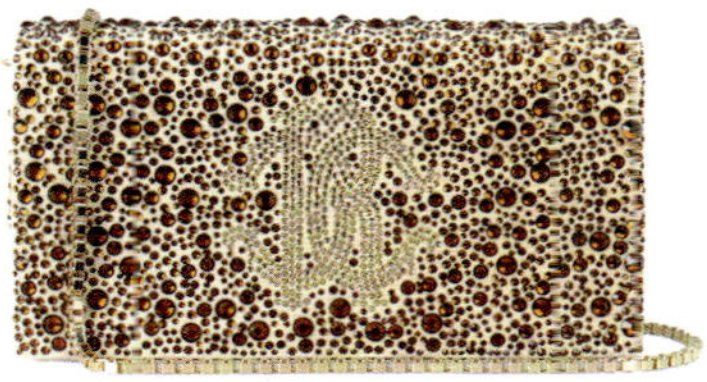

仿鹿皮莱茵石单肩包
参考价格：￥11 000

帆布多色肩包
参考价格：￥7 300

斑马纹手袋
参考价格：￥8 900

印花真丝乔其纱衬衫

这款真丝乔其纱衬衫印有该品牌标志性的巴洛克旋涡图案和经典的花呢图案，整体效果鲜艳明快。

参考价格：￥8 300

搭配建议：

印花弹力绉纱铅笔半身裙
（参考价格：￥4 100）

镀钌施华洛世奇水晶火烈鸟项链
参考价格：￥32 000

镀金施华洛世奇水晶老虎项链
参考价格：￥30 000

直通名店

品牌罗伯特·卡沃利在中国开设的首间专门店位于北京王府半岛酒店，新门店占地两层，特设有贵宾室及晚装长裙陈列区，产品涵盖男女装、配饰、眼镜、香水、钟表和童装系列。

北京 王府半岛酒店

上海 港汇广场·久光百货

Y–3

绝对潮牌

高端运动服饰潮牌 Y–3 成立于 2002 年，它由世界顶级设计师山本耀司担任创意总监，并与阿迪达斯联手打造，品牌名中的“Y”代表山本耀司，而“3”则代表阿迪达斯的三条线的 Logo。Y–3 的产品涉及男装、女装、包袋、鞋履以及配饰，主打运动休闲风格，但是设计上却融入了山本耀司的独特智慧，在运动中加入时尚的巧思。在材质的选用上，Y–3 依然保持了运动的舒适性和功能性，很多包袋、太阳镜都有着中性的味道，男女皆宜。

皮夹克

小羊皮材质，燕尾式后襟。

参考价格：￥10 500

镇店潮款

Y 字跟凉鞋

Y 字鞋跟的灵感源自建筑学，并加入了意大利式箔皮元素，后部设有拉链，鞋跟高度为 11 厘米，防水台高度为 2 厘米。

参考价格：￥5 000

长款网眼外套

这款长款外套采用独特的尼龙网布，有垂感，风格独特的弧形贴袋装饰前侧，衣领处设计有拉链脱卸的帽子。山本耀司在其上设计了自己的签名。

参考价格：￥3 450

条纹裙

休闲款型，露背设计，腰部有开缝口袋。

参考价格：￥3 100

遮阳帽

参考价格：￥690

Summa 运动版坡跟鞋

抛光皮革与网布外层，结合手工打磨的彩色木质坡跟，打造出一款意想不到的运动鞋和坡跟鞋的融合版。鞋跟高度为 12 厘米，鞋底厚度为 3.5 厘米。

参考价格：￥4 350

Day Ring 腰带

参考价格：￥700

Lux 腰带

参考价格：￥1 600

超宽袖口外套

参考价格：￥4 300

条纹上衣

左右非对称式设计，时尚百搭的黑白配色。

参考价格：¥3 000

Jatomi 太阳镜

不锈钢前框，铝制镜腿，正面带有品牌 Logo 装饰。

参考价格：¥3 150

棒球帽

参考价格：¥590

Pick and Go 手拿包

参考价格：¥2 100

X 高帮靴

经典的橡胶贝壳鞋头，前部设有拉链。

参考价格：¥3 000

短袖 T 恤

修身款型，沿缝合线装饰有花卉细节，背部印有大号的 Y-3 字样。

参考价格：¥2 000

Nimm 凉鞋

这款时尚前卫的木底鞋改良鞋款，结合了手工抛光木跟和特别的10周年纪念印花元素，鞋跟高度为11.5厘米，鞋底厚度为2.5厘米。

参考价格：¥4 000

Honja 高帮鞋

为庆祝品牌成立 10 周年，Y-3 推出了这款受冰鞋启发的男士高帮鞋款，印有羽毛图案，并带有光滑的隐蔽式鞋带设计。

参考价格：¥3 190

Drive Moc 平底鞋

参考价格：¥3 350

Pick and Go 背包

亮眼的橘色，侧面和顶部均有提手，前侧有醒目的 Y–3 字样，无内衬式设计。

参考价格：￥1 090

Polo 衫

纯棉材质，上部饰以清凉的印花图案，左袖有 Y–3 字眼刺绣标志。

参考价格：￥2 200

条纹 T 恤

参考价格：￥1 750

Jete 芭蕾鞋

为庆祝 Y–3 品牌成立 10 周年的纪念鞋款，采用了透气网布鞋面，以及柔软的减震鞋垫和胶钉外底。

参考价格：￥2 490

条纹购物包

为庆祝 Y–3 品牌成立 10 周年，这款条纹购物袋以最时尚前卫的方式，展现了 Y–3 标志性的三条纹款式。

参考价格：￥1 300

Beach Duffel 旅行包

参考价格：￥2 450

Nicke 高帮鞋

纺织纤维材质，鞋带收束，经典的橡胶贝壳鞋头，内设 5 厘米隐形坡跟。

参考价格：￥2 650

Pick and Go 背包

这款包具有引人注目的新颖外形，无内衬，可以肩背以及手提。

参考价格：￥1 150

日常健身包

引人注目的印花图案，一个主拉链和多个拉绳保证物品安全，拿取方便。

参考价格：￥2 690

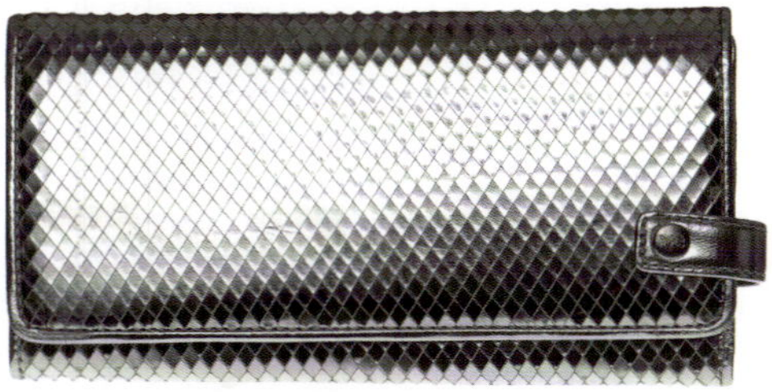

长款钱包

小牛皮材质，带有银色金属光泽，附皮带按扣，内部设拉链袋，内置多个卡槽。

价格请店洽

Shizuka 2 高帮鞋

时尚的高帮外观，鞋面上印有特殊的 10 周年纪念印花，配有磨面皮革装饰细节，而鞋跟却采用了光亮的红色漆皮。

参考价格：￥4 350

法式钱包

参考价格：￥1 300

羽毛印花 T 恤

参考价格：￥1 290

日常背包

这款背包由实用的尼龙斜纹布制成，饰有醒目的 Y-3 字样，金属拉链，提花衬里。

参考价格：￥2 600

X 高帮靴

带有印花图案的外层设有拉链，可向下折叠，露出内层系带式短靴，以及 Y-3 品牌标志性的三道条纹。

参考价格：￥3 800

直通名店

目前在中国，Y-3 在北京、上海、沈阳、成都、杭州、苏州、昆明、天津、青岛等近 20 个大型城市中设有多家店面。

北京 国贸商城·新光天地·世贸百货·三里屯

上海 金鹰国际购物中心·香港广场·阿迪达斯品牌中心

沈阳 大悦城·茂业百货

杭州 杭州大厦·万象城

重庆 国际金融中心

济南 银座购物广场

深圳 KK Mall 国际时尚精品购物中心·海雅缤纷城

Anna Sui
安娜苏

绝对潮牌

ANNA SUI

安娜苏的魅力在于她的妖艳无人能及。第一眼看到安娜苏，你会被那近乎妖艳的色彩震撼，更会迷醉于她独特的、蕴含巫女般迷幻魔力的华丽摇滚风格之中。不但其服装、配件如此，彩妆产品更能让人被安娜苏那种抢眼的色彩所吸引。

在简约自然主义领导时尚潮流的今日，安娜苏却逆流而上，产品中洋溢着浓重的复古气息和绚丽奢华的独特气质。安娜苏选择以代表强烈欲望的紫色来包装其化妆品系列，以暗紫色为主色的包装，周围布满了怒放的蔷薇图案，像极了 20 世纪 70 年代妩媚的面粉盒，这种复古俏丽的彩妆系列让人爱不释手。

安娜苏彩妆既时尚又复古，给人以神秘和魔幻的感觉，包装既俏丽又精美，犹如古代漆器，具有收藏价值，质感与妆效齐头并进。另外，安娜苏的所有产品都具有蔷薇花的花香。

安娜苏摇滚心情淡香水

参考价格：￥450/30 毫升

镇店潮款

魔幻光透瓷娃娃蜜粉

轻薄细腻的粉质，紧紧密合肌肤，天然植物精华配合控油因子，保持肌肤水润的同时防止油光浮现，令肌肤呈现出由内而外的精致光泽，自然又清新。柔软蓬松的紫色蜜粉扑抓粉能力极强，能与每一寸肌肤轻柔贴合，能够瞬间定妆，打造自然水亮的瓷娃娃妆效。

参考价格：￥450/25 克

精灵蔷薇颊彩

丰富的颜色，渐变的色彩就像一束艳丽多姿的蔷薇花，蕴含保湿功效的粉质基底增强使上妆更显色。安娜苏所推出的六款多样色款，能满足不同肤色需求，颊彩盘同时混合四个颜色，既能单独使用，也可混合成自己喜欢的色彩。

参考价格：￥340/6 克

魔影幻镜眼影

蕴含天然植物精华、玫瑰果油、树莓精华和橄榄油精华，起到滋润保湿作用。糅合高低两种附着力的精华油，创造出更加帖服的粉质，易上色，显色均匀，能轻松打造自然闪耀又明亮的多层次妆感，而且独特的安娜苏珍珠母贝包装设计呈现出奢华的质感。

参考价格：￥240/2.4 克

买手必购榜

逐梦翎雀淡香水

这款香水带来年轻感性的清新花香，让你走进阳光下繁花盛放的梦想世界。味道清新的荔枝、日本柚子和爪哇柠檬，激发诱惑魅力，接着由星木兰、盛放中的玫瑰及紫雨小苍兰合成的香味，唤醒内心无限的兴奋，再加上一股蕴含琥珀水晶、麝香和白木的暖流，创造出前所未有的恬静安谧。

参考价格：￥580/50 毫升

许愿精灵淡香水

它是安娜苏推出的第五款香水，是献给每个对梦幻力量深信不疑的女孩的。许愿精灵淡香水以柠檬、哈密瓜的果香前调，搭配浪漫的花香中调与诱惑的麝香尾调，营造出精灵飞舞及女性的柔美感，呈现一种神秘与任何秘密愿望都有可能实现的梦幻氛围。

参考价格：￥805/75 毫升

水漾唇蜜

含晶亮光滑油配方，使唇部水润清透，具有高度光泽感。柔软扁平的斜角刷头设计，让唇蜜服帖，效果晶莹透亮。

参考价格：￥220/6 克

好莱坞星光洋娃娃淡香水

水漾花香调香水，瓶装设计独特，受到年轻女孩向往荣耀的美梦而激发灵感。这款香水的味道仿佛能引领人们进入名流云集、星光璀璨的好莱坞，让你享受众人艳羡的眼光。前调为绿梨、柑橘，中调为清爽牡丹水露、圣母百合花瓣，尾调退至甜美杏仁花香和感性麝香。

参考价格：￥830/50 毫升

安娜苏蝴蝶结眉粉盒

外包装设计是安娜苏品牌经典元素之一的蝴蝶结造型。打开蝴蝶结眉粉盒，可以看到渐变的眉粉色调，让女性们可以轻松画出自然又不生硬的眉形，创造出立体层次感，呈现最完美的妆容。

参考价格：￥280/3 克

直通名店

北京 新世界百货·百盛太阳宫店·新光天地·汉光百货

上海 东方商厦淮海店·太平洋淮海店·太平洋徐家汇店·久光百货

沈阳 新世界百货·盾安新一城

成都 远东天府·伊势丹百货·太平洋春熙店

重庆 远东百货·大都会太平洋百货

Maison Martin Margiela
马丁·马吉拉时装屋

绝对潮牌

品牌中文全名是马丁·马吉拉时装屋，但人们习惯简称为马丁·马吉拉。创始人马丁·马吉拉一直都以一名先锋工匠和时尚艺术家身份深受人们喜爱和赞誉，解构鬼才说的就是他。他的神秘也一直激发着人们的好奇心，这位“隐形”比利时设计师二十多年来几乎从不在公众视野里出现，极其低调神秘，但他创立马丁·马吉拉时装屋品牌却使全球拥趸趋之若鹜。曾任职巴黎世家 15 年之久的著名设计师尼古拉斯·盖斯奇埃尔一直是马丁·马吉拉时装屋的忠实粉丝，他曾多次在公众场合宣称自己常穿马丁·马吉拉的品牌服饰。

即使马丁·马吉拉隐退，品牌以团队形式完成新的设计时，其设计理念和品牌精髓依然被忠实地继承了下来。“解构、古怪的剪裁、易装术”被奉为了品牌设计的要义。

马丁·马吉拉时装屋品牌在讽刺时尚的同时仍然对时尚表现出无比的崇尚。其全线产品，均是集杰出的革新精神、巧夺天工的精湛技艺以及设计的易穿性之大成。尤其是品牌闻名遐迩的卓越剪裁和无与伦比的考究设计，无不体现着激进的时尚理念，绝对衬得起一个“怪”字。

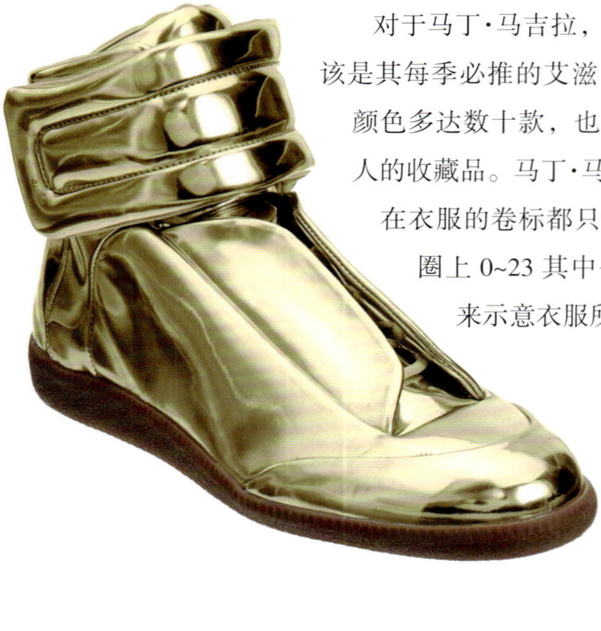

对于马丁·马吉拉，人们最熟悉的应该是其每季必推的艾滋 T 恤，曾推出的颜色多达数十款，也早已成了不少潮人的收藏品。马丁·马吉拉品牌服饰缝在衣服的卷标都只用白色布片，或圈上 0~23 其中一个数字的布片来示意衣服所属的设计系列。

Maison Martin Margiela
PARIS

镇店潮款

不对称真丝连衣裙

夸张的不对称剪裁与正面的褶裥完美协调，精致细节映衬连衣裙主人，勾勒出曼妙的身材。

参考价格：￥5 400

系带拼色高跟鞋

纯色软皮鞋面，侧扣封。皮革鞋底，鞋跟高 11 厘米。

参考价格：￥3 100

敞口高跟鞋

鞋跟高 10 厘米无鞋带设计。

参考价格：￥5 500

两用折叠皮质手拿包

这款图形手拿包，展开即可变为手提包。

参考价格：￥25 800

搭配建议：

银色手镯

（参考价格：￥31 500）

金色四枚式指节环戒指

金色黄铜款指节环戒指是该品牌备受瞩目的一款戒指，既可将四枚同时佩戴，也可以依自己的心情选择佩戴两到三枚。

参考价格：￥2 700

皮质装饰开襟羊毛衫

灰褐色中厚羊毛面料，极具质感，适合和其他服饰进行混搭。黑色小羊皮肘部拼布营造出理想的材质对比效果。建议搭配同色系服饰。

参考价格：￥20 300

绒面皮革网布运动鞋

参考价格：￥4 900

买手必购榜

黑色酷感女士手套

专利皮革手套，光泽感强烈，百搭款手套，型女必备。

参考价格：￥2 800

蝙蝠袖羊毛连衣裙

羊毛加丝材质，宽松款式，前襟褶皱的设计为裙子增添了随性洒脱的动感之美。

参考价格：￥5 400

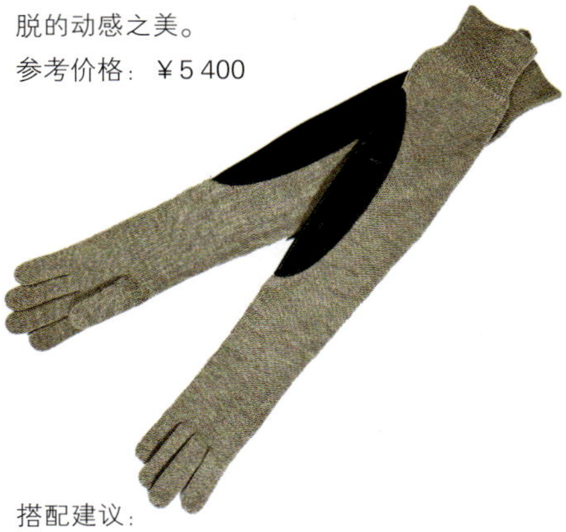

搭配建议：

过肘羊毛手套（参考价格：￥1 700）

褶裥真丝连衣裙

灰褐色真丝面料，拼接设计，正面有褶饰，不对称挖剪式裙摆。

参考价格：￥6 300

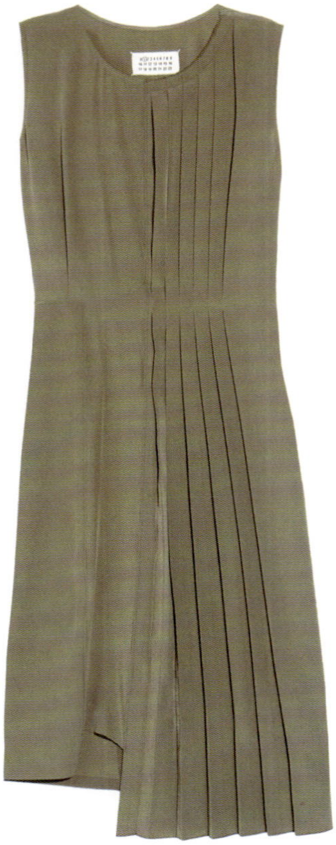

长袖真丝衬衫

丝缎材质，隐藏式按扣设计，凸显了干练利落的风格，适合秋冬季上班时穿着。

参考价格：￥6 700

拼色 V 领连衣裙

V 领露肩款，造型别致，适合度假时穿着。

参考价格：￥6 800

皮质及踝靴

亮蓝色皮革，鞋跟高约 12.5 厘米，抛光鞋跟营造出极强的视觉冲击力。建议搭配黑色和灰色装束。

参考价格：￥6 100

皮革外套

V 领、收腰的设计体现人的曲线美，飘带褶皱的设计为硬朗之美增添了一丝柔美与洒脱。

参考价格：￥19 400

金属色涂层羊毛直筒长裤

对比感金属色涂层拼接为这款直筒裤增添了迷人的未来主义气息。不妨搭配黑色夹克和同色系首饰，打造前卫的晚宴造型。

参考价格：￥5 200

棕色蜥蜴纹楔形靴

鞋身为蜥蜴纹压花，适合与其他时尚服饰搭配穿着。

参考价格：￥7 250

露趾短靴

小牛皮材质，鞋跟高 10 厘米。

参考价格：￥6 200

仿古男士手镯

开口手镯，直径 7.6 厘米，100% 黄铜，意大利制造。

参考价格：￥3 800

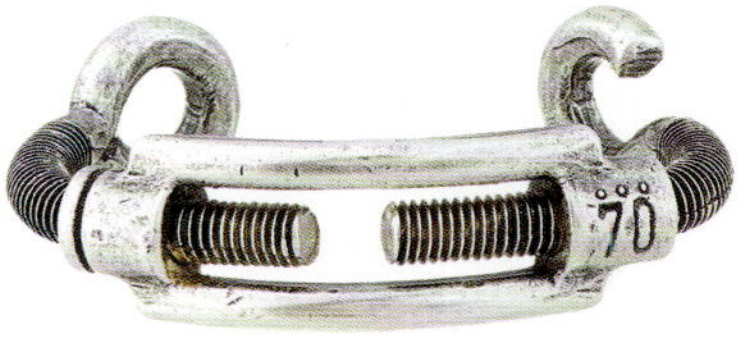

直通名店

马丁·马吉拉时装屋在世界范围内的影响力是巨大的，北京、香港、伦敦、米兰、纽约等城市都有它的精品店。

北京 三里屯

香港 中环

伦敦 Bruton Street

米兰 Via della Spiga

时尚翻盖单肩包

翻盖设计，翻盖顶部配有拉链，肩带可以调节，简约中透出别致。

参考价格：￥12 300

装饰戒指

刻有品牌 Logo，镶水钻。

参考价格：￥1 600

暗蓝色时尚手链

外观十分特别，混合编织链设计，配钩眼扣。

参考价格：￥2 100

Ksubi
卡苏比

绝对潮牌

卡苏比是澳大利亚一家极具个性的街头风格时尚品牌，成立于2000年，其服装以及眼镜的设计十分出彩。卡苏比常常将颓废、古旧、摇滚味道混入其中，通过故意撕磨处理，以及豹纹、骷髅、铆钉、幽灵等元素的运用，表达另类文化和视觉效果，叛逆之中又带着一些怪诞的艺术感和幽默感，很个性，很街头，但也很国际，短裤和太阳镜十分走俏。从麦当娜、维多利亚·贝克汉姆到奥兰多·布鲁姆，其粉丝都是巨星级别的。

镇店潮款

Pray On 紧身牛仔裤

表面全部被印花覆盖，中腰设计，脚踝处设有拉链。

参考价格：¥2 000

虎纹牛仔裤

参考价格：¥1 250

长袖印花连衣裙

表面全部被教堂图案印花覆盖，别具一格。

参考价格：¥800

幽灵 Tank 衫

参考价格：¥450

铆钉牛仔短裤

参考价格：¥1 900

毛边牛仔短裤

参考价格：¥1 100

基督像 T 恤

宗教主题是卡苏比比较常用的元素。

参考价格：¥450

十字架无袖连帽衫

参考价格：¥960

美国星条旗风格牛仔短裤

参考价格：¥1 900

Gee Gee 破洞牛仔裤
参考价格：￥1 700

Skeleton 太阳镜
参考价格：￥1 400

带纹理小牛皮绑带短靴
参考价格：￥2 400

Skeleton 太阳镜
参考价格：￥1 400

Rana 豹纹太阳镜
参考价格：￥1 600

Richard Nicoll × Ksubi 太阳镜
参考价格：￥1 900

Ara 印花太阳镜
参考价格：￥1 400

Bellatrix 豹纹太阳镜
参考价格：￥1 400

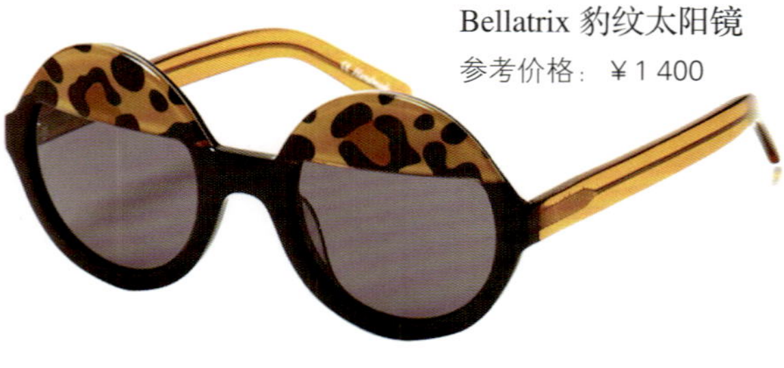

Regulus 眼镜
参考价格：￥1 600

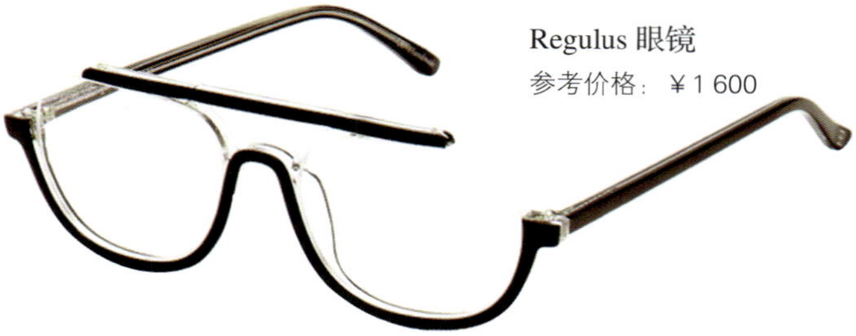

Volans 眼镜
参考价格：￥1 700

买手必购榜

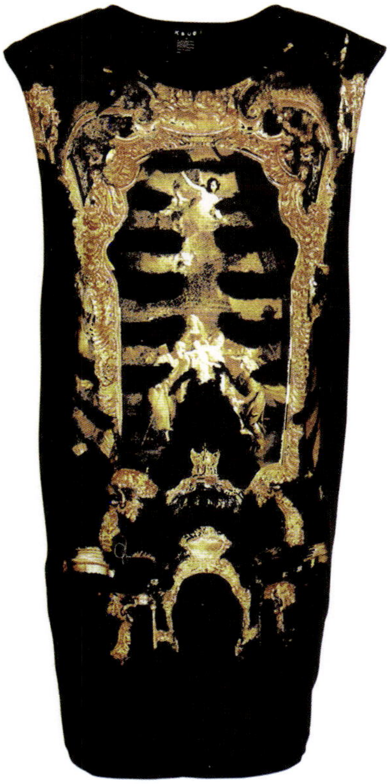

印花连衣裙

骨骼形状的印花，酷感十足，极具潮范儿。

价格请店洽

牛仔连衣裙

参考价格：￥2 800

铆钉牛仔短裙

密布铆钉，是潮女们的心仪潮款。

参考价格：￥1 900

彩虹铆钉短裤

参考价格：￥1 900

无袖上衣

参考价格：￥1 400

埃及眼女士牛仔夹克

参考价格：￥3 800

老鹰铆钉短马甲

无袖短款设计，背后是老鹰图案。

参考价格：￥2 550

Slime and Grime 短裤

参考价格：￥1 700

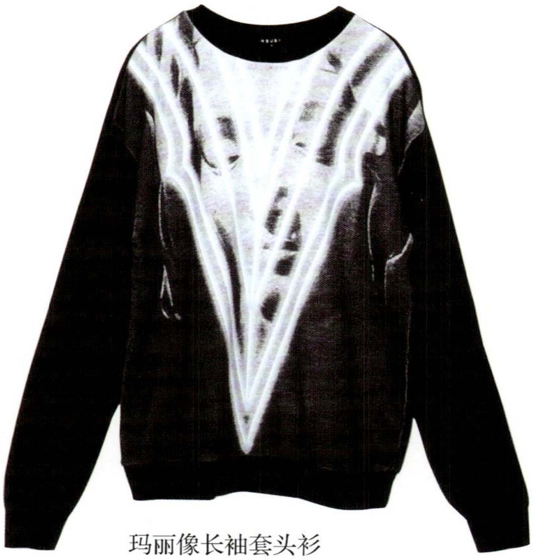

玛丽像长袖套头衫

参考价格：￥510

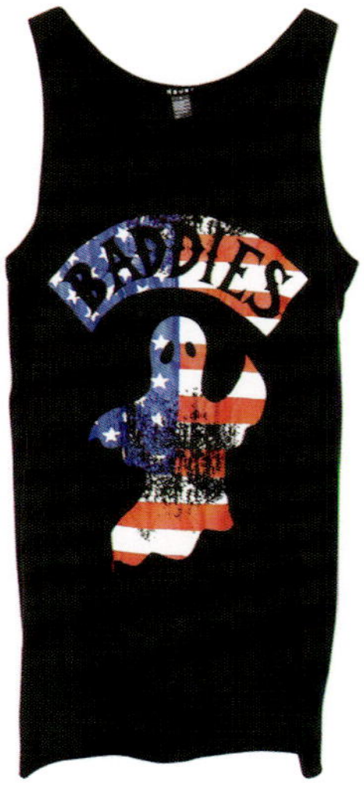

幽灵 Tank 衫

参考价格：￥700

Bony Tony 男款牛仔外套

参考价格：￥3 400

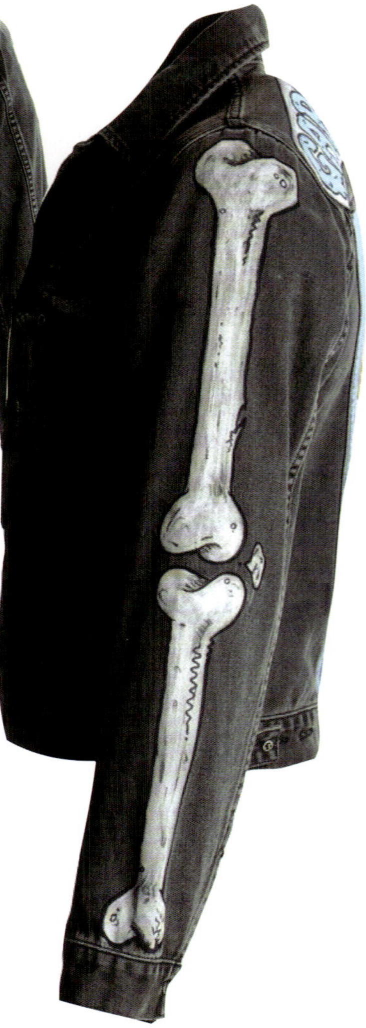

Eat Me 男款牛仔外套

夸张的图案，街头感十足。

参考价格：￥3 600

涂鸦风格男士牛仔马甲

前后布满了街头涂鸦风格的图画，领子饰以铆钉。

参考价格：￥3 100

无袖男士 T 恤

参考价格：￥850

Dip Dye 男士牛仔短裤

腰部为深蓝色，腰部以下为浅蓝色，铆钉装饰，底边经过毛边处理。

参考价格：￥1 700

Carina 太阳镜

参考价格：￥1 600

Atik 虎纹太阳镜

价格请店洽

Tejat 太阳镜

参考价格：￥1 600

Rana 纯黑太阳镜

价格请店洽

Sham 太阳镜

参考价格：￥1 400

Perseus 太阳镜

参考价格：￥1 900

直通名店

悉尼	Westfield 百货
北京	S Cube 精品店·Fei Space 精品店·I.T 精品店
上海	Dahood 店·Fei Space 精品店
香港	连卡佛·I.T 精品店·Ocular Plus 眼镜店
台北	Club Designer 精品店

KD2024

绝对潮牌

KD2024 几乎代表着一种全然不同的纯粹视觉印象，它的珠宝和佩饰的设计灵感来自于大自然，基于对于动物美学的研究，特别是对虎、龙、鹰和水中的鱼类，造型仿真、另类，为男款和女款珠宝首饰的设计风格开辟了一条新的途径。在材质上，KD2024 几乎所有的珠宝首饰设计系列均以 925 纯银和合金以及贵重金属手工制作，并将天然宝石雕琢以镶嵌于其中，值得收藏。

镇店潮款

Funky Gong 项链

吊坠为手工雕刻水牛角材质，以玫瑰金装饰。

参考价格：￥11 300

三环套戒

参考价格：￥4 460

三环套戒

参考价格：￥3 350

短吻鳄心跳戒指

两条短吻鳄鱼构成两个环形，中间镶嵌一颗缟玛瑙宝石。

参考价格：￥6 000

爪形纯银戒指

参考价格：￥3 350

老鹰戒指

老鹰的羽翼下是一颗缟玛瑙宝石。

参考价格：￥5 540

短吻鳄戒指

短吻鳄鱼的身体上镶嵌着绿色、紫色和黄色碧玺。

参考价格：￥5 150

虎咆戒指

主要材质为纯银和珍珠母贝，镶嵌缟玛瑙。

参考价格：￥5 800

娜迦戒指

娜迦是西方文化中经常出现的神话形象，形态近似于龙，戒指上镶嵌着一颗摩根石。

价格请店洽

皮艺银质手链

参考价格：￥2 200

Vision 戒指

表面以月光石和缟玛瑙进行镶嵌，雕工精致。

参考价格：￥4 500

背包

参考价格：￥26 650

水母吊坠项链

参考价格：￥8 000

章鱼戒指

参考价格：￥5 100

直通名店

香港	L.J Fashion 精品店
东京	United Arrows 精品店
米兰	10 Corso Como 精品店·Antonioli 精品店

Givenchy
纪梵希

绝对潮牌

纪梵希被称为法国时装界的绅士，最为人所津津乐道的就是曾经为奥黛丽·赫本打造了在《罗马假日》等众多电影中的经典装扮，实际上，纪梵希所擅长的设计风格并不只有华贵、优雅，反映个性也是其一大特色。特别是自2005年3月，意大利设计师里卡多·提西出任纪梵希创意总监之后，纪梵希的时装几乎呈现了一套全新的“语言”，更加具有当代风格，铆钉、透视、非对称元素常出现在设计中，廓形鲜明、亮眼、自然，而且经常推出混搭风的时尚单品，而非预设的整体造型。值得一提的是，纪梵希具有街头风格的T恤，以及充满原始与神秘感的丝巾，是十分值得购买的潮品。

GIVENCHY

镇店潮款

杜宾犬印花修身衬衫

参考价格：￥5 500

Madonna 17 印花围巾

参考价格：￥4 400

搭配建议：

杜宾犬印花帆布手袋

（参考价格：￥15 300）

鳗鱼皮皮靴

弯弧造型的鞋跟高10.5厘米，后拉链开合。

参考价格：￥136 600

真皮紧身裤

采用柔软的高级皮革，鲜红色调为造型增添了酷酷的时尚感觉。

参考价格：￥16 200

Antigona 纯色手袋

光滑的亮蓝色皮革令人眼前一亮，手柄等细节处饰有富于个性的蛇皮条纹效果，搭配肩带，可手提也可单肩背。

新款未定价

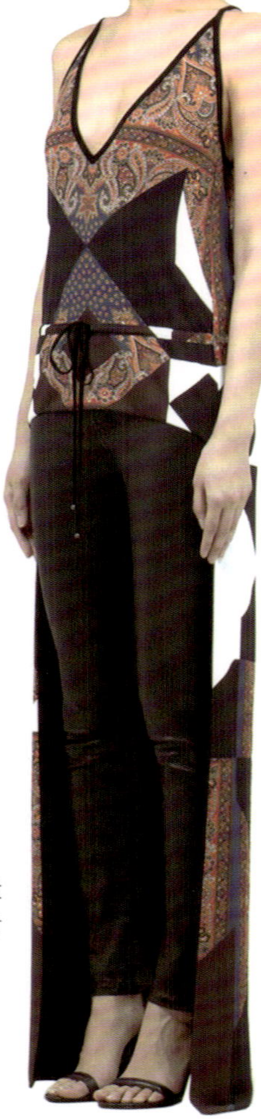

印花吊带上衣

前短后长的独特设计，高姿态地展示出了时尚个性。

参考价格：￥27 300

无袖圆领上衣

参考价格：￥3 500

Antigona 拼片软皮手袋

参考价格：￥28 800

铆钉芭蕾平底鞋

参考价格：￥1 400

混合面料女士翻领外套

参考价格：￥22 600

露趾高跟靴

独特的编织效果，前部系带设计，前部鞋尖处开口，带有金色圆形铆钉装饰，后部鞋跟高度为 11.5 厘米，加入了金色金属元素。

参考价格：￥23 000

黑色木质框印花拉链手袋

价格请店洽

五角星铆钉手镯

镶嵌三枚五角星形铆钉，以可调节式真皮搭扣封口。

参考价格：￥5 200

亮片印花套头衫

前幅印花，衣袖上绣饰亮片。

参考价格：￥19 500

牛仔上衣

这款上衣采用了圆形大翻领搭配裙摆式底边，有很好的衬托腰身的效果，适合搭配九分长度的紧身裤。

参考价格：￥7 400

玫瑰印花夹克

这款羊毛面料夹克采用了不对称式双排拉链设计，肩部采用笔挺的明线车缝效果，腰部左右两侧各带有一对搭扣。

参考价格：￥34 000

印花围巾

参考价格：￥2 100

战斗机印花男式T恤

参考价格：￥7 200

星星围巾

参考价格：￥2 100

买手必购榜

拉链领口上衣

薄纱半透视效果，独特的拉链式领口，左右袖口采用不对称设计。

参考价格：￥14 700

丝巾风格印花无袖上衣

参考价格：￥12 400

深蓝色纯棉男士外套

简约利落的单排双扣式设计，纯色色调搭配黑色立领，十分低调却很显品位。

参考价格：￥11 000

长袖连衣裙

简约中见细节的设计，高雅时尚，低调耐看。

参考价格：￥18 800

荷叶边背心连衣裙

黑色拼浅蓝色色调，大热流行的荷叶饰边元素，倍增女性娇柔妩媚、时尚优雅的气质。

参考价格：￥16 900

棕色格纹修身衬衫

前部饰以呈 T 字形的对称几何形状格纹补丁，胸袋的袋口被设计为纵向，隐秘在格纹的拼接处。

参考价格：￥2 400

橘红果冻色迷你手袋

参考价格：￥13 500

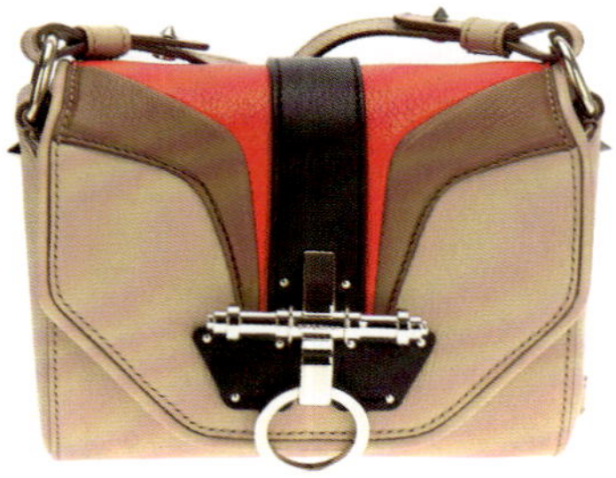

Obsedia 斜背包

参考价格：￥7 200

HDG 小号牛皮手袋

纪梵希近年来十分看重动物纹理图案在设计中的运用，这款手袋就选择了别致的黑白色奶牛纹，搭配深棕色手柄。

新款未定价

Pandora 迷你斜背包

价格请店洽

Pandora 真皮编织手袋

参考价格：￥9 000

Lucrezia 涂层印花手袋

参考价格：￥17 200

Pandora 印花手袋

永远流行的黑与红配色，搭配可拆卸式皮革肩带。

参考价格：￥19 200

印花围巾

参考价格：￥2 100

毛呢短上衣

前幅采用了拉链开合的可拆卸式设计，后幅设有可调节束带。

参考价格：￥10 900

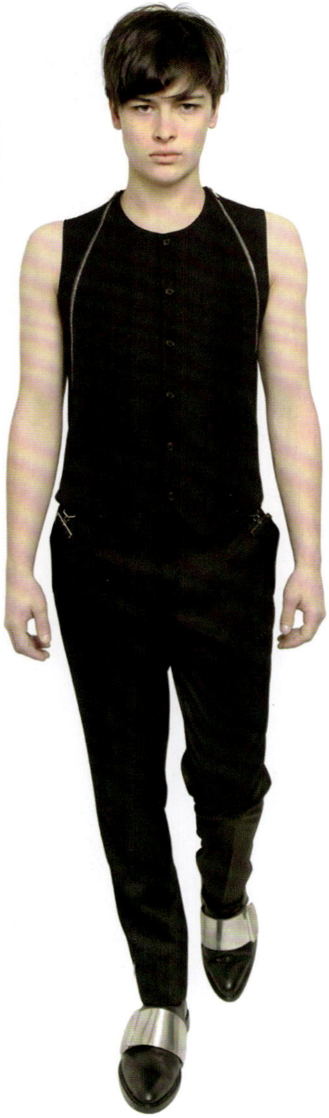

红色黑色相间编织皮革踝靴

价格请店洽

木质铆钉真皮手镯

参考价格：￥7 300

玫瑰印花光面皮革高帮运动鞋

新款未定价

金字塔铆钉真皮手镯

金字塔金属铆钉上镶嵌施华洛世奇水晶元素，按扣封口。

参考价格：￥7 000

高帮运动鞋

参考价格：￥3 200

高帮运动鞋

吸引人眼球的黑褐色印花图案，系带加带扣设计，让它成了潮人的必备单品。

参考价格：￥6 200

直通名店

北京	国贸商城·三里屯·老佛爷百货
上海	芮欧百货·中信泰富广场·环贸广场
天津	银河国际购物中心
深圳	万象城

Dolce & Gabbana
杜嘉班纳

绝对潮牌

杜嘉班纳公司创立于1985年，创业之初婉拒交付大成衣工厂代工生产，坚持自己制版、裁缝、样品和装饰配件及所有服装。杜梅尼科·多尔奇和斯蒂芬诺·嘉班纳两位设计师面向年轻人，从街头、音乐以及一切当代事物中汲取灵感，并演绎个人风格，超越各种既定框框的限制。杜嘉班纳的设计充满了情感、传统、文化和地中海气息，风格新潮大胆而不拘形式。

镇店潮款

玫瑰印花拼蕾丝内衣上装

细肩带，裙身饰有黑色蕾丝装饰，高贵典雅。

参考价格：￥6 600

西西里推车印花短袖罩衫

圆领短袖，设计简洁，色彩迷人。

参考价格：￥7 500

印花短款连衣裙

真丝斜纹印花面料，柠檬图案清新亮丽，腰部配有松紧带，轻松修饰完美曲线。

参考价格：￥13 700

印花缎面凉鞋

穿上这款防水台凉鞋，尽情拥抱杜嘉班纳色彩缤纷的地中海风情。精美的印花缎面带有皮质背衬，既舒适又提供支撑，还可以通过调节踝带确保完美合脚。

参考价格：￥7 600

燕尾服式夹克

缎面披肩式翻领，流露绅士般典雅气质。

参考价格：￥21 700

蕾丝覆面缎面高跟鞋

这款精美的高跟鞋于意大利精工制成，香槟色的缎布和网布高跟鞋包覆有装饰性黑色蕾丝，洋溢着该品牌特有的时尚风情。

参考价格：￥7 000

亚麻及真皮外套

正面部分为真皮，背后部分及袖子为亚麻质地。

参考价格：￥10 600

蜡处理硬皮德比鞋

镂空小孔鞋面，细节处彰显品质。

参考价格：￥5 400

珍珠母贝纽扣牛仔衬衫

牛仔面料，洗白效果时尚前卫。

参考价格：￥5 300

条纹帆布德比鞋

英国 Blake 加工技术，真皮鞋底舒适讲究。

参考价格：￥4 200

纪念品印花圆领 T 恤

领口对比色，简单又时尚。

参考价格：￥4 200

条纹帆布运动鞋

草编鞋檐，十分特别。

参考价格：￥3 400

买手必购榜

单排四扣多色西装上衣

圆领设计，无内衬。

参考价格：￥12 100

花朵图案真丝芭蕾平底鞋

参考价格：￥5 700

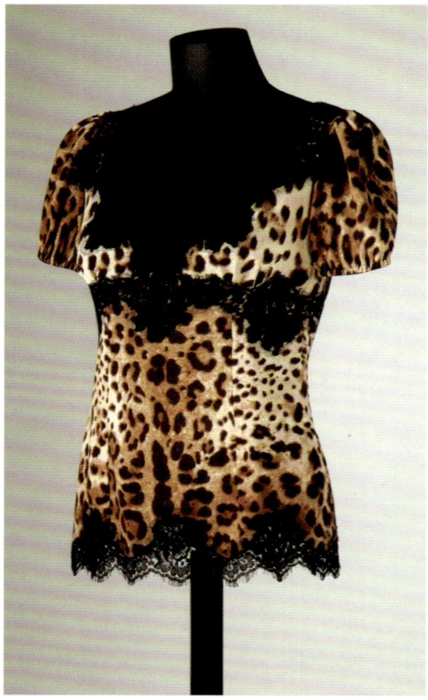

豹纹印花及蕾丝装饰短袖上衣

背部有拉链开合，V 领性感妩媚。

参考价格：￥8 200

西西里印花 T 恤

复古马车印花图案，别致有趣。

参考价格：￥2 600

车轮花卉短裙

欧美风情十足，宗教感和宫廷范儿合二为一，高端大气。

参考价格：￥7 600

牛仔短裙

磨白处理，弹力牛仔面料。

参考价格：￥3 700

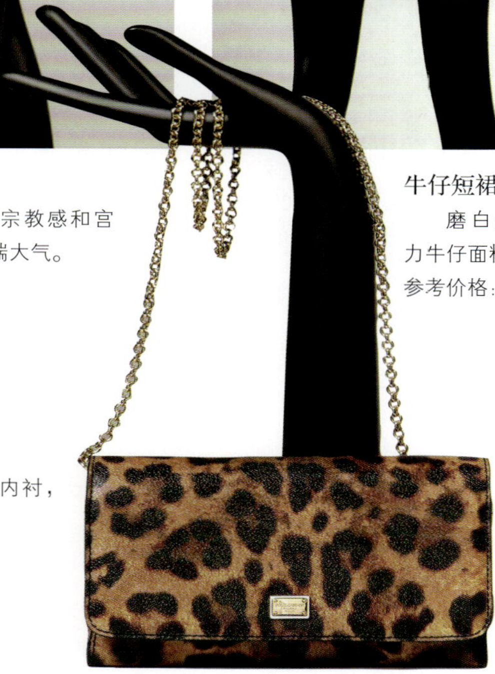

豹纹 Nina 手拿包

镀金配件，全棉内衬，可拆卸链条式肩带。

参考价格：￥6 300

2013 年春夏黑色细跟纱网高跟鞋

简洁的黑色设计，高贵时尚。

参考价格：￥7 600

真皮平底凉鞋

金色皮质，闪亮奢华。

参考价格：￥5 700

蜥蜴皮印花牛皮锲跟凉鞋

金色牛皮绲边，木制鞋跟。

价格请店洽

藤编坡跟鞋

厚底坡跟设计，高挑迷人。

价格请店洽

西西里岛屿印花手袋

精致的印花设计，亮丽高雅。

参考价格：￥15 300

条纹帆布凉鞋

天然舒适的帆布材料，轻松环保，经典的蓝白色条纹搭配，充满了意大利民族风情。

价格请店洽

水果和花卉印花锦缎手拿包

配有水晶搭扣和彩色印花，搭配简约的小黑裙，会更显精致迷人。

参考价格：￥11 400

豹纹印花圆形单肩包

参考价格：￥4 700

花朵印花单肩包

正面有品牌标志金属铭牌，镀金配件。

参考价格：￥6 900

楔形后跟凉鞋

五彩缤纷的印花图案与脚踝处的牛仔材质完美结合，青春靓丽中透着时尚朋克感。

参考价格：￥2 600

压纹牛皮手提包

浅蓝色皮质设计，手提和斜挎两种用法，便捷时尚。

参考价格：￥12 000

红白条纹粗帆布手拿包

简洁的形状设计，压纹牛皮手链，青春典雅。

参考价格：￥5 000

拉菲草单肩包

花朵缀饰，甜美清新。

参考价格：￥9 000

印花棉披肩

斜纹棉质，雍容华贵。

参考价格：￥4 500

真丝印花方巾

参考价格：￥2 000

真丝印花方巾

真丝斜纹，颜色清爽又不失炫丽。

参考价格：￥3 100

豹纹印花 iPad 2 保护套

罗缎抽带以便将 iPad 取出。

参考价格：￥2 900

丝巾印花腰带

丝巾系的扣，搭配软牛皮内衬。

参考价格：￥2 300

“幸运”项链

花朵、马蹄和小喇叭等金属装饰元素，搭配施华洛世奇水晶珠。

参考价格：￥9 600

条纹针织开衫

羊绒棉混纺面料，V 领设计。

参考价格：￥6 700

丝绒及镀金项链

施华洛世奇水晶光彩夺目，丝绒镀金防过敏。

参考价格：￥6 400

真丝单排扣西装上衣

高档的真丝质地，颜色沉稳低调。

参考价格：￥15 800

字母印花圆领衫

前部意大利印花，具有街头风格。

参考价格：¥2 900

“拳王泰森”T 恤

前面有拳王泰森图像印花，底边有品牌标签。

参考价格：¥2 200

印花夹克

视觉印花，棉质面料。

参考价格：¥11 900

方巾印花短裤

单褶短裤，法式口袋，有零钱袋。

参考价格：¥12 300

“塞内加尔”运动鞋

尼龙运动鞋，橡胶鞋头。

参考价格：¥3 300

马达加斯加运动鞋

菱格纹运动鞋，格纹线为品牌 Logo 印花。

参考价格：¥3 200

“摩洛哥”运动鞋

软牛皮及鹿皮细节，鞋垫上印有品牌 Logo。

参考价格：¥3 300

牛皮德比鞋

石洗处理，反转鞋跟设计。

参考价格：¥7 300

大理石花纹 14 金款长裤

棉质整件染色，洗涤大理石效果，后口袋上有 D&G Logo 的金属牌。

参考价格：¥4 500

“澳大利亚”运动鞋

水洗牛皮做旧效果。

参考价格：¥3 500

条纹帆布运动鞋

象牙白色和红色条纹的清新组合。

参考价格：￥3 400

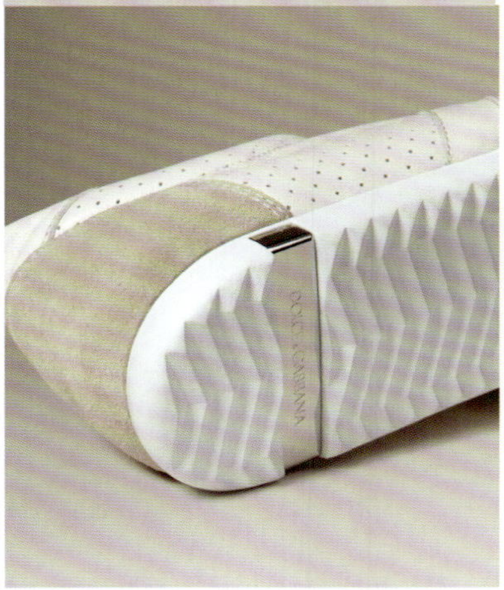

邮差包

尼龙邮差包，真皮装饰细节。

参考价格：￥4 800

尼龙包

真皮装饰细节，配亚光五金件。

参考价格：￥2 900

“澳大利亚”运动鞋

小牛皮运动鞋，鞋面有透气小孔。

参考价格：￥3 800

真皮装饰细节尼龙电脑包

填充包身，后有两条拉链，方便置入拉杆行李箱。

参考价格：￥5 700

西西里印花围巾

莫代尔棉质面料。

参考价格：￥2 000

格子印花尼龙购物包

真皮手柄与细节，棉质内衬。

参考价格：￥5 000

印花真丝围巾

印花真丝斜纹面料，颜色和款式都非常适合时尚男士。

参考价格：￥2 000

灰色格纹法兰绒皮革旅行包

参考价格：￥1 530

银色标志扣腰带

皮带宽 3.5 厘米，100%皮革。

参考价格：￥950

方巾印花帽子

真丝印花斜纹，对比色饰带。

参考价格：￥4 200

海军棒球帽

尼龙搭扣带，牛仔布毛边处理，简约时尚。

价格请店洽

Martini 系列领带

宽 6 厘米，圆点图案斜纹丝绸面料。

参考价格：￥1 500

真丝大领结

采用提花工艺，俏皮前卫。

参考价格：￥1 400

方巾印花帽子

真丝印花斜纹，对比色饰带。

参考价格：￥4 200

飞行员太阳镜

参考价格：￥1 600

丝绸领结

小圆点斜纹印花，更适合年轻男士佩戴。

参考价格：￥1 400

渐变色薄金属飞行员太阳镜

参考价格：￥1 800

穿孔标志扣带

参考价格：￥2 300

直通名店

杜嘉班纳品牌货品可在国内外各大主要城市的精品店进行挑选和购买。

北京 王府半岛酒店·银泰中心
上海 高岛屋百货·恒隆广场·国金中心·K11 购物艺术中心
沈阳 万象城·卓展购物中心
大连 时代广场
济南 恒隆广场
杭州 湖滨国际·杭州大厦
深圳 万象城
广州 丽柏广场
香港 海港城·太古广场·历山大厦
澳门 壹号广场
纽约 百老汇

Alice+Olivia

爱丽丝 + 奥丽维亚

绝对潮牌

爱丽丝 + 奥丽维亚的诞生，源于设计师斯黛西对完美裤子的追求，凸显身材和剪裁合身，长度还要足够搭配“恨天高”的鞋子，才能称得上完美。行内的潮人都渴望拥有一件俏皮的“斯黛西外套”，以及该品牌的印花单品与俏皮的派对连衣裙。爱丽丝 + 奥丽维亚以鲜艳大胆的用色打造好玩俏皮的设计，成为都市时尚人士的必购品牌。

镇店潮款

印花短袖连衣裙

红色罂粟花设计，甜美中不失性感。

参考价格：￥3 800

蕾丝双绉连衣裙

中性色双绉衬里，令精美繁复的扇贝边蕾丝罩层更显得魅力无限。

参考价格：￥4 600

雪纺迷你连衣裙

这条真丝雪纺连衣裙采用背部开衩设计，令肌肤若隐若现。松紧腰身穿着格外舒适，配有可调肩带衬裙式内衬。

参考价格：￥3 300

亮片真丝欧根纱外套

采用流畅的真丝欧根纱制成，而垫肩设计使其更富结构感。建议搭配白色衬衫和紧身裤。

参考价格：￥7 500

花卉印花真丝乔其纱连衣裙

参考价格：￥3 800

圆领长袖上衣

参考价格：￥3 500

真丝雪纺连衣裙

这款钟形袖迷你连衣裙，洋溢着俏皮的怀旧风情。

参考价格：￥3 500

翻领夹克

参考价格：￥4 900

褶边礼服

拼接色十分流行，作为潮人一定不能错过。

参考价格：￥2 100

混丝印花连衣裙

色彩斑斓的花卉图案，令人爱不释手，适合打造时尚瞩目的假日造型。

参考价格：￥5 700

露肩舞会礼服

穿上它即刻成为舞会中人见人爱的公主。

参考价格：￥8 000

蛇皮高跟鞋

参考价格：￥2 000

麂皮尖头高跟鞋

参考价格：￥2 000

后开式长礼服

参考价格：￥8 000

买手必购榜

针织弹力真丝连衣裙

适合身材高挑，又喜爱长裙的女孩子。

参考价格：￥4 200

欧根连衣裙

这件典雅的连衣裙采用真丝雪纺裁制而成，饰有蓬松的真丝欧根纱叠层，另配有一条镶嵌着水晶的腰带。

参考价格：￥5 600

弹力针织装饰腰摆连衣裙

参考价格：￥2 600

刺绣挖剪纯棉连衣裙

这款刺绣设计采用轻盈透气的纯棉巴里纱制成，剪裁柔美，是打造休闲午餐约会造型的完美选择。建议手腕层叠佩戴各式手镯，再拿上波希米亚风情手拿包。

参考价格：￥3 800

亮片真丝雪纺礼服

参考价格：￥6 600

印花皮革短裙

束腰皮革为整条短裙增添了一点朋克帅气感。

参考价格：￥2 700

真丝曳地连衣裙

为你打造最完美的宴会造型。

参考价格：￥14 500

印花吊带短裙

参考价格：￥3 100

交叉设计礼服

亮点在于胸部交叉式设计。

参考价格：￥4 300

布莱顿剪裁袖上衣

参考价格：￥2 200

人造皮毛大衣

参考价格：￥22 000

军领衬衫夹克

相信穿上它，女人的英姿飒爽定是别具意味。

参考价格：￥2 500

褶裥半身裙

参考价格：￥1 800

皮革靴

参考价格：￥3 100

奥丽维亚裂纹手提包

参考价格：￥3 000

蛇皮尖头高跟鞋

非常吸引眼球，又十分百搭。

参考价格：￥1 900

奥丽维亚蟒纹手提包

参考价格：￥3 000

奥丽维亚豹纹手提包

参考价格：￥3 600

麂皮高跟靴

参考价格：￥4 000

直通名店

目前，品牌爱丽丝＋奥丽维亚在全球范围内有多家专卖店，过季有打折活动。

北京 金融街购物中心

上海 时代广场·国金中心

香港 连卡佛

纽约 East Hampton·Bryant Park

伦敦 Harrods 百货

洛杉矶 Robertson Boulevard

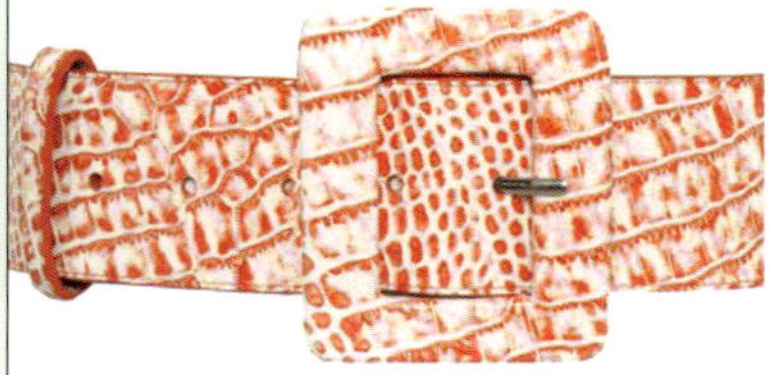

鳄鱼皮带

参考价格：￥900

Ralph Lauren
拉夫·劳伦
RALPH LAUREN

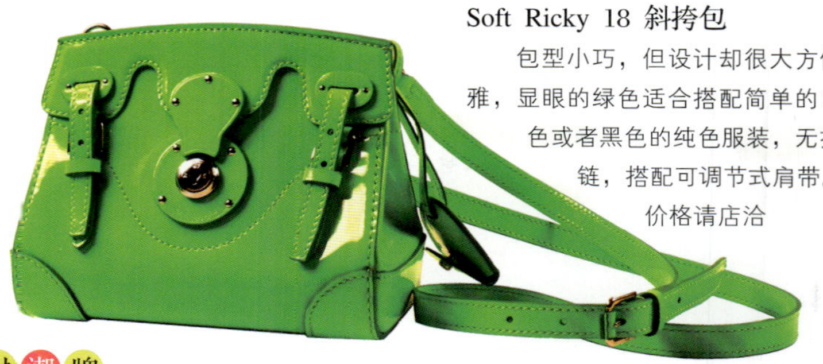

Soft Ricky 18 斜挎包

包型小巧，但设计却很大方优雅，显眼的绿色适合搭配简单的白色或者黑色的纯色服装，无拉链，搭配可调节式肩带。价格请店洽

绝对潮牌

拉夫·劳伦带给外界的最大印象，就是它很美国，代表着典型的美式实用主义审美品位。基本上，喜欢拉夫·劳伦的人，主要就是喜欢它的随性、舒适又很得体，有着较高的品质，但不过度奢华，领先潮流，但又不过分新潮、过于引人注目。美国中产阶级一直对这个本土品牌十分推崇，原因也正在于它贴近生活又不失品位。

潮男潮女们的衣橱里，总要有一件拉夫·劳伦标志性的 Polo 衫，那是拉夫·劳伦最成功、最值得购买的作品。现在，拉夫·劳伦的衬衫、腕表、包袋以及香水，也越来越得到外界的认可，喜欢牛仔风格的潮人，也一定会关注它的每季新款。就价位来看，紫标（只针对男士）和蓝标（只针对女士）是拉夫·劳伦所有产品线中最贵的。

如果说要用一句话来评价创始人拉夫·劳伦，那就是——他给这个世界带来的，绝不是简单的质量上乘的产品，而是“美式经典”生活方式。

镇店潮款

印花 Suede 皮短裙

参考价格：￥8 000

搭配建议：

皮质宽手镯（参考价格：￥3 000）

马镫扣装饰斜背包（参考价格：￥1 500）

印花 Polo 衫

参考价格：￥1 200

紧身裤

参考价格：￥1 800

黑色穿珠凉鞋

结合了复杂的手工穿珠及缝制工艺，十分适合于有一定手工情节的人。

参考价格：￥7 700

皮质托特包

与众不同的镂空外观设计，中央可见“RL”字样，两侧以流苏穗进行装饰。有黄褐色、黑色、红色可选。

参考价格：￥15 300

搭配建议：

超级猫眼太阳镜（参考价格：￥980）

黑白配色雕花斜背包（参考价格：￥9 100）

皮质编织斜挎包

简洁的黑白双色皮革，拼编出别致的格纹图案，十分适合“黑白控”的潮人，翻盖上带有马镫环设计。

参考价格：￥24 200

雕花腰带

表面带有精致的雕花装饰，有黑色和青绿色可选。

参考价格：￥1 800

皮质雕花手镯

可以环绕手腕三圈，有蓝色、绿色、红色、白色等多色可选。

参考价格：￥1 200

印花丝巾

100%真丝材质，边缘以手工缝制。

参考价格：￥3 000

粉色蟒蛇纹太阳镜

独特的蟒蛇纹设计，绝对是让人眼前一亮的潮人元素。

参考价格：￥1 500

Stirrup 系列腕表

看腻了传统的圆形、方形表款，潮人们总想寻找到一些不一样的元素。马镫造型表壳搭配同为马镫形的带扣，是拉夫·劳伦 Stirrup 系列腕表最易辨认的标志。

价格请店洽

长袖立领外套

立领设计，全拉链配合腰间束带，左胸内侧设有垂直拉链口袋。

参考价格：￥6 100

搭配建议：

短靴（参考价格：￥980）

斑马纹卡车司机帽

参考价格：￥280

帆布彩色条纹背包

选用了经久耐用的高密度帆布材质，抽绳式袋口设计，编织绳肩带可以拆卸。

参考价格：￥1 800

买手必购榜

珍珠装饰外套

正面领口处有别致的皮质带扣设计，身后的印第安人形象上带有珍珠装饰。

参考价格：￥9 200

皮革镶边装饰外套

潮女的衣橱里，怎么少得了这样一件设计独特的外套？

参考价格：￥3 000

真丝印花短袖上衣

100%真丝材质，印有鞋子图案。

参考价格：￥3 000

亚麻窄口八分裤

有着经典的马术风格，裤腿处采用独特的花辫收口。

参考价格：￥2 100

黑色小牛皮编织坡跟凉鞋

参考价格：￥4 000

小牛皮凉鞋

时尚前卫，拉链设于后跟处。

参考价格：￥5 200

印花阔腿八分裤

100%纯棉材质，上面印有复古的帆船图案，左侧腰部有四粒纽扣。十分适合搭配布艺系带高跟凉鞋。

参考价格：￥2 100

小牛皮露趾凉鞋

采用了具有异国情调的编织皮革设计，鞋跟和防水台有独特的纹样。

参考价格：￥4 400

全亮片乐福鞋

参考价格：￥4 300

印第安羽饰风格印花紧身裤

参考价格：￥2 500

小牛皮饰边露趾凉鞋

参考价格：￥4 400

拼色露趾短靴

参考价格：￥4 300

金属质感托特包

金属质感一向是个性潮人们的一大诉求，这款大容量的手提包有金色和银色可选，可以搭配同样是金属质感的腰带。

参考价格：￥11 000

小牛皮手袋

双手柄，配有可拆卸肩带，有黑色和 RL 金色可选。

参考价格：￥17 000

长流苏 Hobo 包

手工编织流苏装饰细节，拉绳收口设计，容量很大。

参考价格：￥30 000

编制皮革斜挎包

拉绳收口设计，有香草色、黑色、黄褐色可选。

参考价格：￥6 100

围裙斜挎包

灵感来自老式围裙毯，色彩饱和的帆布材质与皮革饰边相得益彰。

参考价格：￥3 700

小牛皮流苏斜挎包

参考价格：￥4 300

双圈皮质手镯

可以缠绕手腕两圈，有蓝色、橘色、艳粉色、绿色、黄褐色等多种颜色可选，可以用来搭配同色系的指甲油。

参考价格：￥1 200

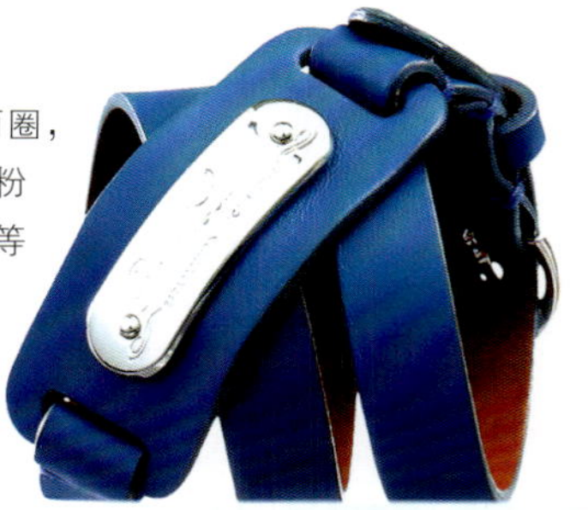

金属链条装饰腰带

外面圈绕的金属链条强化了腰带的装饰功能，皮革有黄褐色和黑色可选。

参考价格：￥1 800

现代装饰艺术系列饰品

18K 玫瑰金材质，饰以钻石、黑缟玛瑙、绿玛瑙。

价格请店洽

印花丝绸围巾

100%真丝材质，有黄色、红色、绿色可选。

参考价格：￥3 700

印花围巾

100%真丝材质，有紫色、海军蓝色、橘色、白色可选。

参考价格：￥300

修身牛仔裤

破损修复后的感觉，使这款牛仔裤完全符合了个性潮人的口味。

参考价格：￥1 400

复古牛仔报童帽

参考价格：￥250

亚麻格子围巾

低调的格子围巾，是格子元素运动鞋的最佳搭档。

参考价格：￥900

印花 Polo 衫

显眼的对比配色，个性潮男不妨一试。

参考价格：￥2 500

库珀包

豪华小牛皮材质，带有可拆卸皮革肩带和钥匙包，有黑色和 RL 金色可选。

参考价格：￥36 700

经典粗呢旅行包

参考价格：￥2 400

鳄鱼皮双 O 环腰带

有绿色、亮紫色、蜂蜜色可选，以搭配不同服装。

参考价格：￥7 700

小牛皮短靴

这款短靴在意大利制造，深棕色小牛皮经由手工抛光，采用了经典的绕踝带扣设计。

参考价格：￥9 200

Harold 斑马纹便鞋

深棕色的斑马纹效果，具有十分活跃、轻快的视觉效果，可以搭配纯色休闲裤。

参考价格：￥3 600

直通名店

上海	恒隆广场·半岛酒店·芮欧百货·尚嘉中心·锦江迪生商厦
北京	赛特购物中心·赛特奥莱
南京	德基广场
沈阳	恒隆广场
杭州	萧山国际机场·万象城
成都	美美力诚百货·世纪星光百货
苏州	美罗商城
宁波	和义大道购物中心

Barbara Bonner
芭芭拉·博纳

绝对潮牌

BARBARABONNER
BONNER THE BSET THING YOU CAN WEAR IS YOUR SKIN

来自英国伦敦的手袋品牌芭芭拉·博纳，它的标志性设计元素，就是大量运用长度在30厘米以上的长流苏装饰，这种稍显夸张但却自成一格的设计在所有的包袋时尚品牌当中很少见。芭芭拉·博纳包袋所使用的流苏多为小羊皮材质，柔软细腻且垂坠感极佳，同时还可以营造出一明一暗之间的光影效果。对于“流苏控”潮人而言，芭芭拉·博纳是一个绝对值得关注的品牌。

Lilith 中号流苏手袋

长长的流苏已经颇具个性，在肩带上方还设有一排银色扁平铆钉。

价格请店洽

镇店潮款

Gilda 毛皮手拿包

参考价格：¥10 400

迷你虎纹手袋

黄貂鱼皮材质上呈现了别致的虎纹印花图案，装饰30厘米长的小羊皮流苏，搭配装饰有锥形铆钉的金属长链。

参考价格：¥7 100

Atlantis 小羊皮手拿包

参考价格：¥4 000

Ginger 小牛皮手袋

参考价格：¥4 600

Giunger 丝绒彩色流苏手拿包

顶部拉链闭合，带有一个拉链内袋和一个内贴袋，棉帆布衬里。

参考价格：¥2 700

Atlantis 蟒蛇皮手拿包

蟒蛇皮材质，搭配小羊皮长流苏。

参考价格：￥7 000

Ginger 小羊皮手袋

参考价格：￥4 100

小号 Lilith 小羊皮手袋

参考价格：￥6 500

Primordiale 小羊皮编织手袋

以小羊皮材质手工编织而成，装饰30厘米长的流苏，搭配饰有锥形铆钉的金属链。

参考价格：￥11 200

马驹皮托特包

马驹皮材质呈现了别致的动物纹印花图案，装饰30厘米长的小羊皮流苏。

参考价格：￥11 700

Ginger 小牛皮托特包

奶油色小牛皮材质，并以斑驳效果和长流苏装饰。

参考价格：￥7 300

直通名店

巴黎	ATLF 精品店·Kabuki 精品店
伦敦	Selfridges 百货·Couture Lab 精品店
米兰	Antonioli 精品店·Amaranto 精品店
东京	表参道·Barneys New York 精品店
纽约	The Styleliner 精品店
芝加哥	Adelaide 精品店
迈阿密	Oxygene 精品店

Medus 手拿包

马驹皮材质，下端饰以30厘米金属流苏。

参考价格：￥7 800

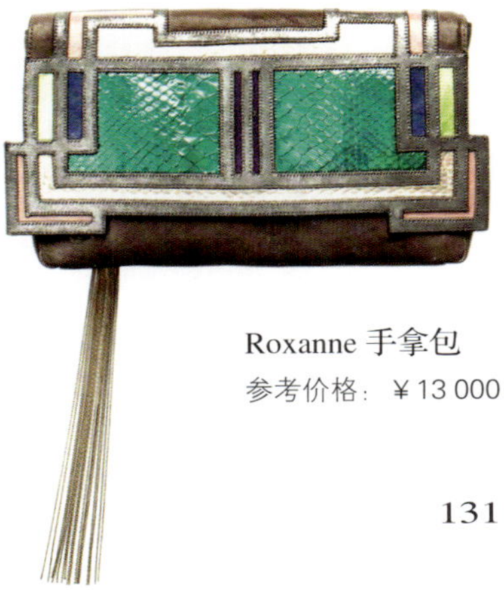

Roxanne 手拿包

参考价格：￥13 000

Monies
莫妮丝

绝对潮牌

莫妮丝是来自于丹麦的珠宝品牌，成立40余年以来，一直都以造型大胆、材质另类著称，颇受一些时尚潮人的钟爱。这些与众不同的珠宝饰品在哥本哈根海港边美丽的工作室里手工制作，不同于传统的珠宝设计，莫妮丝主要使用的材质包括皮革、木头、宝石、牛骨、黄铜、椰子、琥珀、珊瑚，以及来自丹麦海滩的石头和来自格陵兰岛的24K金，并十分喜欢运用皮绳元素进行穿连，装饰感特别强。

镇店潮款

多股项链

颇具复古感的金色结合多股设计，以施华洛世奇水晶元素进行镶嵌点缀。

参考价格：¥9 300

双色项链

参考价格：￥2 450

珍珠母贝双吊坠项链

参考价格：￥1 600

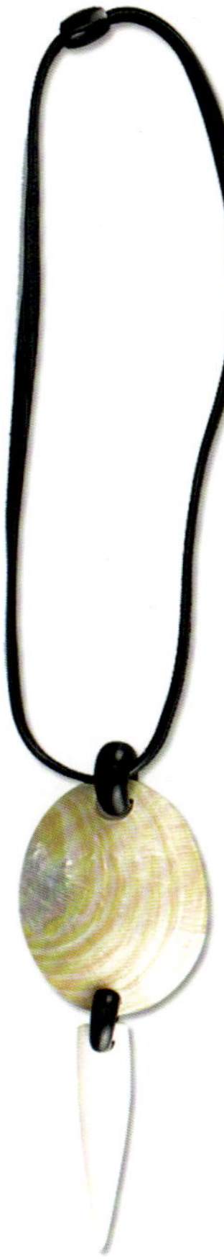

多彩贝壳耳环

参考价格：￥1 500

多圈彩珠手镯

参考价格：￥1 050

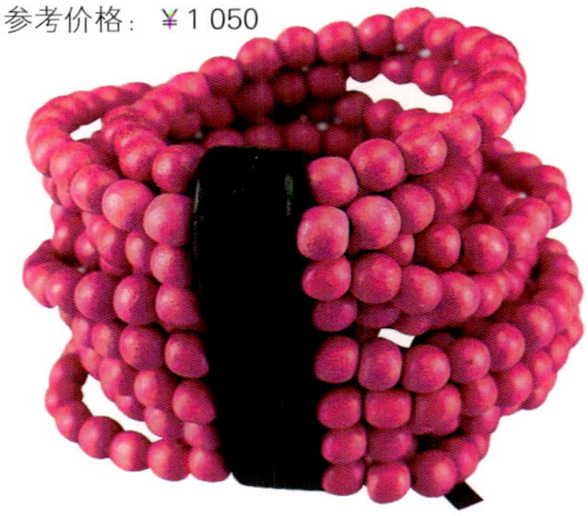

多彩贝壳手链

参考价格：￥4 300

买手必购榜

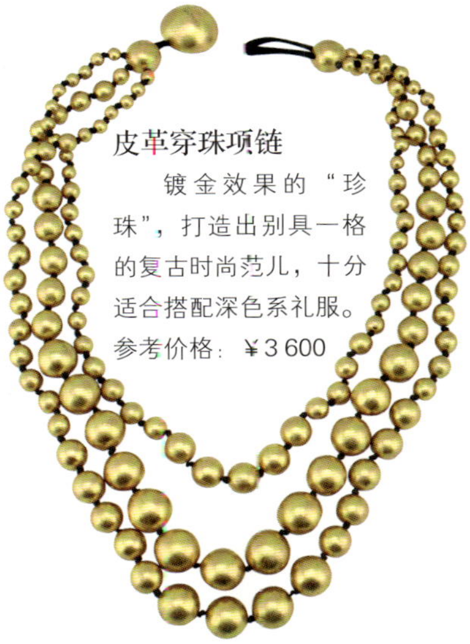

皮革穿珠项链

镀金效果的“珍珠”，打造出别具一格的复古时尚范儿，十分适合搭配深色系礼服。

参考价格：￥3 600

乌木磷灰石项链

参考价格：￥9 800

多层环圈项链

参考价格：￥3 500

角质金星玻璃宝石项链

用皮绳穿起的黑色角质和金星玻璃宝石，密集围簇在前部，气场强大。

参考价格：￥9 300

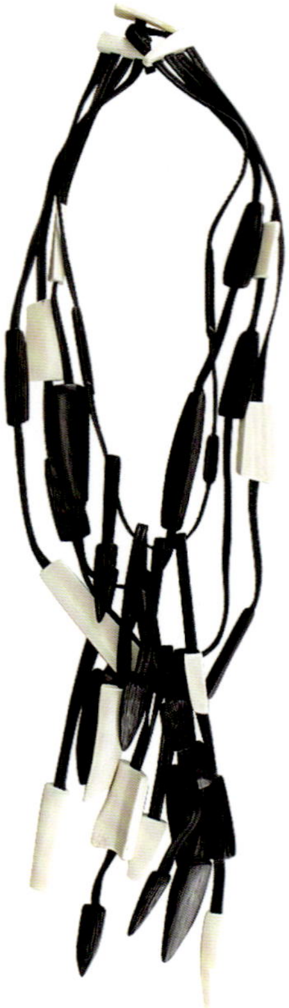

双色项链

参考价格：￥2 600

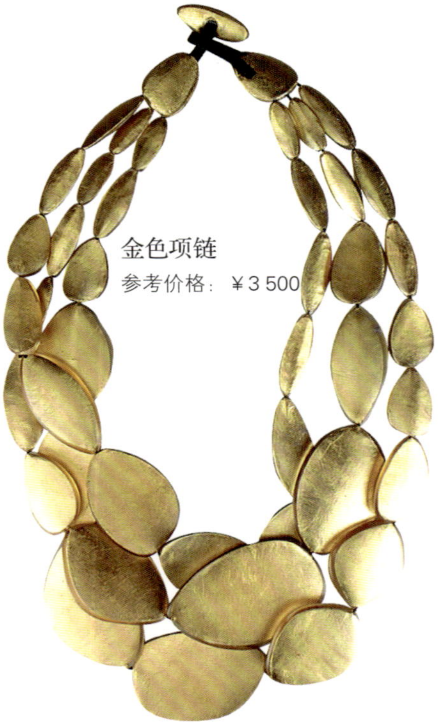

金色项链

参考价格：￥3 500

斑驳角质项链

参考价格：￥2 100

绿松石项链

参考价格：￥13 400

双色项链

以多股黑色皮革，穿起扁狭形的乌木条以及透明长珠。

参考价格：￥4 000

双色耳环

乌木与透明材质的组合，十分适合搭配黑发以及黑色礼服。

参考价格：￥1 050

多彩贝壳耳环

参考价格：￥1 050

三色角质耳环

参考价格：￥850

吊坠皮革手链

参考价格：￥4 400

大号木质手镯

参考价格：￥1 800

多圈蜡绳手镯

紧密排布的多圈黑色蜡绳，以磁铁卡扣相接。

参考价格：￥2 500

乌木手镯

参考价格：￥2 900

小号木质手镯

参考价格：￥1 500

Acacia 项链

别具特色的木质材质是莫妮丝比较常用的设计元素，充满了古朴、原始、亲近自然的韵味。

参考价格：￥2 400

鳄鱼皮乌木腰带

参考价格：￥6 600

直通名店

莫妮丝目前在哥本哈根、布雷西亚、巴黎、里尔、罗马、米兰、苏黎世等欧洲著名城市的知名购物街上开设有少数几家店面。

Tendence
天势

绝对潮牌

创立于 2007 年的天势，是瑞士少有的以特立独行而著称的腕表品牌，明显的特色是超大表盘，骷髅、水晶、撞色元素的运用满足了潮人追求张扬个性的需要。很多潮人十分青睐天势的 Crazy 系列各款腕表，它们打破了常规的色彩搭配法则，整个色彩频谱混合在一起并用最大胆的方式组合，把撞色设计发挥到了极致，一只腕表上可以拥有多达 5 种不同的颜色，上下两截表带也配以极致的对比色，十分吸引眼球。

Tendence

镇店潮款

Iconic 系列 Ref.TGX30003 腕表

表盘直径为 47 毫米，防水深度为 50 米。

参考价格：￥3 100

Slim Sport 系列 Ref.TG152001 腕表

表盘直径为 47 毫米，防水深度为 100 米。

参考价格：￥3 700

Gulliver Round Skull 系列 Ref. TG330001 腕表

表盘直径为 50 毫米，中央是骷髅头图案装饰，防水深度为 100 米。

价格请店洽

Crazy 系列 Ref.TG460409 腕表

双色表带，表盘直径为 51 毫米，防水深度为 100 米。

价格请店洽

Animal 系列 Ref.TGF30102 腕表

表盘直径为 50 毫米，防水深度为 50 米。

价格请店洽

Gulliver Medium Skull 系列 Ref. TG330003 腕表

表盘直径为 50 毫米，防水深度为 100 米。

参考价格：￥2 450

Crazy Medium 系列 Ref.TG930062 腕表

表盘直径为 41 毫米，防水深度为 100 米。

参考价格：￥2 200

Skeleton 系列 Ref.TG491002 腕表

表盘直径为 50 毫米，防水深度为 100 米。

参考价格：￥5 400

Crazy Medium 系列 Ref.TG930061 腕表

表盘直径为 41 毫米，防水深度为 100 米。

参考价格：￥2 000

Animal 系列 Ref.TGF30202 腕表

边缘以动物纹理图案装饰，表盘直径为 50 毫米，防水深度为 100 米。

价格请店洽

Anadigit 系列 Ref.TG481002 腕表

表盘直径为 50 毫米，中央带有电子显示，防水深度为 100 米。

参考价格：￥7 000

直通名店

北京	新光天地
天津	乐天百货
上海	静安嘉里中心
宁波	和义大道购物中心
深圳	万象城

Tommy Hilfiger
汤米·希尔费格

绝对潮牌

TOMMY HILFIGER

美国品牌汤米·希尔费格一直是条纹主题的推崇者，其红白蓝的品牌标志，强调出崇尚自由的时尚精神，更成为品牌设计的主要潮流色调。

汤米·希尔费格崇尚自然、简洁的风尚，同时设计理念中渗透出青春的动感活力，与美国本土的风格特点十分和谐，受到年轻一代美国人的热爱。尤其在25岁至35岁的这一年龄段，拥有无数的爱好者。

汤米·希尔费格具有浓郁的美国特色，其旗帜型标志已成为被全世界所认可的时尚先锋与酷味十足的高品质美式风格标志，成为特有的完整的美式高端生活方式品牌，与派瑞·艾力斯、卡尔文·克莱恩、拉夫·劳伦等潮流大牌比肩齐名。

镇店潮款

紧身条纹连衣裙

明亮的色彩和大胆的条纹让连衣裙更具时尚感，上班与度假时穿都很适合。

参考价格：￥1 200

编织平底凉鞋

价格请店洽

红色H字母手提包

包身为字母印花，时尚百搭，适合购物时使用。

参考价格：￥1 800

帆布手提包

参考价格：￥800

树叶图案印花裤

弹力面料极为舒适，图案别致。

价格请店洽

波浪纹颈绳游泳衣

价格请店洽

Chance 高筒靴

风格硬朗爽气，具有中性美，以皮革和织物拼接，中间部位配装饰皮带，配侧拉链，橡胶鞋底，鞋跟高 3 厘米。

参考价格：¥1 300

买手必购榜

黑色 A 字裙

95%涤纶，5%氨纶，圆领、无袖、带弹力、A 字裙风格。

参考价格：¥1 800

搭配建议：

大镜框渐变太阳镜（参考价格：¥900）

乳白色条纹手提包

荔枝皮质地，拉链封口，内有多个口袋，长 33 厘米，宽 18 厘米，高 28 厘米。

参考价格：¥1 300

湖蓝色时尚 OL 风连衣裙

纯棉面料，完美修饰女性身材，是日常轻松出行的不二之选。

参考价格：¥890

藏青白双色条纹拼接 V 领束腰度假休闲连衣裙

100%聚酯纤维，简约时尚设计，深 V 领性感十足，是追求夏日舒适、酷爽的最佳选择。

参考价格：¥1 700

蓝色短袖印花衬衫

经典领口设计，多彩印花，弧形下摆。

参考价格：¥800

帆船运动男士夹克

100%尼龙，透气轻薄，对比强烈的黑白色调轻松打造硬朗的阳刚之美，适合休闲出游时穿着。

参考价格：¥1 000

简约风尚手链

不锈钢材质。

参考价格：¥1 000

甜美裹胸连体裤

100%莱赛尔面料，背心带弹力，低腰修身款。

参考价格：¥1 100

牛仔帆布斜挎包

参考价格：¥700

橘色手拿包

不锈钢框架，磁扣封口，长25厘米，宽4厘米，高14厘米。

参考价格：¥600

红蓝撞色男士斜挎包。

鳄鱼纹包面，拉链封口。

价格请店洽

酷感条纹套装

价格请店洽

直通名店

汤米·希尔费格在全球开设了超过1000家零售店铺，所有的店铺都位于高档地段，向人们传达一种“美式经典而又酷味十足”的购物体验。

北京 双安商场·东方新天地·世茂百货·华润五彩城·颐港堤购物中心·大悦城·翠微百货·金地购物中心·金源燕莎

上海 伊势丹百货·虹桥友谊·中环百联·久光百货·梅龙镇广场·新世界百货·正大广场

广州 西城都荟·中华广场·友谊商场

Vivienne Westwood

维维安·韦斯特伍德

绝对潮牌

这个独具性格的英国品牌是由维维安·韦斯特伍德女士在 1970 年创立的，设计构思在服装领域可谓是荒诞古怪。维维安·韦斯特伍德女士善于从传统历史服装里取材，转化为现代风格，以特别的手法，将街头流行成功地带入时尚的领域，将过时的束胸、厚底高跟鞋和经典的苏格兰格纹等设计重新发挥，使其再度成为崭新的时髦流行品。

在中国，维维安·韦斯特伍德的知名度并不高，拥有该品牌潮品的人可谓少之又少，但在英国年轻人的眼里，叛逆的维维安格子可是他们的骄傲。

Vivienne Westwood

木底松糕皮鞋

这双鞋子，绝对够抢眼了吧？建议搭配英伦风格子短裤和纯色 T 恤。

参考价格：¥3 600

闺房淡香水

参考价格：¥400/50 毫升

镇店潮款

垂褶印花棉质连衣裙

这件挺括的棉质连衣裙剪裁考究，并采用不对称领口和收腰设计。不妨搭配铆钉腰带和醒目的高跟鞋，尽情展现个性魅力。

参考价格：¥5 700

字母印花棉质连衣裙

参考价格：¥3 600

自由领束腰棉质连衣裙

参考价格：¥3 000

印花绉纱连衣裙

这款轻盈的绉纱连衣裙饰有多种印花，营造出不拘一格的撞色效果，堪称对该品牌朋克风情的绝佳演绎。

参考价格：￥5 200

印花马克西礼服

参考价格：￥5 500

伊卡特塔夫绸礼服

设计灵感来自于英国花园，复古典雅。

参考价格：￥7 700

垂褶纯棉上衣

衣身略带不对称感，但廓形依旧利落挺括。不妨搭配铅笔半身裙，打造时尚的工作装扮。

参考价格：￥2 100

印花轰炸机夹克

时尚界对于轰炸机夹克的热情丝毫不减，这款抢眼的黑白设计正好迎合了这股潮流。

参考价格：￥5 900

水洗针织长款上衣

穿上这款洋红色和黑色水洗针织长款上衣，系上腰带勾勒出曼妙曲线，再搭配干练的黑色裤子，打造精干利落的装束。

参考价格：￥4 200

绿黑色格子夹克

参考价格：￥6 400

亚利桑那州外套

参考价格：￥5 000

混纺羊毛毡不对称外套

这款亮丽的红色混纺羊毛毡外套采用不对称剪裁和略带结构感肩部设计，做工无懈可击。

参考价格：￥7 100

Safar 工装长裤

参考价格：￥3 000

粉红豹纹紧身牛仔裤

参考价格：￥1 500

涂鸦风时尚手袋

参考价格：￥2 500

Dolce Vita 手袋

参考价格：￥4 800

仿鳄鱼皮手袋

参考价格：￥7 000

经典苏格兰格子手袋

参考价格：￥4 700

檀香色印花粗跟高跟鞋

参考价格：￥6 000

高架仿鳄鱼皮高跟鞋

参考价格：￥3 600

买手必购榜

经典苏格兰格子单肩包

参考价格：￥3 000

红唇图案 T 恤

参考价格：￥550

英国国旗图案 T 恤

参考价格：￥2 400

Lady Dragon 红唇高跟鞋

参考价格：￥1 600

红色带蝴蝶结高跟鞋

参考价格：￥1 900

星球图案长款上衣

参考价格：￥1 900

苏格兰格子连衣裙

参考价格：￥4 600

Circus Sailor 短裤
参考价格：¥1 900

印花防水台高跟鞋
参考价格：¥3 600

交叉带凉鞋
参考价格：¥1 200

蓝色豹纹短裤
参考价格：¥1 300

立体星球耳环
参考价格：¥800

金色丁字架凉鞋
参考价格：¥3 200

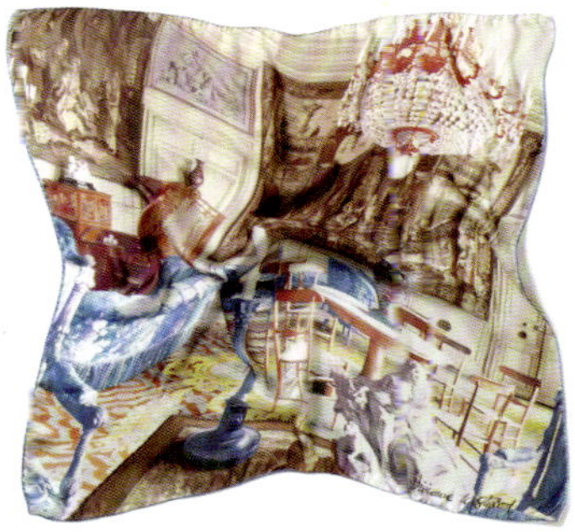

沙龙印花丝巾
参考价格：¥1 500

Gainsborough 项链
参考价格：¥7 000

Wake Up 丝巾
参考价格：¥2 300

蓝色圣保罗手表
参考价格：¥2 100

直通名店

在国内，维维安·韦斯特伍德品牌在北京、上海、杭州和香港有专门店，过季会有打折活动。

北京 新光天地
上海 久光百货·国金中心·恒隆广场
杭州 连卡佛
香港 置地广场

Miu Miu
缪缪

绝对潮牌

缪缪是意大利著名品牌普拉达的少女副线品牌，是普拉达第三代传人缪西娅·普拉达小姐的昵称。1992 年，缪西娅创立缪缪品牌，以更年轻的女孩为销售对象。缪缪多用轻逸布料，如棉纱、丝质等，线条流丽，款式简约，少无谓的装饰细节，整体上予人一种承接普拉达简约风尚的感觉。简约归简约，缪缪在风格上更加青春，颜色多用素色，极少用主线普拉达的黑色，再配上可爱的图案，这样便减少了一点普拉达的成熟韵味，为一众童心未泯的潮女提供了可爱又可穿性高的衣服。

双色光泽感面料连衣裙

黑色和白色素来是优雅绝配，无论是正式还是休闲场合都适宜穿着。

参考价格：￥11 800

镇店潮款

露背光泽感面料连衣裙

相比一般的绉纱连衣裙，这款红色光泽感面料连衣裙更具质感，可保持完美的款型。建议不要搭配外套，单独穿着充分秀出迷人的天鹅绒系带和背部挖剪设计。

参考价格：￥17 000

鳄鱼纹印花短靴

鞋面饰缎带蝴蝶，奢美中带着一丝俏皮可爱。粗跟和防水台的设计，降低了高跟带来的弧度，无论平日或是上班穿着，都不会让足部感到疲惫。

价格请店洽

真丝双绉上衣

这款半透视真丝双绉上衣以摩登手法演绎了端庄款型。

参考价格：￥4 100

搭配建议：

光泽感环圈半身裙（参考价格：￥7 500）

漆皮玛丽珍高跟

非常萝莉的一款高跟鞋，粗跟设计减少了高跟鞋带来的疲劳感。

参考价格：￥5 500

金属感高跟鞋

富有设计感的皮质，呈现着雕塑经过时代的洗礼而呈现的斑驳金属感，低调且不乏华丽。

参考价格：￥3 900

亮片金葱高帮运动鞋

这双运动鞋采用铆钉金属鞋头和舒适的橡胶底设计，可与牛仔装扮完美搭配。

参考价格：￥4 500

水晶装饰马特拉塞凸纹皮质单肩包

极具视觉冲击力的彩虹色调令经典款的包焕发新姿。镶嵌着水晶的肩带可以拆卸下来当项链佩戴，或者去掉肩带将这款小巧的包改作为手拿包携带。

参考价格：￥11 000

蝴蝶结装饰亮面皮质手袋

蝴蝶结装饰与柔和的玫瑰色是该品牌的标准性特征。不妨将这款包拎在手中，与全黑服饰相互映衬。

参考价格：￥10 000

裂纹感皮质手袋

这款橙色手袋采用极富奢华质感的裂纹感皮革制成，配有四个独立夹层和多个口袋，可以轻松地收纳各种必备用品。

参考价格：￥16 000

双色亮片单肩包

包身镶满双色亮片，可随意拨弄这些亮片，亮出粉色或银色的一面。这款醒目的单肩包还是百搭之选，可将水晶缀饰肩带拆卸下来，转变为一条熠熠闪光的项链。建议搭配拼色连衣裙和凉鞋，展现它的迷人光彩。

参考价格：￥8 000

买手必购榜

支袖光泽感面料直筒连衣裙

透视真丝雪纺面料和具有柔软质感的皮袖，为这条光泽感面料直筒连衣裙平添了几分前卫的气质。

参考价格：￥14 000

夹克

闪亮纳帕皮衬里夹克，金属拉链拉合，饰有帅气肩章。

价格请店洽

波点提花外套

这款粉色波点提花外套在巴黎时装周上轰动一时。建议搭配腰带，凸显其修身剪裁。

参考价格：￥15 300

全林鼬皮毛外套

丝绸双绉衬里，皮草钩扣。

价格请店洽

羊绒丝绸毛衫

实用性极强。

价格请店洽

羊毛绉纱 A 字半身裙

参考价格：￥9 700

漆皮系带鞋

建议搭配整套西装穿着。

价格请店洽

豹纹小牛毛踝靴

超低的鞋跟非常适合搭配休闲装，而利落的尖头则能为通勤装扮增添了些许干练气息。不妨用它搭配机车夹克和皮质短裤，令整体造型更具视觉冲击效果。

参考价格：￥6 300

麂皮绒面凉鞋

粗跟和防水台的设计保证了行走的稳定性。

价格请店洽

叠层山羊皮厚底凉鞋

价格请店洽

漆皮玛丽珍高跟鞋

亮面漆皮高跟鞋采用闪耀的施华洛世奇水晶镶饰鞋跟，尽现甜美魅力。

参考价格：￥8 100

缎面厚底凉鞋

价格请店洽

纽扣装饰皮质防水台踝靴

一竖排纽扣旨在向传统的 19 世纪款式致敬，拉链和抓地橡胶鞋底设计则彰显了本季的朋克风潮。不妨仿效时装发布会造型，搭配精裁外套和半身裙。

参考价格：￥7 300

裂纹亮面皮质手袋

参考价格：￥13 000

双色亮面皮质手袋

参考价格：￥14 000

卵石纹马德拉斯山羊皮手袋

参考价格：￥8 100

Classic Slipper 系列平底鞋

带有传统的刺绣风格，不同色系的选择，让配搭更容易！

参考价格：￥4 000

马德拉斯山羊皮粒纹手袋

价格请店洽

抓皱小羊皮手拿包

保持了该品牌一贯的小女人风格，无论是闪亮的细节装饰，还是艳丽的玫粉色，都是那么惹人喜爱。

价格请店洽

Bugatti 纹理皮质手提包

这款 Bugatti 手提包以法国汽车制造商 Bugatti 命名，采用时尚的流线造型。这只高性能包袋的设计选用黄色纹理皮革制成，定能为你的各种装束注入一抹亮色。

参考价格：￥11 000

超大圆片太阳镜

参考价格：￥2 300

水晶树脂玻璃夹扣式耳坠

镜面树脂玻璃吊坠极具图形魅力，与柔美的水晶和人造珍珠缀饰形成鲜明的对比。

参考价格：￥3 100

小牛皮化妆包

价格请店洽

抓皱小羊皮钱夹

参考价格：￥3 000

马德拉斯山羊皮手拿包

价格请店洽

五角形猫眼太阳镜

参考价格：￥2 100

纹理亮面皮质手提包

参考价格：￥9 200

直通名店

缪缪专门店主要集中在欧美地区，近几年随着品牌在亚洲的知名度一直居高不下，现国内各大城市纷纷开设缪缪的专门店，以满足时尚女孩儿们的购物需求。

北京 金融街购物中心·新中关购物中心

上海 国金中心·上海商城

广州 太古汇

杭州 万象城

深圳 万象城

沈阳 万象城

青岛 海信广场

香港 置地广场·太古广场

台北 新光三越百货

复古宫廷花纹手提包

可搭配明亮色系的套装或长裙，形成颜色对比。

价格请店洽

金色扣军装夹克

双排多扣设计，尽显英伦王室风范。

参考价格：￥183 000

Balmain
巴尔曼

BALMAIN
PARIS

绝对潮牌

巴尔曼这个巴黎品牌于1945年创立，至今仍是酷女孩入手华丽夹克、紧身皮裤和精致连衣裙时的首选品牌。品牌著名的创意总监奥利维尔全力挖掘巴尔曼悠久的手工艺传统，同时又保持了其独特的奢靡摇滚华丽风格。

印第安风情鱼嘴高跟鞋

具有浓厚的异域时尚感。

价格请店洽

镇店潮款

骑士款女士夹克

一见倾心的大红色，于时尚感中透出性感诱惑。

价格请店洽

羊皮铆钉鱼嘴高跟鞋

采用百搭的沙色，在优雅气质中带着不羁的朋克味道。

参考价格：￥12 400

麂皮流苏高跟凉鞋

参考价格：￥2 700

复古宫廷印花链条单肩包

款式复古华美，搭配链条肩带更添几许硬朗气质。

价格请店洽

金色马毛系带高跟靴

帅气的黑金相拼色，配以马毛独特材质，打造最潮朋克风。

参考价格：￥16 000

条纹紧身牛仔裤

黑白竖条设计，在视觉上有着很好的显瘦效果。

参考价格：￥8 300

红格羊毛女士长袖夹克

运用了永不落伍的英伦格子设计元素，品牌必备款。

价格请店洽

越野赛风格紧身牛仔裤

菱形图案颇具现代设计风格。

参考价格：￥6 600

直通名店

近几年，巴尔曼品牌专门店陆续登陆国内主要城市。其上海店主打经典的法式风格，展示了原汁原味的品牌服装风格。

北京 新光天地·东方广场

上海 久光百货

南京 德基广场

广州 丽柏广场

Michael Kors
迈克·科尔斯

绝对潮牌

MICHAEL KORS

品牌创始人迈克·科尔斯是个极简主义者，设计风格简约明朗。喜爱运用高级面料缝制服装，开司米针织款式是他的拿手好戏。他还擅长设计名贵运动服，是位不脱离现实的幻想家，钟情巴黎风情的纽约人设计风格自成一格。

镇店潮款

Deneuve 草编横款手提包

背上这款休闲风包包，尽情享受度假时光吧。

参考价格：￥3 500

拼色钟形连衣裙

白色腰带束腰，无袖设计，简洁大方。

参考价格：￥15 900

几何造型 A 字形连衣裙

三色搭配成几何造型，彰显简洁利落的格调。

参考价格：￥15 600

Sloan 饰钉翻盖肩背包

牛皮材质饰金色铆钉装饰。

参考价格：￥3 500

铆钉皮质凉鞋

这款皮质凉鞋的中性驼色色调可完美衬托各种肤色。穿上这双金色铆钉设计，为日间装扮增添几许出乎意料的迷人魅力。

参考价格：¥1 840

Hamilton 竖款手袋

参考价格：¥4 700

皮质紧身连衣裙

这条小黑裙设有内置胶骨和可视紧身胸衣细节，可塑造凹凸有致的傲人身段。

参考价格：¥25 000

羊毛混纺绉纱连衣裙

粉色依然是本季的一大流行色，不妨购入迈克·科尔斯这款羊毛混纺绉纱连衣裙，让你的衣橱焕然一新。这条剪裁利落的连衣裙略带弹性，还采用了弹力荷叶边下摆设计。建议搭配金色配饰，凸显其绚丽的色调。

参考价格：¥13 000

Chatworth 条纹缎面连衣裙

这款宽松剪裁设计采用轻盈的缎布制成，是夏季的完美选择。

参考价格：￥2 400

Hamilton 饰钉竖款手袋

参考价格：￥5 200

Stella 仿鳄鱼皮及踝靴

金色仿鳄鱼皮粗跟与熔铸金属拉链相得益彰。

参考价格：￥5 300

Soho Square 印花拼色连衣裙

方形与菱形的趣味组合，可单独穿着亦可搭配紧身裤。

参考价格：￥2 100

买手必购榜

Selma 金色手提包

它可以轻松收入你的日常用品，实用性极强。

参考价格：￥2 900

豹点金属尖平底鞋

参考价格：￥1 760

Duvatine 织物拉链背心式连衣裙

亮黄色非常适合在秋日里穿着，建议搭配同色系高跟鞋。

参考价格：￥13 200

Weston 小号肩背包

参考价格：￥2 700

金色铆钉高跟凉鞋

参考价格：￥1 500

束腰无袖连衣裙

线条简洁利落，颜色明快，是白领们出入高级办公会所的必备时尚单品。

参考价格：￥2 440

条纹旅行手提包

亮丽的色彩和简约的设计，最适宜随你外出旅行。

参考价格：￥3 800

直通名店

迈克·科尔斯在世界知名城市如纽约、芝加哥、伦敦、米兰、巴黎、慕尼黑、伊斯坦布尔、迪拜、首尔、东京和香港等，都有专门店。

北京	新光天地·三里屯
上海	久光百货
南京	德基广场
天津	乐天百货
沈阳	大悦城
大连	友谊商城
澳门	金沙广场
香港	置地广场

无袖圆领连衣裙

深紫色裙身饰金色装饰物，奢华中带点朋克味道。

参考价格：￥2 000

Weston 大号拉链开口肩包

参考价格：￥3 500

Delphine 芭蕾平底鞋

参考价格：￥1 500

银灰色亮片上衣

只要搭配简单的牛仔裤或紧身裤，便可轻松成为街头独一无二的风景。

参考价格：￥1 300

斑马纹印花高低边连衣裙

燕尾式长裙一直受到潮人们的喜爱。

参考价格：￥2 080

Joomi Lim

绝对潮牌

Joomi Lim 的标志性元素是尖尖的铆钉和切面骷髅头，所以，如果你喜欢朋克和摇滚风，那就一定不要错过它。这个品牌诞生于 2009 年的美国纽约，其创立者和首席设计师是一位韩裔女性。Joomi Lim 十分善于运用尖钉、人造珍珠、水晶以及荧光色彩元素，并且透过拼接、混搭的方式来表达个性。所以，包括蕾哈娜、艾玛·斯通、杰西卡·阿尔芭、莉顿·梅斯特、麦莉·赛勒斯在内，很多好莱坞的个性潮流明星都视其为值得拥有的品牌，但实际上它的价位十分“亲民”，整体在 1 000 美元以下。

JOOMI LIM

镇店潮款

Let Them Eat Cake 项链

参考价格：￥3 000

Metal Luxe 中号手镯

表面的尖钉元素，绝对会让钟爱朋克风的潮人一见倾心。

参考价格：￥1 700

Let Them Eat Cake 项链

黄铜镀铑材质，尖钉为黄铜镀银材质，饰以施华洛世奇水晶。

参考价格：￥2 800

Infinity Cut Out 手镯

参考价格：￥1 100

London Calling 水晶骷髅戒指

参考价格：￥900

London Calling London 骷髅手链

黄铜链表面镀铑，骷髅头为黄铜镀16K 金。

参考价格：￥1 500

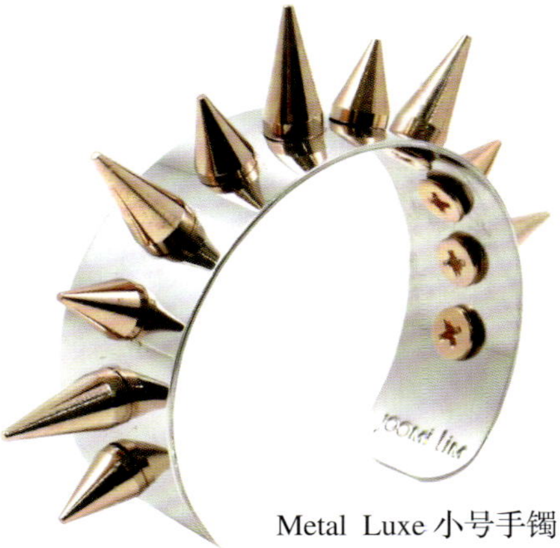

Metal Luxe 小号手镯

参考价格：￥1 100

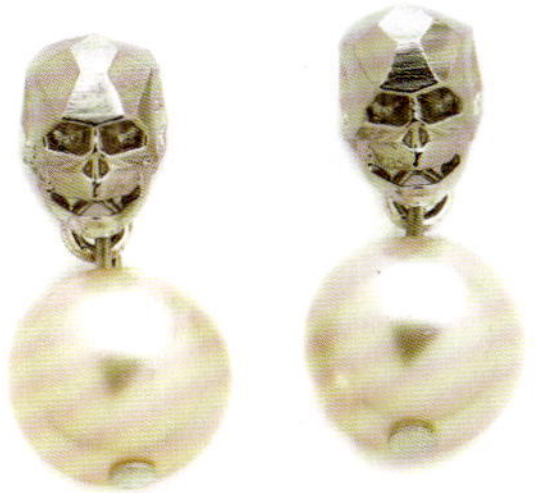

London Calling 珍珠骷髅耳环

这款骷髅造型的抛光耳环带有人造珍珠坠饰，采用针式封口。

参考价格：￥520

London Calling 珍珠骷髅项链

内圈为人造珍珠，外圈以镀金骷髅和镀玫瑰金尖钉装饰，营造了惊悚与甜美之间的过渡效果。

参考价格：¥2 900

搭配建议：

珍珠骷髅耳环（参考价格：¥520）

这款耳环中一只采用骷髅耳钉，另一只则采用人造珍珠垂坠式设计。

London Calling 水晶骷髅耳环

参考价格：¥1 000

水晶骷髅戒指

独特的方形设计，更加独特的是顶部镶嵌着骷髅头和黑水晶。

参考价格：¥500

Let Them Eat Cake 戒指

参考价格：¥900

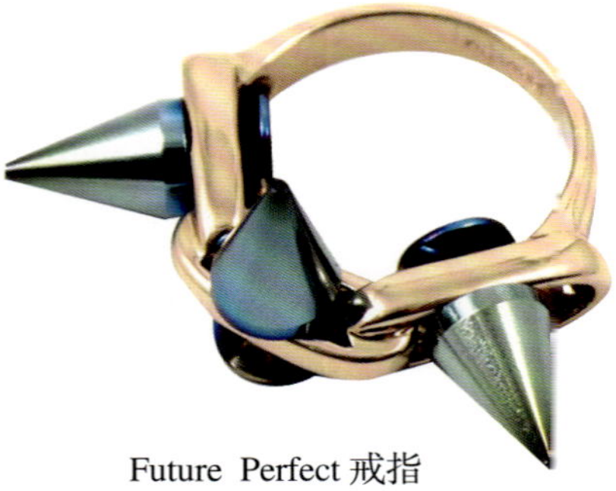

Future Perfect 戒指

参考价格：¥600

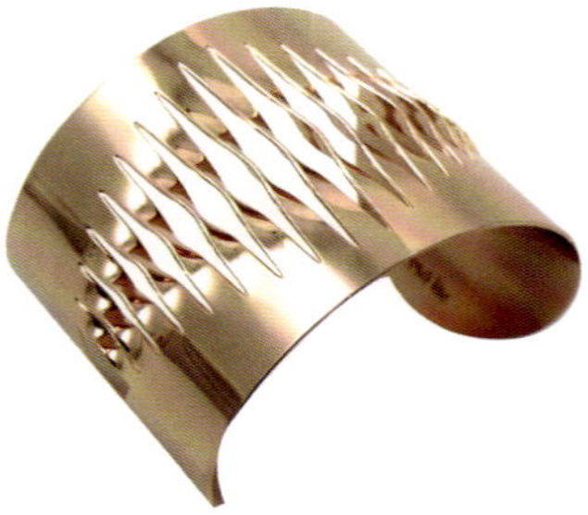

Future Perfect 手镯

参考价格：¥1 250

搭配建议：

水晶尖钉耳环

（参考价格：¥500）

Let Them Eat Cake 戒指

参考价格：¥1 000

Let Them Eat Cake 耳环

参考价格：¥1 600

Lost Innocence 手链

内圈是淡蓝色人造珍珠，外圈为尖刺铆钉。

参考价格：¥900

Punk Carnival 饰钉项链及手链

明亮的荧光色涂层尖刺铆钉，为这款项链带来极为时尚的气息。

参考价格：项链¥1 400

手链¥800

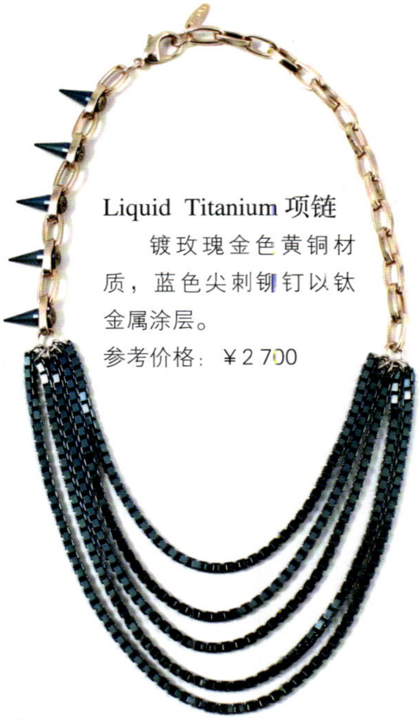

Liquid Titanium 项链

镀玫瑰金色黄铜材质，蓝色尖刺铆钉以钛金属涂层。

参考价格：￥2 700

Immortal Beloved 戒指及手链

标志性的骷髅头元素，搭配长长的尖钉，极富个性。

价格请店洽

Goth Pop 耳环

运用水晶、黑色蕾丝、珍珠元素，效果十分别致。

价格请店洽

Split Personality 项链

黄铜材质，对称式设计，镶饰施华洛世奇水晶元素。

参考价格：￥3 400

Tribe Festival 水晶流苏项链

镶嵌施华洛世奇水晶元素，并以双色人造丝流苏进行装饰。

参考价格：￥3 100

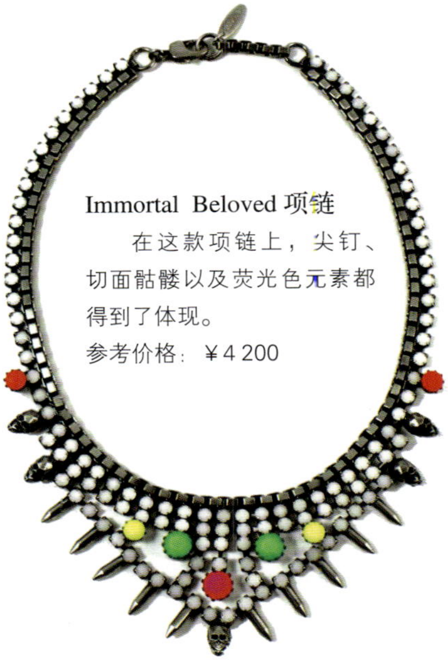

Immortal Beloved 项链

在这款项链上，尖钉、切面骷髅以及荧光色元素都得到了体现。

参考价格：￥4 200

Immortal Beloved 开口戒指

别致的双骷髅开口式设计，戴在手上绝对是一大亮点。

价格请店洽

直通名店

上海 The Villa 精品店·10 Corso Como 精品店

香港 连卡佛·I.T 精品店·Liger 精品店·Harvey Nichols 百货·Magenta 精品店

Valentino

华伦天奴

绝对潮牌

VALENTINO

华伦天奴是全球高级定制和高级成衣奢侈品品牌，富丽华贵和美艳灼人是华伦天奴的品牌特色。创始人格拉瓦尼的设计重点包括露肚低腰裤、搭配半长裤子的恰恰装，以及缀上泡泡细绸布的紧身短裤。他在设计中非常喜欢用最纯的颜色，鲜艳的红色可以说是品牌的标志性颜色。

做工的考究、精美绝伦的剪裁、高级的面料和华贵奢侈的风格，使华伦天奴品牌服装从整体到每一个小细节，都尽善尽美，充分显现了女性的妩媚之美。

镇店潮款

真丝绉纱连衣裙

参考价格：￥30 000

棉丝混纺连衣裙

从娇俏的带扣衣袖到蕾丝前襟，这款棉丝混纺连衣裙的每个细节都完美无瑕。不妨效仿秀台风格，搭配同色系配饰，以衬托它柔和的浅粉和米白色调。

参考价格：￥31 000

无袖丝绸连衣裙

参考价格：￥18 000

蕾丝无袖连衣裙

参考价格：￥15 000

弹力花边连衣裙

参考价格：￥17 700

蕾丝束腰夹克

参考价格：￥16 000

小牛毛单肩包

参考价格：￥18 000

蕾丝拼接弹力针织连衣裙

这款弹力针织连衣裙采用上紧下宽的廓形，为女性勾勒出凹凸有致的玲珑身段。

参考价格：￥19 000

丝绸蕾丝连衣裙

参考价格：￥13 000

铆钉皮质高跟鞋

这款尖锥体铆钉皮质高跟鞋是备受热捧的经典款式，散发着反叛气息的高跟鞋采用舒适百搭的低跟设计，让爱美人士以休闲时尚之姿穿梭于早餐聚会和深夜私人展览等各种场合。

参考价格：￥7 100

粉红色蕾丝麻底鞋

亮丽的粉红色蕾丝设计，精致优雅同时散发少女韵味，势必成为女士们打造假日造型的必备单品。

参考价格：￥4 600

皮质迷彩手提包

参考价格：￥9 500

红色铆钉雨靴

参考价格：￥2 000

铆钉皮质军风靴子

采用结实的皮革精制而成，饰有该品牌标志性尖锥体铆钉，而拉链、襻带和绑带式系带则确保最舒适的穿着体验。

参考价格：￥9 900

度假村系列单肩包

价格请店洽

中号皮质手提包

参考价格：￥12 000

花边束腰连衣裙

参考价格：￥9 700

褶袖连衣裙

参考价格：￥5 050

刺绣蕾丝礼服

精细繁复的珠饰带来雅致的缀饰效果，而薄纱衬裙则能打造完美曲线。

参考价格：￥19 000

蕾丝鱼嘴高跟鞋

参考价格：￥4 600

无袖迷你连衣裙

参考价格：￥9 800

铆钉中跟皮鞋

参考价格：￥5 200

金属跟鱼嘴高跟鞋

参考价格：￥5 900

金属跟尖头高跟鞋

参考价格：￥3 300

铆钉鱼嘴高跟鞋

参考价格：￥4 500

仿麂皮水晶高跟凉鞋
参考价格：￥7 400

铆钉中跟凉鞋
参考价格：￥4 700

皮质手拿包

可以使用便利的腕绳安全地手拿着它，也可以将它折叠起来呈现更简洁的造型。

参考价格：￥17 000

铆钉平底鞋
参考价格：￥5 500

真皮铆钉平底鞋
参考价格：￥12 600

豹纹铆钉平底鞋
参考价格：￥5 800

水晶链条单肩包
参考价格：￥12 000

系带铆钉中筒靴
参考价格：￥3 000

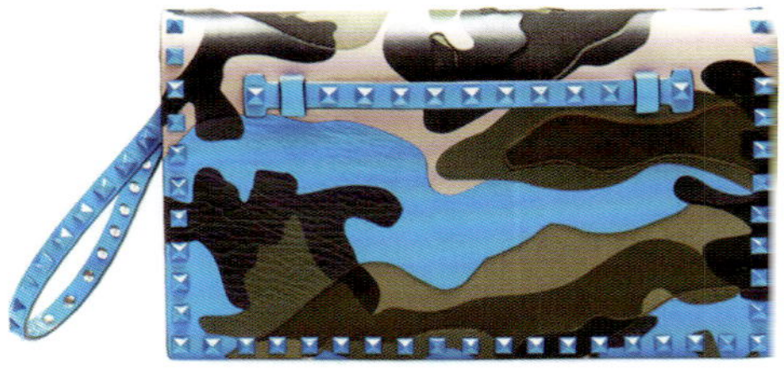

2014 度假村系列迷彩手拿包
价格请店洽

铆钉两用手提包

透明的材质设计，打造酷感十足的造型。

参考价格：￥17 300

中号皮质手拿包

参考价格：￥8 000

真皮小号单肩包

参考价格：￥12 300

直通名店

北京	王府半岛酒店·银泰中心
上海	恒隆广场
沈阳	大悦城·恒隆广场
杭州	杭州大厦
广州	丽柏广场
香港	海港城

皮质铆钉单肩包

参考价格：￥13 000

蝴蝶结丝缎手拿包

这款粉色丝缎手拿包上装饰有漂亮的蝴蝶结，是一款妩媚优雅的配饰。

参考价格：￥5 500

铆钉醋酸树脂手环

参考价格：￥6 500

迷彩印花丝巾

参考价格：￥2 000

蟒蛇皮手提包

参考价格：￥22 000

真皮两用手提包

令人瞩目的红色调，引发丽人对时尚的激情。

参考价格：￥13 800

黑玛瑙项链

参考价格：￥4 500

铆钉胶框太阳眼镜

参考价格：￥3 100

Sergio Rossi
塞乔·罗西

绝对潮牌

塞乔·罗西的鞋子比较善于通过几何图案的组合以及运用大胆的色彩搭配，结合流苏、编织、镶钻、包边等元素，具有很强的装饰感。不过，如果你真想买一双最具有塞乔·罗西风格的鞋，那就是它的厚底鱼嘴高跟鞋，与其他鱼嘴鞋不同，这款经典之作只在鞋尖处留出了水滴形状的开口，十分别致，很多欧美女星都将其视为鞋柜中必不可少的一款。目前，塞乔·罗西也推出了手袋及男装鞋履系列，而且，该品牌常年接受众多上流阶层的制鞋订单。

镇店潮款

Tawaraya 凉鞋

前部以黑色长流苏作为装饰，鞋跟高度为 11.5 厘米。

参考价格：￥10 400

水晶装饰凉鞋

参考价格：￥7 300

AVA 踝靴

没有丝毫多余的装饰，完全让鲜亮的粉色以及尖尖的鞋头成为设计的亮点，楔形鞋跟高度为 10.4 厘米。

参考价格：￥5 200

Kalahari 露趾高跟靴

皮革编织效果，带有短流苏以及前部系带式设计，鞋跟高度为 10.5 厘米。

参考价格：¥11 500

Murmansk 高跟凉鞋

参考价格：¥7 100

Oberoj 高跟凉鞋

参考价格：¥8 300

Vanity 高跟凉鞋

前部以金色网链装饰，鞋跟高度为 10 厘米。

参考价格：¥9 900

Murmansk 高跟凉鞋

缎面材质，表面以水钻装饰，鞋跟高度为 11 厘米。

参考价格：¥16 250

Flashy 高跟凉鞋

拼色设计，脚踝处设有可拆卸鞋带，表面及鞋跟均以水钻装饰，鞋跟高度为 11 厘米。

参考价格：¥15 500

Mermaid 高跟凉鞋

鱼鳞状网格设计，前部露趾，鞋跟高度为 10 厘米，有红色、绿松石色、黑色等多种颜色可选。

参考价格：¥8 300

Armor 踝靴

鞋面的左右两半部分分别使用了两种不同质地的羊皮材质，独具匠心，鞋跟高度为 11 厘米，金属网格设计十分别致。

参考价格：¥6 400

Clash 楔形凉鞋

后部带有黄铜装饰细节，脚踝处设有鞋带，鞋跟高度为 10.5 厘米。

参考价格：¥11 500

Vague 高跟凉鞋

表面以黑色水晶装饰，鞋跟高度为 13.5 厘米，防水台高 3.5 厘米。

参考价格：¥9 500

Lady Jane 高跟鞋

黄色、绿松石色、绿色拼色设计。

参考价格：￥5 100

搭配建议：

Minaudiere 手拿包

（参考价格：￥7 400）

Urban 高帮运动鞋

颜色选用了粉色、红色、橘色、深紫罗兰色相互搭配，十分抢眼。

参考价格：￥4 800

搭配建议：

Viva 手袋

（参考价格：￥10 850）

Claire 高跟鞋

前部采用别致的皮条夹缝式设计，鞋跟高度为 10.5 厘米。

参考价格：￥5 400

搭配建议：

Viva 手拿包

（参考价格：￥6 000）

Clash 高跟鞋

参考价格：￥7 100

Godiva 高跟鞋

鞋口及蝴蝶结以金边装饰，鞋跟高度为 10.5 厘米。

参考价格：￥6 100

买手必购榜

绒面皮革高跟鞋

价格请店洽

Godiva 高跟鞋

尖头、细跟加上鲜亮的红色，无论是搭配修身牛仔裤还是小礼服，效果都会很不错。

参考价格：￥5 000

Cachet 高跟鞋

前部设有水滴形开口，有多种颜色可选。

参考价格：￥6 400

Flashy 高跟凉鞋

清新的色彩搭配，脚踝处设有可拆卸鞋带，后部带有绿色黄铜细节，鞋跟高度为 11 厘米。

参考价格：￥8 100

Crystal Butterfly D'orsay 高跟鞋

参考价格：￥8 000

Gleam 凉鞋

参考价格：￥6 900

Memphis 凉鞋

前部系带式设计，鞋口以短流苏装饰，鞋跟高度为 11 厘米。

参考价格：￥10 700

Mermaid 高跟鞋

参考价格：￥9 500

Cachet Eve 高跟鞋

缎面材质，前部设有开口，鞋跟高度为 10.5 厘米。

参考价格：￥8 300

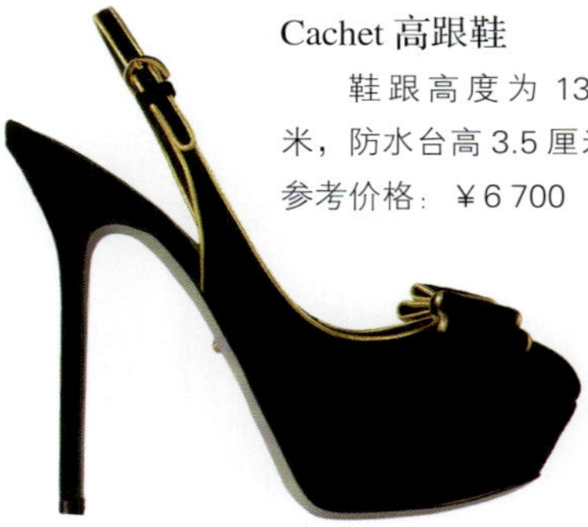

Cachet 高跟鞋

鞋跟高度为 13.5 厘米，防水台高 3.5 厘米。

参考价格：￥6 700

Kalahari 平底靴

参考价格：￥9 400

Pilotis 踝靴

绒面小山羊皮材质，色调高雅，内侧设有拉链，鞋跟高度为 9.4 厘米。

参考价格：￥6 000

Mermaid 踝靴

表面以黑色水晶装饰，后部设有拉链，鞋跟高度为 10.5 厘米。

参考价格：￥13 800

直通名店

北京	新光天地·金融街购物中心·国贸商城·新光天地·三里屯·老佛爷百货
上海	恒隆广场·时代广场连卡佛·芮欧百货
广州	太古汇
成都	美美力诚百货
深圳	万象城
重庆	世纪星光百货
香港	海港城·连卡佛·太古广场·圆方商场

Philipp
Plein
菲利普·普莱恩

绝对潮牌

以骷髅头、铆钉为主打元素的菲利普·普莱恩，应该会让“重口味”的个性潮人兴奋不已吧，即便是看似正统的西装，衬里上依然印着骷髅头的图案。

毫无疑问，菲利普·普莱恩最吸引潮男潮女的产品是它的T恤衫，上面印着各种惊悚的骷髅头形象，但也可能是十字架、性感女郎或者老虎、蝴蝶，甚至是充满童趣的卡通人物，风格多变。菲利普·普莱恩的鞋也很值得购买，铆钉和骷髅头元素的运用看上去很出彩。需要注意的是，由于地域的不同，菲利普·普莱恩同款产品在各国官网上的价格上往往会相差很多。

镇店潮款

Jungle 连衣裙

正面为精美的狮头和花朵印花图案，背后为纯黑色。

参考价格：￥5 300

Honolulu 皮外套

长款造型，底部饰有流苏装饰。

参考价格：￥24 200

Black Beauty 高跟鞋

参考价格：￥6 700

Crazy 超短款皮夹克

明亮的颜色，边缘饰以铆钉，双侧拉锁采用不对称式设计，拉头上带有骷髅头配饰。

参考价格：￥34 000

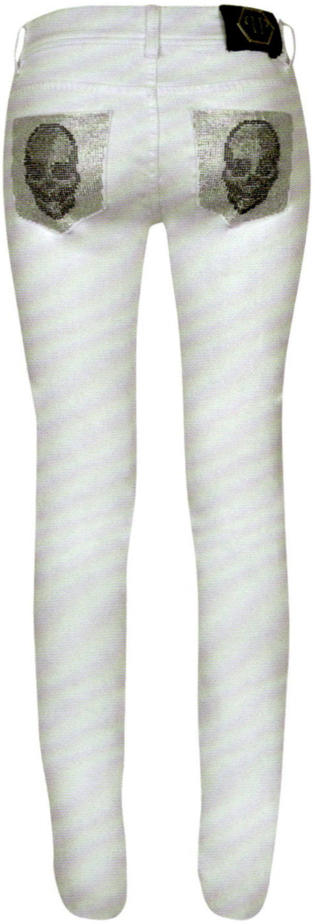

Diamond Skull 长裤

参考价格：￥6 100

Fake Friend 高跟鞋

100%蛇皮材质，有金色、银色、玫红色等不同颜色，鞋跟和防水台镶饰圆头及尖头铆钉。

参考价格：￥15 600

Dragon 高跟鞋

蟒蛇皮材质，鞋跟高度为 11.5 厘米，后部接缝处设有铆钉。鞋底带有骷髅标志。

参考价格：￥13 600

Baroque Leo 连衣裙

正面印有骷髅图案，粉色的加入巧妙地改变了整体的视觉效果，后背为纯黑色。

参考价格：￥5 400

搭配建议：

Studded 外套（参考价格：￥13 600）

Artistic 高跟鞋

参考价格：￥20 400

Cross Flein T恤

印有十字架、骷髅以及独角兽图案，袖口采用了精致的缀珠刺绣装饰。

参考价格：￥3 400

Big Mess 高帮运动鞋

鞋面及鞋帮镶饰多种颜色的不同铆钉，有黑色、白色两款。

参考价格　￥8 850

St.Tropez 楔形凉鞋

价格请店洽

Dynamite Sound

表面带有骷髅头图案，金属底角上带有铆钉，抽带式收口，带有单手柄，搭配可调节式肩带。有白色和黑色两种颜色可选。

参考价格：￥27 200

Python Diamond 长链包

蟒蛇皮材质，包扣上饰以骷髅头，金属长链上有骷髅头及珍珠装饰。

参考价格：￥8 200

Candy Skull 购物包

骷髅图案上镶有水晶装饰，金属包链上有骷髅头及珍珠装饰。

参考价格：￥13 600

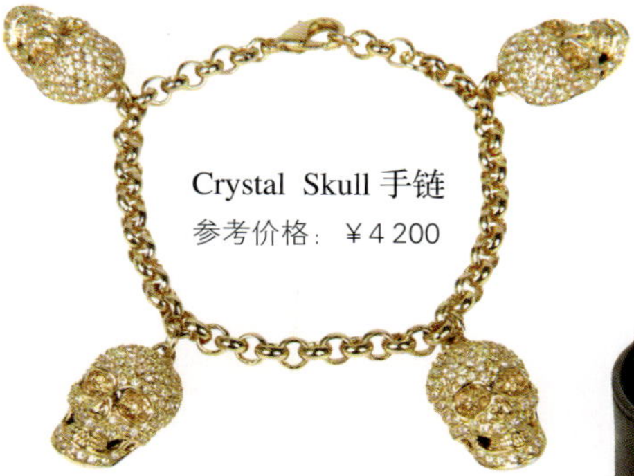

Crystal Skull 手链

参考价格：￥4 200

Exclusive Placca 腰带

参考价格：￥4 800

Diamond Skull Brown 太阳镜

价格请店洽

骷髅丝巾手镯

价格请店洽

Skullicious 袖扣

黄铜材质，骷髅头表面镶嵌水晶。

参考价格：￥2 400

Backstage 夹克

100%羊皮材质，肩部袖口均带有密密排列的铆钉。

参考价格：￥28 200

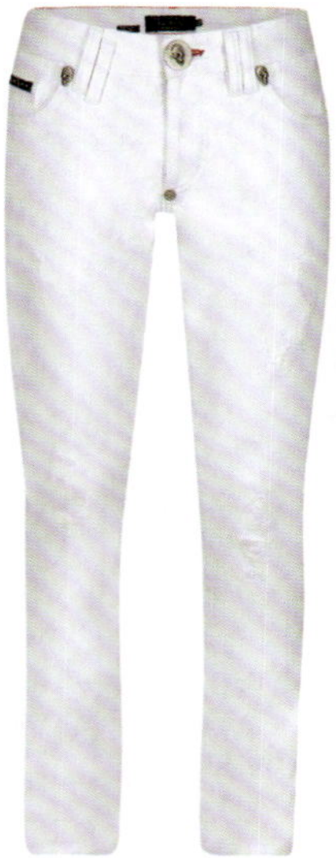

3D Skull 直筒裤

表面做旧处理，前后兜口以金属骷髅头装饰，后兜上印有3D骷髅头形象。

参考价格：￥5 100

搭配建议：

Bone Skull 套头衫

（参考价格：￥3 700）

Black Raven T恤

参考价格：￥3 100

Skull Lilly T恤衫

参考价格：￥3 900

Bullet Proof T恤

圆形领口，骷髅头的四周是串联起来的一圈子弹，颜色带有金属光泽。

参考价格：￥3 100

Pirate 机车靴

镶有小骷髅头装饰，后部带有拉链，拉头上有骷髅头装饰。

价格请店洽

Skullicious 项链

皮质链条，搭配黄铜材质的骷髅头吊坠。

参考价格：￥2 700

Alien 高帮运动鞋

高帮式设计，酷酷的骷髅图案，绝对是潮男的标配。

参考价格：￥5 400

Sports Man 运动鞋

侧面及鞋舌上都有骷髅头图案，有深蓝色和黑色可选。

参考价格：￥5 800

Dragonfly 太阳镜

价格请店洽

Crossangel 太阳镜

价格请店洽

Skull Rose Buckle 腰带

皮带上装饰着铆钉，带扣上雕有骷髅头和玫瑰图案。

参考价格：￥8 500

C Banner 购物包

皮质表面以浮雕效果出现了菲利普·普莱恩标志性的骷髅头图案，抽绳式封口，搭配可调节式肩带。

参考价格：￥22 500

买手必购榜

Crystal Chain 牛仔裤

紧身式设计，兜口处有铆钉和水晶元素装饰。

参考价格：￥8 850

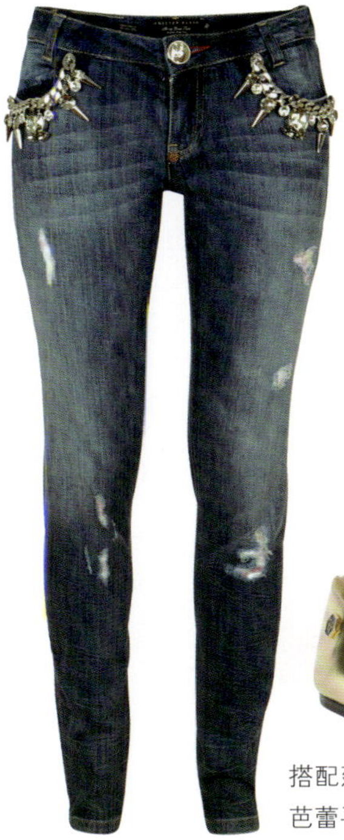

Flower Power 皮短裤

腰部以两圈金色铆钉装饰，前部绳带以金色骷髅头为首，后面左侧有花朵刺绣装饰。

参考价格：￥8 100

搭配建议：
Pirate 凉鞋
（参考价格：￥11 600）

搭配建议：
芭蕾平底鞋（参考价格：￥6 100）

Baroque Sleeve 上衣

一反传统夹克的翻领式设计，袖子饰以巴洛克风格的刺绣，拉锁的拉头上带有骷髅头装饰。

参考价格：￥29 300

Fringes 皮夹克

圆领式设计，底边及袖口处饰有两圈银色铆钉，另有黑色款饰金色铆钉。

参考价格：￥33 500

Borderline 针织裙

参考价格：￥9 500

Baroque 紧身礼服

参考价格：￥11 900

搭配建议：

Ice Crystal 高跟鞋

(参考价格：￥27 200)

Sequin 紧身长裤

以闪亮的亮片为主要元素，四条拉锁的拉头上有骷髅头装饰，另外还有黑色亮片款。

参考价格：￥6 800

Sexy Surprise 高跟鞋

100% 蟒蛇皮材质，鞋跟高度为 15 厘米，防水台高度为 3.5 厘米，后部镶饰水晶和金色铆钉。

参考价格：￥15 700

Pistol 高跟鞋

参考价格：￥11 600

The Real American 高跟鞋

100% 山羊皮材质，灵感源自于美国国旗。

参考价格：￥22 500

Rocktail Bay 矮靴

100%小牛皮材质，前面装饰着子弹造型金属链，后部鞋跟的金属亮片与之相呼应。

参考价格：￥11 900

Morning Star 高跟鞋

价格请店洽

Python Star 短靴

价格请店洽

Don’t Touch Me 高跟鞋

楔形鞋底，黑色鞋面搭配银色铆钉。

参考价格：￥8 500

Starsplash 拖鞋

PVC 材质，白色的花朵中藏着金色的骷髅头。

参考价格：￥3 400

Dracula 手拿包

八角造型，配有短链。

参考价格：￥20 500

Crazy Skull 手拿包

亮眼的红色，前面的骷髅头形象上镶有水晶装饰。

参考价格：￥10 900

Violent Crystal 高跟鞋

价格请店洽

Crazy Python 手袋

蟒蛇皮材质，包盖及肩带上饰有铆钉。

参考价格：￥34 100

Vintage Diamond 购物包

牛仔布材质，骷髅图案上镶有水晶装饰，金属包链上有骷髅头及珍珠装饰。

参考价格：￥13 600

Crystal Bullet 项链

串联起来的子弹造型，让潮女范儿立刻生动起来。

参考价格：￥8 900

Superlicious 手镯

参考价格：￥1 400

Skull 夹克

正面看上去貌似波澜不惊，但背后的图案是一个大大、酷酷的骷髅头。

参考价格：￥21 800

Crystal Skull Placca 腰带

参考价格：￥3 100

Unicorn Skull 西装外套

参考价格：￥12 200

Miami 皮夹克

独特的编制效果，前部为四兜式设计。

参考价格：￥54 400

Neon Skulls T恤

V 型领口，正面印有 9 个不同颜色的骷髅头，背面印有菲利普·普莱恩部分店面所在的城市。

参考价格：¥2 700

Pirate Skull 围巾

参考价格：¥5 300

Soldier 系带靴

价格请店洽

Beast 腰带

价格请店洽

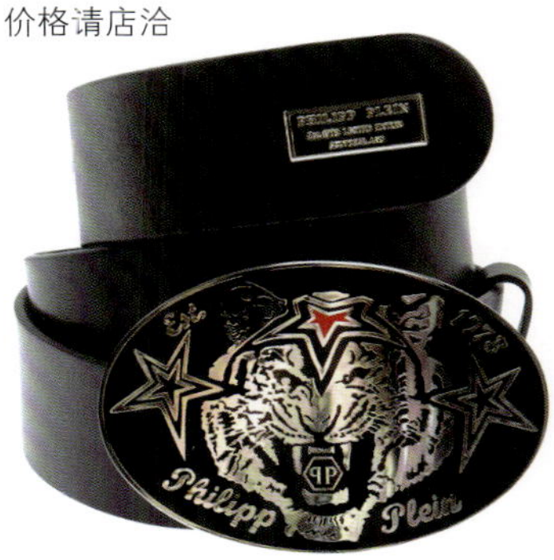

Full Metal 旅行包

表面以铆钉、骷髅头进行装饰，搭配可调节式肩带。

价格请店洽

Kai 高帮运动鞋

不同质感材质的拼接鞋面，前面附有一条皮质鞋带，白色鞋底的外侧有“PHILIPP PLEIN”字样。

参考价格：¥8 100

Galaxy 系带鞋

100%小牛皮材质，饰有不同大小的圆形铆钉。

参考价格：¥9 500

Hot Bomb 高帮运动鞋

价格请店洽

No Business 便鞋

100%小牛皮材质，环链上有一个骷髅头，后跟镶嵌的铁片上刻有品牌名。

参考价格：¥8 500

直通名店

杭州	武林广场
澳门	新八佰伴百货
首尔	Galleria 百货
迪拜	迪拜购物中心

古驰 Gucci

绝对潮牌

意大利时装品牌古驰，由古驰奥·古驰在 1921 年于佛罗伦萨创立。古驰的产品包括时装、皮具、皮鞋、手表、领带、丝巾、香水、家居用品及宠物用品等。古驰品牌时装一向以高档、豪华、性感而闻名于世，尤其被商界人士垂青，在时尚之余仍不失高雅。

从 1921 年创立之初，古驰一直走的是贵族化路线，作风奢华且略带硬朗的男子气概。1947 年，竹节包问世，不久之后，带有创办人名字缩写的经典 GG 标志、衬以红绿饰带的帆布包和相关皮件也陆续问世，屡屡获得好评，慢慢地，拥有古驰单品已经是社会地位和品位的象征了。

GUCCI

镇店潮款

印花竹节包

参考价格：￥6 700

中号豹纹竹节包

参考价格：￥15 000

小号漆皮竹节包

参考价格：￥13 400

Soho 苹果绿色真皮单肩包

参考价格：￥13 700

蟒蛇纹手提包

参考价格：￥32 000

Soho 金属色真皮单肩包

肩背双链带，配有真皮肩垫。

参考价格：￥8 000

斑马纹真皮单肩包

参考价格：￥18 000

浅蓝色磨砂真皮肩背包

可调节式可拆分肩带，配以椭圆形带扣。

参考价格：￥10 400

Soho 真皮链条肩背包

红色真皮，米杏色亚麻棉衬里。

参考价格：￥5 500

Bright Bit 漆皮肩背包

艳粉色漆皮，浅金色配饰，手绘边缘。

参考价格：￥6 000

Vintage Web 深粉色真皮圆筒包

该款背包将精巧的风格与醒目的颜色相融合，是品牌长盛不衰的主打产品。

参考价格：￥9 500

Sukey Guccissima 真皮肩背包

参考价格：￥9 700

Beverly 漆皮 T 型绑带鞋

参考价格：￥2 300

棕色真皮饰钉坡跟鞋

参考价格：￥5 500

Vintage Web 红色真皮圆筒包

参考价格：￥10 200

GG 图案帆布肩背包

乌木色 GG 图案帆布配红绿色标志织带。肩带设计非常人性化，可调整也可拆分。

参考价格：￥8 500

踝部系带高跟凉鞋

艳粉色漆皮材质，搭配竖直方形包跟及同色系配色内底。

参考价格：￥5 200

拷花细节全拉链式真皮手拿包

手工渐变灰色真皮，环绕拉链扣，配以皮革包裹马衔扣拉链头。

价格请店洽

迷你 GG 压纹皮革手提包

精美实用且用途广泛。

参考价格：￥10 500

Beverly 豹纹印花皮 T 型绑带鞋

参考价格：￥5 500

玫瑰米色金属皮革平底鞋

参考价格：￥3 300

GC 金属色皮革平底凉鞋

参考价格：￥3 300

黄色漆皮乐福鞋

参考价格：￥3 400

荧光粉真皮运动鞋

将运动与时尚完美融合。

参考价格：￥4 000

金属光泽迷你 GG 压纹皮革高帮运动鞋

浅金色迷你 GG 压纹皮革，配以金属香槟色真皮绲边。

参考价格：￥4 600

买手必购榜

蟒蛇皮手拿包

参考价格：￥12 000

蟒蛇皮手提包

参考价格：￥22 000

Soho 太阳花色鸵鸟皮小号肩背包

这款包包体型小巧，方便好用，是一款秋季必备单品。

参考价格：￥7 300

Infinity 花卉帆布小号手提包

白色真皮绲边，搭配浅金色配饰。

参考价格：￥4 400

GG 压纹图案顶级帆布手提包

参考价格：￥6 100

GG 帆布双肩包

参考价格：￥6 100

银色 GG 人造革购物袋

参考价格：￥4 900

金属色系带高跟皮鞋

参考价格：￥7 700

蟒蛇皮脚踝细带高跟凉鞋

参考价格：¥6 000

长春花色水晶饰钉绒面高跟凉鞋

鞋跟高 12 厘米，防水台高为 0.5 厘米。

价格请店洽

饰珠宝高跟凉鞋

白色珠宝与金色鞋面形成颜色对比。

参考价格：¥6 100

蟒蛇皮及膝高筒靴

暗红色调配蟒蛇皮材质，奢华中难掩性感气质。

参考价格：¥20 300

豹纹粗跟高筒靴

参考价格：¥17 000

GG 图案透明雨靴

橡胶材质配以荧光粉鞋底。

参考价格 ¥1 600

Twirl 系列黄金旋转腕表

参考价格：¥6 500

"G Chronc" 系列粉色鳄鱼皮腕表

精钢表壳上镶有共计 0.78 克拉的 54 颗钻石，防水深度 30 米。

参考价格：¥28 000

蓝色花卉图案项链

蓝色花卉和多面体水晶吊坠，搭扣配以金属和水晶互扣式 GG 吊坠。

参考价格：￥22 000

I–Gucci 系列红色 GG 橡胶腕表

精钢表壳，蓝宝石水晶表面，防水深度 30 米。

参考价格：￥8 300

白色 GG 压纹皮革腰带

参考价格：￥1 700

心形 GG 真皮腰带

腰带宽 4 厘米，饰浅金色心形配饰。

参考价格：￥2 400

别针式太阳镜

100%防紫外线。

参考价格：￥620

渐变色超大太阳镜

参考价格：￥2 700

黑色水钻金属项链

黑色树脂和黑色及灰色水钻，黄铜配件。

参考价格：￥18 000

直通名店

北京 银泰百货·金融街购物中心·金宝汇·国贸商城·新光天地·都汇天地

上海 时代广场·上海商城·金鹰国际购物广场·锦江迪生商厦

天津 海信广场

石家庄 先天下购物广场

大连 时代广场

沈阳 卓展购物中心

郑州 丹尼斯百货商场

南京 东方商城

西安 巴黎春天广场

哈尔滨 卓展购物中心·秋林国际购物中心

长沙 友谊商店

成都 美美百货

深圳 万象城

香港 置地广场

台北 微风广场

古驰闹钟

参考价格：￥4 000

Bape
安逸猿

绝对潮牌

安逸猿是日系潮牌的一大代表，创立于 1993 年，其名称来源于 1968 年出品的美国科幻电影《人猿星球》。安逸猿最初以 T 恤为开端，设计独特，并大玩严格限量供应，每款只生产 50 件，其中 30 件分发给员工和朋友，只有少量流到市面上，因此在日本的潮人中人气急升。之后，安逸猿的设计师长尾智明开始慢慢涉及其他类别，发展出了女装、童装、鞋子、背包等众多的副线产品，带有安逸猿图案的产品常常是潮人们竞相追捧的对象。

镇店潮款

Boy Scout 衬衫

军装风格，一向受到很多潮人的偏爱。

参考价格：￥1 888

Playboy Pattern T 恤

参考价格：￥800

鲨鱼帽外套

拥有这样一款外套，绝对舍不得一直藏进衣橱吧！

参考价格：￥4 750

针织衫

参考价格：￥4 200

迷彩外套

参考价格：￥2 400

1st Camo 连帽马甲

各式各样的迷彩图案是安逸猿作品中经常会用到的设计元素，这款马甲延续了这一传统，连帽式板型十分休闲。

参考价格：￥2 500

豹纹连帽上衣

豹纹算是安逸猿比较不常用到的元素，所以，如果看到这款豹纹上衣，潮人们就赶紧入手吧。

参考价格：￥2 100

Busy Works Multi T恤

参考价格：￥650

Shark Apesta 帆布鞋

鞋面采用了迷彩图案与红色帆布拼搭设计，鲨鱼头部形象十分个性、有趣，除了前部系带，内侧也设计了拉链。

参考价格：￥1 500

Patent Multi College Bapest 运动鞋

参考价格：￥1 800

Milo All Animals Apesta 运动鞋

参考价格：￥1 600

Neon Road Star 运动鞋

看似普通无奇，但是标志性的星星图案却足以表露出潮人品位。

参考价格：￥1 800

Tiroleaan 平底鞋

参考价格：￥4 200

Chambray Apesta Hi 运动鞋

参考价格：￥1 600

Glass Leather Bapesta 皮革运动鞋

黑色皮革搭配显眼的黄色鞋带，前部鞋面带有孔眼设计。

参考价格：￥1 800

1st Camo 抽绳包

迷彩图案外观，搭配对比强烈的橙黄色衬里，抽绳式收口十分安全、实用。

参考价格：￥1 500

棒球帽

参考价格：￥1 000

Cordura 背包

参考价格：￥2 200

钥匙包

参考价格：￥1 000

腰带

参考价格：￥2 050

Point Hexagon 手环

参考价格：￥610

Bapex Field 腕表

一本表带，可方便地进行更换。

参考价格：￥1 850

连帽外套
参考价格：￥3 700

尼龙夹克
参考价格：￥3 200

彩色迷彩外套
参考价格：￥4 750

Bape Rescue T恤
参考价格：￥650

Champion Logo T恤
参考价格：￥650

Hieroglyph Camo 衬衫
参考价格：￥1 850

Graffiti By Bathing Ape T恤
参考价格：￥650

1st Camo Patchwork 衬衫
独特的拼接效果，适合混搭风。
参考价格：￥1 950

Tigerleaf Camo Special Force 长裤

参考价格：￥2 200

格纹运动鞋

参考价格：￥1 500

Bape × George Cox Buxton 鞋

这款 Buxton 鞋是安逸猿与英国鞋履品牌 George Cox 合作推出的，George Cox 招牌式的较厚鞋底，让设计更加时尚化。

参考价格：￥4 000

Bapex 腕表

设计灵感源自知名的劳力士蚝式潜水表。

参考价格：￥4 200

Frogman 腕表

安逸猿与 Stussy 和 G Shock 三大品牌联手推出，不对称的表盘处理，以全雾黑搭配金色装饰，200 米防水。

参考价格：￥4 800

Bape Sta 背包

参考价格：￥1 900

Suede Moccasin 鹿皮鞋

搭配牛仔长裤和短裤均可。

参考价格：￥3 100

Porter Jacquard ABC 背包

参考价格：￥3 600

Mr Abc Multi 9厘米领带

参考价格：￥1 400

毡帽

参考价格：￥1 950

牛仔布钱包

参考价格：￥900

保温杯

有多种颜色可选。

参考价格：￥610

Golden Life Stole 复古印花丝巾

参考价格：￥2 200

Bape Logo 银项链

参考价格：￥1 900

Skull Walker 棉线帽

纯棉材质，两侧可以遮住耳朵，并带有可爱的垂绳，白色图标中是一个正在行走的小骷髅骨骼，十分俏皮。

参考价格：￥700

直通名店

安逸猿的绝大部分店面都集中在日本本土，并延伸到周边的亚洲地区，包括新加坡、首尔、台北、香港、北京和上海等城市。

北京 三里屯

上海 新天地·中信泰富广场

香港 希慎道壹号·利园二期·海港城

Giuseppe Zanotti

朱塞佩·萨诺第

绝对潮牌

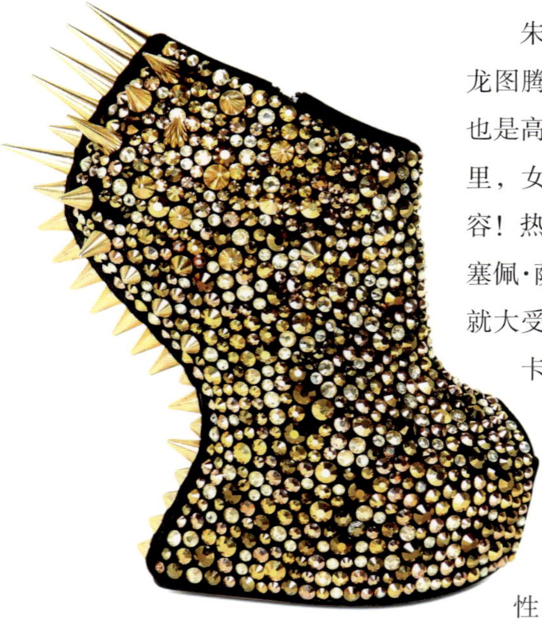

朱塞佩·萨诺第就像女鞋世界里的杜嘉班纳，利用仿宝石将蛇、龙图腾转化成性感符号，传达强悍的意大利式性感是其强项，鞋跟也是高得惊人。若你是时尚达人，你一定会记得在美剧《欲望都市》里，女主角凯莉对朱塞佩·萨诺第高跟鞋的热爱，只能用痴狂来形容！热爱朱塞佩·萨诺第高跟鞋的粉丝甚至以“仙履”来敬称它。朱塞佩·萨诺第一直保持着手工制鞋传统，从推出第一个设计系列开始就大受追捧，卡梅隆·迪亚兹、珍妮弗·洛佩兹、米莎·巴顿、伊万卡·特朗普、哈利·贝瑞、碧昂丝、帕丽斯·希尔顿、小甜甜布兰妮、克里斯蒂娜·阿奎莱拉，莎拉·杰西卡·帕克等一众名流都喜欢穿着朱塞佩·萨诺第的鞋子走在戛纳电影节、威尼斯电影节、金球奖、 奥斯卡、格莱美等的红地毯上。对她们来说，朱塞佩·萨诺第鞋子不仅是时装的点缀，还是对女性个性、性感和魅力的大声赞美。包括鞋款产品线在内的朱塞佩·萨诺第的品牌名就意味着光环背后无可比拟的质量及工艺，以及用铆钉、水晶、刺绣为特色打造的极致璀璨效果。它带给世人的天马行空的创意设计、极端挑剔的材质应用、令人目眩的造型呈现，足以让最挑剔的人梦想成真。

铆钉摇滚手拿包

充满着华丽摇滚风格，采用纳帕皮革面料。长 26 厘米，高 18 厘米。

参考价格：￥10 000

金属装饰绒面革坡跟凉鞋

鞋跟高约 15 厘米，带 2.5 厘米防水台。极具建筑感的绒面革坡跟充分体现出品牌将时尚设计与物理原理完美融合的美学理念。建议用它搭配全黑的装束，让金色金属翅膀造型成为焦点。

参考价格：¥11 200

锥形坠饰绒面革坡跟凉鞋

鞋跟高 15 厘米，带 2.5 厘米防水台。锥形坠饰和铆钉为鞋子增添了前卫感。

参考价格：¥12 500

流苏装饰铆钉绒面革凉鞋

采用飘逸的流苏和金色锥形铆钉设计，并配有弧形鞋跟。鞋跟高约 12.5 厘米，带 1 厘米防水台。建议搭配线条明快的黑色连衣裙。

参考价格：¥8 100

露趾水钻高跟鞋

麂皮绒鞋面，皮革鞋底。防水台高 9 厘米。

参考价格：¥16 700

色块凉鞋

闪耀金属色皮革赋予凉鞋炫酷迷人感，并采用闪光厚底和雕塑般跟部设计，打造夸张高度。踝带采用包覆绒面革的带扣固定。小牛皮鞋面，皮质鞋底。鞋跟高 15 厘米，防水台高 5 厘米。

参考价格：¥5 800

金属感皮质凉鞋

鞋跟高约 12.5 厘米，带 1 厘米防水台。采用柔软的金属色皮革精制而成，重新诠释了笼式鞋的魅力。不妨用这双极具女人味的鞋子配衬锦缎连衣裙和时尚配饰。

参考价格：¥5 600

黑色铆钉手提包

纳帕皮革，兼有按扣及拉链两种方式封包，安全性强。带肩带，可手提也可肩背，长 33 厘米，宽 5 厘米，高 40 厘米。

参考价格：¥11 000

铆钉斜挎包

鹿皮绒包面，可调节肩带，具有浓厚的异国风情，长 25 厘米，宽 10 厘米，高 20 厘米。

参考价格：￥9 400

买手必购榜

绒面革防水台高跟鞋

鞋跟高约 14 厘米，隐形防水台高 6.5 厘米。款型个性张扬，定能为你博得超高回头率。建议搭配简约真丝面料上下装，令鞋子的醒目色调跃然而出。

参考价格：￥5 700

动物纹小牛毛和绒面革凉鞋

鞋跟高约 15 厘米，带 4 厘米高防水台。采用动物纹小牛毛、红色绒面革和金色金属制成，必将颠覆你的晚装衣橱。搭扣踝带和防水台设计可为这款“恨天高”凉鞋提供额外的支撑。

参考价格：￥6 700

Anja Rubik 绒面革手拿包

采用结构柔和的翻盖设计，并配有可拆卸肩带。熠熠生辉的金色营造出强烈的视觉冲击力。

参考价格：￥7 700

金星露趾高跟凉鞋

鹿皮绒鞋面，后拉链，皮革鞋底，鞋跟高 12 厘米。

参考价格：￥19 300

翡翠绿 T 型凉鞋

鹿皮绒鞋面，带侧扣。防水台高 5 厘米。

参考价格：￥6 800

挖剪绒面革凉鞋

鞋跟高约 15 厘米，带 4 厘米高防水台。这款厚底红色凉鞋定能让你成为派对的焦点。这款绒面革凉鞋采用大胆的挖剪和搭扣细节，会为你的晚间造型增添柔美的风情。

参考价格：￥9 200

复古款露趾拼色高跟鞋

鹿皮绒鞋面，防水台高 10 厘米。

参考价格：￥8 900

绒面革凉鞋

鞋跟高约 12.5 厘米，带 1 厘米高防水台。可搭配钴蓝色连衣裙和颜色相配的手拿包，打造从头到脚的统一造型。

参考价格：￥5 900

Anja Rubik 挖剪绒面革高跟鞋

充满前卫气息，金色皮革和银色金属是设计的亮点。

参考价格：¥8 000

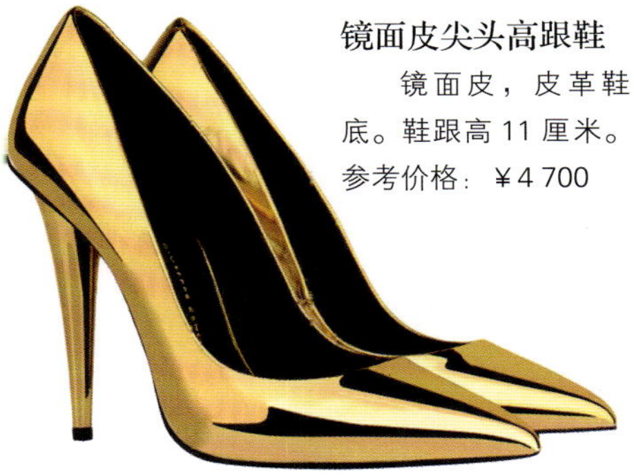

镜面皮尖头高跟鞋

镜面皮，皮革鞋底。鞋跟高 11 厘米。

参考价格：¥4 700

绒面革鱼嘴防水台及踝靴

鞋跟高约 15 厘米，带 4 厘米高防水台。适合出席晚间社交活动时穿着，不妨搭配贴身白色长裤，让鲜亮的色彩让你成为聚会的焦点。

参考价格：¥6 700

豹纹真皮中筒靴

以考究的小牛皮拼贴皮革，加以中性设计，透出硬朗气质。黑色皮革，拼贴豹纹印花小牛毛，附两个搭带扣，中跟款式。

参考价格：¥17 500

豹纹拼色尖头高跟鞋

马驹皮（豹纹部分）和绒面（脚趾部分）鞋面。鞋跟高 9 厘米。

参考价格：¥5 500

豹纹真皮平底靴

小马驹皮，橡胶鞋底。

参考价格：¥10 400

黑色漆皮尖刺高筒靴

真皮鞋面圆头，皮革鞋底，饰以黄金色五金件装饰。

参考价格：¥12 500

双色凸印压花及踝皮靴

采用的黑白两种颜色压花皮革材质令经典的款型更具质感和立体效果。鞋跟高 9 厘米。

参考价格：¥4 900

斑马纹皮便鞋

马驹皮，黑白对比配色，鲜明时尚。

参考价格：¥6 600

鹿皮芭蕾平底鞋

鹿皮鞋面，水晶装饰，尽显简约豪华风范。

参考价格：¥6 600

施华洛世奇水晶缀饰条纹罗缎乐福鞋

饰有永不落伍的黑色和白色条纹以及施华洛世奇水晶，款式永远领先时尚一步。

参考价格：¥8 000

Lorenz 皮革和绒面革坡跟运动鞋

采用白色皮革、绿色、紫红色、黑色和紫罗兰色绒面革拼接料，带衬垫鞋跟、鞋帮和鞋舌，背面和两侧有拉链。隐形坡跟高约 7.5 厘米，鞋底高 2.5 厘米。

参考价格：¥4 500

黑色仿鹿皮便鞋

仿鹿皮面料，具有阿拉伯风格，以金线刺绣，加以水晶点缀，皮革鞋底。

参考价格：¥9 400

鹿皮铆钉平底鞋

闪耀的铆钉设计，让你成为全场焦点。

参考价格：¥8 050

金属色皮质楔形运动鞋

以皮革和帆布为面料，鞋跟处带有金色调贴片，正面以蕾丝装饰，圆头。楔形鞋跟高约 11.5 厘米，带 2.5 厘米高防水台。

参考价格：¥5 500

水晶缀饰绒面革运动鞋

洋红色绒面革面料，彩虹色水晶缀饰，超大拉链细节，裸色皮质衬里，抓地白色鞋底，鞋底厚约 2.5 厘米。这款运动鞋是展现奢华运动时尚的终极选择。

参考价格：¥5 900

黑金印花男士运动鞋

真皮鞋面，黑色橡胶鞋底,蛇皮纹印纹，圆头，黄金色调硬件。

参考价格：¥5 300

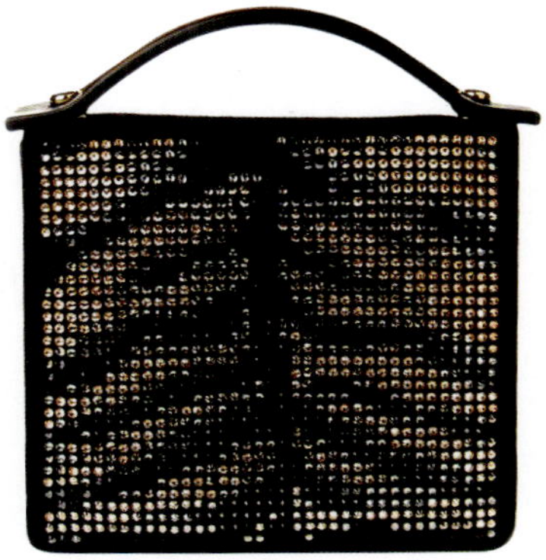

镶水晶颗粒手提包

仿麂皮包面，镶施华洛世奇水晶，长 12 厘米，宽 4 厘米，高 15 厘米。

参考价格：¥8 900

条纹印花手拿包

100%丝缎面料，拉链封口，长 30 厘米，高 14 厘米。

参考价格：¥4 900

漆皮酷感手拿包

金字塔柱装饰，黄金色五金件，长 22 厘米，宽 5 厘米，高 11 厘米。

参考价格：¥7 900

纯色褶皱手拿包

鹿皮绒包面，拉链封口，长 38 厘米，高 25 厘米。

参考价格：¥5 700

银色前卫链条包

缎面包面，皮革镶边，水钻点缀，带链条，可手拿也可肩背，长 17 厘米，宽 5 厘米，高 9 厘米。

参考价格：¥13 200

直通名店

朱塞佩·萨诺第的专卖店进驻了纽约、巴黎、伦敦、莫斯科和迪拜等全球重要的时尚大都会。现在，在中国也已经可以不出国门就能购买到朱塞佩·萨诺第的产品了。

北京 国贸商城·老佛爷百货·新光天地

上海 恒隆广场

广州 丽柏广场

重庆 时代广场

香港 圆方商场·海港城·Harvey Nichols 百货

台北 崇光百货复兴馆

首尔 Galleria 百货·现代百货

镶水钻链条包

鹿皮包面，镶水钻，长 17 厘米，宽 4 厘米，高 10 厘米。

参考价格：¥10 300

Jimmy Choo
吉米·周

绝对潮牌

JIMMY CHOO

凭借性感剪裁、时尚设计与卓越的意大利工艺，吉米·周品牌赢得一众要求极高的顾客的欢心。吉米·周品牌的鞋子专为走红地毯而设计，其设计理念为高贵典雅，穿着舒适。作为名人时尚造型设计的先驱，吉米·周是首先将华丽鞋履和手袋引进好莱坞的品牌之一。

今时今日，吉米·周已发展成一个从名流到王室、由音乐人至国家元首都极力推崇的时尚标志，更赢得了众多白领丽人和职场精英的喜爱。

花卉印花蛇纹手拿包

款式新颖，颜色复古优雅。

价格请店洽

花卉印花蛇纹凉鞋

异国情调的多色花卉印花，绚丽妩媚，脚踝处皮带设计更显脚踝优美线条。

参考价格：￥9 200

水晶鱼嘴高跟鞋

建议搭配长裙晚装。

参考价格：￥18 000

镇店潮款

豹纹鬃毛中跟鞋

这款傲气十足的鬃毛豹纹印花与光滑漆皮拼接设计，让人不禁赞叹，中跟的高度可以轻松地从早穿到晚。

参考价格：￥7 500

尖头浅口高跟鞋

致命的性感与凌厉气势，用这款高跟鞋，表达了直接果决的个性与风范。

参考价格：￥4 900

金属色凉鞋

参考价格：￥5 500

麂皮铆钉平底芭蕾鞋

大小银色铆钉全镶嵌，醒目示人，舒适穿着之余，不落时尚步伐，完美搭配过渡季衣装。

参考价格：￥5 800

漆皮露跟高跟凉鞋

参考价格：￥4 100

星形银钉黑色乐福鞋

男士吸烟装拖鞋演变而来的便鞋，黑色牛皮上镶满星形银钉，用一抹俏皮玩味摇滚新范。

参考价格：￥7 500

金属感蛇纹平底芭蕾舞鞋

金属色鞋头，拼接风情的印花，令人无法移目，为你鞋柜添一抹新色。

参考价格：￥5 200

亮片草编平底便鞋

以亮片覆满鞋身，让草编底鞋华丽转身，成为极具个性的亮丽足尖风光。

参考价格：￥3 000

麂皮中筒靴

颜色大气内敛，皮毛元素更添名媛气质。

价格请店洽

漆皮露跟凉鞋

参考价格：￥3 500

花瓣饰高跟鞋

霓虹黄色皮质搭配夸张的花瓣设计，美丽动人之感不言而喻。

价格请店洽

买手必购榜

锦蛇皮和绒面革高跟鞋

具有对比效果的金色锦蛇皮和黑色绒面革制成，搭扣踝带则确保了穿着舒适贴脚。

参考价格：￥13 000

漆皮和印花斜纹布软木坡跟鞋

这款印花斜纹布坡跟鞋流露出俏皮的复古魅力，挖剪软木鞋跟十分轻盈，橡胶鞋底则增加了抓地防滑效果。

参考价格：￥5 900

渐变裂纹拼麂皮尖头高跟鞋

银色拼接黑色，渐变过渡裂纹，镜面感银色酒杯跟，注入锐利现代表达。这款高跟鞋带来艺术感，完美搭配通勤装或派对礼服，典雅而不失个性。

参考价格：￥6 300

细绑带高跟凉鞋

黑色之中闪现荧光绿，纤细绑带交织出造型感，即使行走在夜色中，一样醒目示人。

参考价格：￥8 400

漆皮镂空高跟凉鞋

霓虹桃色令这款亮面凉鞋瞬间妩媚动人，可用它搭配趣味印花连衣裙或衬衫。

参考价格：￥7 850

鱼嘴细跟凉鞋

参考价格：￥4 600

抽象彩卉印花浅口高跟凉鞋

抽象彩卉印花为这款浅口鞋渲染上了浪漫气息。

参考价格：￥7 850

锁链肩带皮革单肩包

微微发亮的皮革，项链般精致的链带。小巧精致的轮廓，令这款肩包成为派对装扮的完美配件。

参考价格：￥7 990

纹理皮质单肩包

这款荧光色设计采用优质纹理皮革打造而成，配有可调肩带。建议搭配黑白服装，让这款单肩包成为醒目焦点。

参考价格：￥9 700

蟒蛇纹迷你单肩包

方形包身廓型，翻盖款式，撮合蟒蛇纹的张狂与淑女风格的娇柔，百搭又吸睛。

参考价格：￥8 700

星形铆钉托特包

浅灰色托特包，包身装饰亮银色星形金属铆钉。精巧的包身尺寸，方正廓型大容量，完全满足日常出街需求。

参考价格：￥12 200

粒面皮革拎挎包

翻折式插销襻带覆盖包口，开放式双层内里空间，中间拉链隔层袋分隔，整体感觉端庄讨巧。

参考价格：￥11 800

皮质手拿包

典雅紫罗兰搭配银色配件，适合手拿优雅造型，应和夜空色调，与宴会礼服完美相衬。

参考价格：￥6 550

多链条拼接皮革新月包

这款新月包恰到好处地中和了慵懒感与精致感，摇滚感链饰与优雅紫色让它完美转换于休闲与正式场合之间。

参考价格：￥13 600

小牛毛迷彩吸烟装便鞋

户外元素与奢华性感的大胆结合。

参考价格：￥7 500

双色斑马纹吸烟装便鞋

金箔般纹理皮革，黑金色调斑马纹，奢华气势的完美演绎。

参考价格：￥6 750

军绿迷彩方形提包袋

大容量，非常实用的一款包袋。

参考价格：￥13 000

穗饰牛皮乐福鞋

漂亮时髦的穗饰，别具意趣与雅致。

参考价格：￥6 750

小牛毛黑白斑马纹高帮运动鞋

参考价格：￥7 500

鳄鱼纹牛皮运动鞋

鳄鱼纹牛皮打造而成的运动鞋，低调典雅。

参考价格：￥7 150

星形镶饰环绕拉链钱包

不羁个性与时尚的碰撞。

参考价格：￥7 400

镂空雕纹系带皮鞋

细致镂空雕纹，做旧感擦色皮革。

参考价格：￥7 500

豹纹毛面半环绕拉链文件包

参考价格：￥10 300

直通名店

在国内，吉米·周的专卖店主要分布在北京和上海，近几年，各大城市也陆续开设了吉米·周的精品店。

北京 国贸商城
上海 恒隆广场·港汇广场
天津 银河国际购物中心
南京 德基广场

Versace
范思哲

绝对潮牌

意大利品牌范思哲诞生于 1978 年，作为世界知名的时尚品牌，风格始终彰显着颓废而迷人的艺术气息。它的糖果色配饰、赚足眼球的小礼服，以及标志性的女神礼服，都是时尚潮人们的钟爱之物。

印花真丝迷你连衣裙

连衣裙印有品牌标志性巴洛克旋涡图案和美杜莎头像，白天可搭配平底凉鞋，在洒满阳光的都市街头漫步，晚上则可换上“恨天高”参加鸡尾酒会。

参考价格：￥9 200

镇店潮款

美杜莎印染连衣裙

参考价格：￥7 500

印花真丝连衣裙

这款金色混合图案真丝连衣裙不带衬里，质地轻盈。建议搭配黑色服饰，营造最强烈的视觉冲击力。

参考价格：￥7 200

百褶沙滩裙

参考价格：￥7 600

豹纹印花连衣裙

价格请店洽

露背礼服

如果你对自己的背部线条足够自信，那就快把它带回家吧！

参考价格：￥13 000

碎花束带风衣

参考价格：￥25 000

花卉印花 V 领上衣

花卉图案将上衣中规中矩的沉闷打破，适合经常穿着正装的白领人士。

参考价格：￥6 500

穿孔机车夹克

参考价格：￥30 000

豹纹连帽外套

参考价格：￥4 800

印花半身裙

参考价格：￥4 900

印花连帽夹克

参考价格：￥11 000

皮质手提包

参考价格：￥9 200

Marlene Memphis 单肩包

参考价格：￥12 000

纤缝手提包

参考价格：￥9 000

蛇纹单肩包

参考价格：￥6 100

环颈流苏项链

这款别致的流苏项链将颈部线条衬托得更加完美。

参考价格：￥5 400

迷你手提包

参考价格：￥15 400

流苏项链

适合参加聚会时佩戴。

参考价格：￥12 000

美杜莎手镯

参考价格：￥4 300

买手必购榜

束腰 A 型连衣裙

参考价格：￥5 300

印花长衫

参考价格：￥6 100

露背礼服

深 V 领和露背设计，将女性的性感之美展露无疑。

参考价格：￥13 000

印花连衣裙

参考价格：￥8 900

蕾丝连衣裙

单袖设计，可露出优美的肩部线条。

参考价格：￥15 000

短款上衣

参考价格：￥2 300

搭配建议：

花边短裤（参考价格：￥11 000）

印花单肩包

参考价格：￥5 700

Vanitas 手提包

参考价格：￥14 000

水钻单肩包

参考价格：￥8 000

印花紧身礼服

参考价格：￥8 600

金属铆钉单肩包

价格请店洽

金色流苏坠饰高跟凉鞋

鞋跟部金属丝线流苏坠饰，引人注目。

参考价格：￥6 000

绑带高跟凉鞋

以绑带的方式作为装饰元素贯穿其中，带有 Versace 标志的金属铆钉和精致的金属扣，个性而奢华。

参考价格：￥17 500

印花凉鞋

参考价格：￥2 000

金色缝合手提包

吸睛之处在于它耀眼的金色和包面的几何图形。

参考价格：￥15 000

印花高跟鞋

参考价格：￥4 400

金属流苏绑带高跟凉鞋

缠绕的方式作为装饰元素贯穿其中，流苏装饰个性而奢华。

价格请店洽

刺绣手提包

参考价格：￥14 000

直通名店

北京	王府半岛酒店·国贸商城
上海	永安百货·港汇广场·时代广场
广州	丽柏广场
重庆	立洋百货
沈阳	中兴商业大厦
香港	太古广场·置地广场

Salvatore
Ferragamo
菲拉格慕

绝对潮牌

Salvatore Ferragamo

菲拉格慕品牌诞生于 1927 年，被誉为好莱坞女星们的御用鞋匠。价位较高，这其中最大的秘密在于即使在生产过程高度机械化的今天，它依然保持着手工缝制的传统，260 多道复杂工序都在专业鞋匠的手上独立完成，定制通常需要两个月。

菲拉格慕最值得购买和收藏的鞋款是 Varina 女鞋，作为经典系列 Vara 的现代版，Varina 在 Vara 的柔和线条上添加了芭蕾舞鞋的独特风格，并保留金属饰牌和罗缎蝴蝶结的经典元素。此外，其采用真皮及缎面等不同材质，配合多种亮丽色彩，甚至还饰有对比色罗缎的双色调款式，进一步满足了热爱菲拉格慕的潮人们的需求。

80 余年来，奥黛丽·赫本、索菲亚·罗兰、玛丽莲·梦露、麦当娜，这些在世界电影发展史上熠熠生辉的名字，都与菲拉格慕结下了一段又一段“仙履奇缘”，为时尚界留下了无数美好回忆。

紫红色丝绒编织高跟凉鞋

设计灵感来自梦幻、迷人的俄罗斯风情。暗灰褐色丝绒皮革，同色系貂皮绲边装饰，配以天鹅绒流苏鞋带，极富女性魅力，尽显女王范儿。

参考价格：¥13 000

镇店潮款

桑娜芭蕾舞鞋

菲拉格慕桑娜款精致芭蕾舞鞋，鞋头经典独特的 G 字装饰，让小资情结的女人庄重又不失俏皮。

参考价格：¥4 700

Runa 蝴蝶结浅口鞋

采用天鹅绒般柔软的反绒皮制作，鞋面的金属色蝴蝶结饰有徽标刻字，皮革鞋底完善了此单品的美感。

参考价格：¥3 200

Sienna Runway 凉鞋

这款绷带缠绕风格的凉鞋，鞋侧壁饰有金属色饰珠，踝带设有双按扣。

参考价格：¥5 500

Fo Shopping 丝巾

菲拉格慕的丝巾都采用精致手工制作，色彩鲜艳美丽，适合在各种场合使用，尽显浪漫气息。可以尝试把围巾系在素色包袋上，让包包也亮丽起来。

参考价格：￥3 100

橙红色块拼接提包

大胆的色块拼接搭配金色配饰，带来这款优雅大气的提包，纯正浓厚色彩，是职业套装的完美穿搭选择。

参考价格：￥22 900

Gancini 手袋

独具魅力的紫色手袋，采用柔软的小牛皮制作，浪漫的褶皱设计和菲拉格慕标志性的淡金色 Gancini 金属扣饰点缀，在优雅中散发出成熟韵味。

参考价格：￥16 600

男士领带

100%桑蚕丝，亮丽活泼的橙色，系上它，即使是严肃的正装也不会沉闷。

参考价格：￥1 500

Marlene 手提包

采用皮革材质，配以内置扁平可拆卸夹层，夹层配有拉链和可与主包固定的搭扣，筒状提手，配以垂直饰件，实属卓越的全新完美功能性包款。

参考价格：￥13 950

Tosco 红色牛皮鞋

采用法国牛皮制作，全粒面牛皮,经打蜡处理和天然苯胺滚磨上色，细致的做工体现了其奢华风格和专业的质感。

参考价格：￥10 800

Parigi 男鞋

皮鞋是最能显示男人穿着品味的配件，舒适性也是判定一双鞋是否成功的要素，Parigi 鞋款在鞋面用料、鞋底材质及制鞋手工等各样细节上均极其讲究。暂时抛掉正装皮鞋，这款款式简洁大方、穿着也格外舒服的鞋款也将是不错的选择。

参考价格：￥7 450

蛇皮鱼嘴凉鞋

高跟鱼嘴鞋，同样配有经典的菲拉格慕蝴蝶结。鱼嘴和脚面设计都大大提高了露肤度，不妨用这奢华甜美的高跟鞋为秋日着装增添色彩。

参考价格：￥6 950

系带高跟凉鞋

用紫色麂皮带缠绕脚腕和脚面，配金色六边形细高跟，穿上它搭配丝质裙装，性感尽显。

参考价格：￥5 600

中跟牛皮女鞋

这款鞋款使用柔软羊皮和牛皮的拼接材质，温婉的淡黄色，饰以蝴蝶结，柔软轻盈同时又耐磨易携带的特质，一定会是上班族的最爱。

参考价格：￥3 400

Saba 粒面牛皮鞋

采用柔软小牛皮制作，呈现皮质天然粒面的效果。Saba 鞋款又因其高度舒适度被号称“开车鞋”，是假期想去自驾游的白领们的不二之选。

参考价格：￥1 800

粉色镂刻花朵芭蕾舞鞋

盛开的粉色花朵覆盖整个鞋面，鞋头金饰蝴蝶结的加入，更添细致典雅，这款平底芭蕾舞鞋，一定让人忍不住轻踮脚尖，旋转起舞。

参考价格：￥2 350

嫩黄草编楔形高跟鞋

搭配碎花长裙的完美选择，演绎一场初秋的浪漫奇遇。

参考价格：￥2 100

黑色蝴蝶结平底果冻鞋

这款黑色蝴蝶结平底果冻鞋以纤细唯美的设计，出色的防水功能让你宛如从朦胧烟雨的诗意中走出的童话公主。

参考价格：￥1 700

Varina 紫色漆皮女鞋

当下最流行的芭蕾舞鞋和 Vara 蝴蝶扣的结合款，线条更柔和。Varina 没有年龄限制，只要穿上它都会有种青春洋溢、活力四射的飘逸感。

参考价格：￥4 500

纹理蓝绿色翻盖手包

细腻纹理蓝绿色皮革，小巧方正造型，带来独特典雅气息。无论与通勤装抑或礼服搭配，皆得体大方，优雅有致。

参考价格：¥6 200

骨色褶边小型手袋

这款手袋造型小巧，拿捏舒适，是搭配小礼服的最佳选择。

参考价格：¥5 400

熊猫图案丝巾

花瓣拼缀的趣味熊猫图案带来童话般的丛林情调。可任意束在包上或系于颈间，优雅百搭。

参考价格：¥2 400

Soft W 手袋

配淡金色双 Gancio 金属饰件，标志性品牌 Logo 标牌。搭配双根可调节长度为 6 厘米的提手，可调节长度为 50 厘米的可拆卸肩带，配有标志性提花衬里、内袋、手机袋和保护脚钉。

参考价格：¥26 900

Tara 浅蓝色提包

造型时尚而现代，展现都市气息。金属拉链的装饰更具潮流感。此款包包完全可以胜任各种场合的搭配要求。

参考价格：¥10 500

Noah 系列 G. Mediterraneo 拎包

亮丽的色彩和精致的包型设计以品牌经典的 Gancio 金属扣饰点缀，为此款优雅的 Noah 拎包增添了一丝年轻气息，不管春夏或者是秋冬，它都将会是最引人注目的时尚单品。

参考价格：¥26 900

Double Adjustable 男式皮带

做工精湛，细节完美无瑕，令职业装倍增优雅风范。

参考价格：¥2 950

蛇形图案丝巾

蛇形图案丝巾是菲拉格慕 2013 春夏压轴之作，精致图案与繁茂叶子令人印象深刻。菲拉格慕以象征手法、精致细节，借助独特的奢华技艺，完美融合了传统与现代，重新演绎了优雅风情。

价格请店洽

Anthony 系列红色帆船鞋

优雅的红色仿麂皮质地为这款帆船鞋在休闲中平添了一分贵族气息，帮你在商务和休闲场合找到完美平衡点。

参考价格：￥2 200

皮革侧拉链短靴

光滑的牛皮材质搭配拉链设计，给人帅气硬朗的感受。

参考价格：￥5 800

咖啡色流苏穗饰乐福鞋

菲拉格慕以一贯的贵族格调，塑造了高品位商务绅士，这款鞋子无论是搭配西装还是休闲装，睿智亲和形象无往不利。

参考价格：￥6 600

咖啡色多袋斜背包

多个独立隔袋，提供大容量空间，平日通勤与短途商务旅行携带皆适宜。

参考价格：￥10 200

咖啡色牛皮男鞋

这款舒适无比的皮质运动鞋，采用进口柔软小牛皮制作，饰以低调的菲拉格慕品牌标志细节。

参考价格：￥3 680

Metro 男鞋

Metro 系列男鞋集精湛的手工技艺与皮革处理工艺于一身，实用性与款式并重。

参考价格：￥3 200

直通名店

北京	都汇天地·国贸商城·王府井·金融街购物中心
上海	恒隆广场·上海商城
深圳	中信城市广场
天津	海信广场·友谊商厦
广州	丽柏广场·太古汇·白云国际机场
苏州	泰华商城
南京	德基广场
香港	太古广场

Gamma 系列两用单肩包

Gamma 系列男士单肩包，采用印有菲拉格慕经典的 Gancio 压纹牛皮制作，优雅的灰棕色包身，可拆卸式肩带设计和方便收纳随身物件的拉链袋，风格经典且极具功能性。

参考价格：￥10 950

Thomas Wylde
托马斯·沃德

THOMAS WYLDE

绝对潮牌

托马斯·沃德这个充满了摇滚味道的时尚品牌创立于2005年。英国籍超模波拉·托马斯是这个品牌的奠基人。自然界中未经加工过的天然的钻石、摇滚的风格、雅致的裙装和以烟草为灵感设计的男士夹克都是这个品牌的标志。托马斯·沃德的骷髅包是好莱坞众多明星像西耶娜·米勒、凯特·赫德森、林赛·罗韩等人的最爱。

镇店潮款

真皮手带

时尚夺目的款式，是时尚潮人的必备之选。

参考价格：￥5 000

骷髅头铆钉单肩包

参考价格：￥9 600

真皮骷髅头铆钉单肩包

骷髅头铆钉设计，下部搭配拉链，个性十足，散发别样魅力。

参考价格：￥15 000

图案背心

简约迷人的设计，随性休闲。

参考价格：￥9 100

印花衬衫

独特的印花图案，令人耳目一新。

参考价格：￥7 800

十字架钉珠抹胸小礼服

极富宗教味道的十字架铆钉设计，搭配抹胸款式，流露出叛逆味道，打造出朋克风格的时尚造型。

参考价格　￥24 000

皮革绗缝设计大号手提包

骷髅头铆钉设计，大号尺寸实用性较强，可满足日常出行的需要。

参考价格：￥14 000

真皮骷髅头单肩斜挎包

设计小巧，令人一见倾心，骷髅头点缀是潮流指标。

参考价格：￥11 000

皮革绗缝手拿包

参考价格：￥9 100

宝石背心连衣裙

款式时尚而高贵，极富品味。

参考价格：￥18 000

真丝十字架钉珠衬衫

十字架铆钉设计与飘逸的面料完美融合。

参考价格：￥19 900

真丝拼贴骷髅头铆钉背心连衣裙

骷髅头铆钉点缀，散发暗黑魅力。建设搭配一双简单时尚的高跟凉鞋。

参考价格：￥23 000

铆钉拼贴背心

酷感十足的铆钉设计，散发朋克味道。

参考价格：￥8 000

羊羔皮链条单肩包

参考价格：￥8 700

牛皮高跟长靴

可搭配皮质夹克或中长款外套。

价格请店洽

混丝背心连衣裙

硬朗的线条，加上充满质感的金属锁链点缀，提升造型的时尚感。

参考价格：￥20 000

混羊毛长款马甲

丰富的细节，搭配独特的剪裁，是时尚丽人的必备之选。

参考价格：￥21 000

真皮骷髅头手拿包

适合日常场合使用。

价格请店洽

骷髅头流苏斜背单肩包

鲜艳的色调，加上别具民族风格的流苏点缀，散发时尚本色。

参考价格：￥22 000

皮草饰边高跟长靴

极富奢华感的皮草设计。

参考价格：￥43 000

真皮骷髅头单肩包

鲜艳色调为造型增添色彩魅力。

参考价格：￥17 000

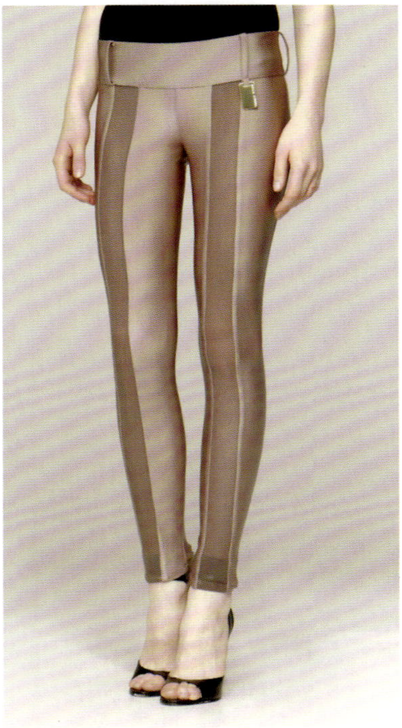

拼贴紧身裤

紧身剪裁，属百搭之选。

参考价格：￥5 400

直通名店

托马斯·沃德品牌仅在中国少数城市设立专门店。

北京　连卡佛

广州　中心广场

天津　乐天百货

上海　团团精品

女士真丝方巾

可以搭配亮色的衣服，如白色着装搭配一条这样的丝巾很有亮点。

参考价格：￥3 600

Burberry 博柏利

绝对潮牌

博柏利这个极具标志性的时尚品牌于 1856 年由托马斯·博柏利创立，具有浓厚英伦风情，长久以来成为奢华、品质、创新以及永恒经典的代名词。在博柏利首席创意总监克里斯托弗·贝利的领导下，品牌不断与时俱进，设计充满现代感，又不失品牌传统。

博柏利带有一股英国传统的设计风格，以经典的格子图案、独特的布料和大方优雅的气质为主。除传统服装外，博柏利也将设计触角延伸至其他领域，并将经典元素注入其中，其香水在世界也同样具有很高的知名度。长久以来，博柏利一直是职场精英和富有人士的必备之选。

BURBERRY

羊毛外套

穿上这款亮红色羊毛毡外套，不仅能为你的装扮加分，还能让你的心情变得更愉悦。建议用全黑的搭配来呼应皮质袢带，以凸显红色面料的抢眼效果。

参考价格：￥9 800

棉质嘎巴甸 Trench 风衣

延续传统设计元素，彰显博柏利永恒的经典。

参考价格：￥18 500

搭配建议：

格子羊毛混纺手套（参考价格：￥3 100）

短款纹理皮质机车夹克

金色双排扣、完美的短款剪裁和腋下通风孔眼，对细节极致考究的态度令这款黑色纹理皮质机车夹克脱颖而出。它适合搭配从花卉连衣裙到休闲牛仔裤等任何服装，是陪你走过一季又一季的衣橱必备单品。

参考价格：￥13 000

皮质边饰羊毛皮机车夹克

这款印花羊毛皮机车夹克配有黑色皮质边饰，于中性风格透着豹纹魅力。中等重量设计带有全衬里，并采用贴身剪裁。建议搭配紧身裤或半身裙。

参考价格：￥15 000

仿鳄鱼皮亮面皮革短款夹克

这件梅子色夹克由高度亮泽的皮革制成，并且打造出仿鳄鱼皮的纹理，采用及腰短款剪裁，与贴身连衣裙搭配最为相宜。

参考价格：￥19 000

短款棉质 Trench 夹克

覆以小斗篷，汲取传统灵感的雨挡，衣身缝骨设计，呈现雕塑曲线板型。

参考价格：￥10 250

超短蟒蛇漆皮机车夹克

时尚靓丽的蟒蛇皮超短机车夹克，合身剪裁，搭配超大衣领、腰部束带和肩饰，背部采用独特的动感立体剪裁。拉链口袋、袖口和不对称拉链门襟，超大蟒蛇皮拉链头。建议搭配黑色漆皮手袋及短靴。

参考价格：￥86 000

格子羊毛丝质混纺丝巾

参考价格：￥4 200

蟒蛇皮厚底高跟鞋

鞋跟高 11 厘米，厚底高 1.5 厘米。尖头设计永远不会让你落在潮流之后。蟒蛇皮材质富于质感，即刻成为时尚女王。

参考价格：￥4 500

马勒 House Check 格子托特包

作为潮人，怎能允许自己没有一款这样的格子包？内侧人性化设计设有多个口袋。可搭配不同穿衣风格。

参考价格：￥8 750

Hεymarket Check 格子雨靴

带有皮革饰边，橡胶防滑鞋底非常人性化。即使是阴霾的下雨天，你也同样会是众人羡慕的对象。

参考价格：￥1 950

短吻鳄皮 Trench 风衣

特色的短吻鳄皮 Trench 风衣，嵌入式直袖设计。

价格请店洽

搭配建议：

修身棉质衬衫（参考价格：￥3 100）

London 皮革手提袋（参考价格：￥18 500）

中长款棉质嘎巴甸单襟 Trench 风衣

棉质嘎巴甸 Trench 风衣，嵌入式直袖设计，整体剪裁线条流畅，突显男人挺拔气质。

参考价格：￥22 000

搭配建议：

几何图案方形印花丝巾

（参考价格：￥4 900）

格子高帮运动鞋

格子棉质斜纹布和柔软皮革高帮运动鞋，采用绑带设计，踝部衬垫，橡胶防滑鞋底。

参考价格：￥3 600

“功能实用”系列 BU7819 计时码表

瑞士制造，表壳直径 46 毫米，亚光表盘，三指针机芯，具有计时和日期显示功能，古董金色镀层精钢表壳，皮质表带，搭配针扣，表壳防水深度 10ATM/100 米，两年全球质保。

参考价格：￥10 310

买手必购榜

拉绒羊毛混纺开襟衫

这件设计采用掺有少许羊绒和真丝的拉绒马利诺羊毛混纺面料制成，确保舒适保暖。建议搭配修身半身裙。

参考价格：￥14 000

金属质感 Trench 风衣

风衣选用金属丝卢勒克斯面料结合功能性布料纺织而成。采用荧光效果，是经典 Trench 风衣的生动阐释。有多种颜色可供选择，建议搭配博柏利经典格子图案手袋。

参考价格：￥31 000

孔雀羽毛 Trench 大衣

独具匠心的 Trench 大衣，奢华的孔雀羽毛经过精心排列组成玫瑰花结图案，采用高级定制成衣技巧缝制于衣身上。每片羽毛均由手工拼贴并精心缝制呈现抽象几何花卉设计。大衣搭配华贵的丝缎衣领，彰显传统风格的肩饰、袖口束带和腰部束带。建议搭配珍稀皮质高跟鞋和透明塑质手拿包。

参考价格：￥340 000

马术扣环装饰连衣裙

雅致的密织乔赛绉平织连衣裙，腰部装饰别致的马术扣环。

参考价格：￥11 000

宽松衣领毛羊皮夹克

保暖的毛羊皮夹克，搭配宽松的衣领和加长束带的喉部锁扣。

参考价格：￥28 000

束带毛羊皮夹克

保暖的麂皮毛羊皮夹克，搭配装饰性缝线细节，彰显博柏利 Trench 风衣最初的独创风格。传统设计元素包括肩饰、雨挡以及腰部和袖口束带。搭上格子围巾，保暖又时尚。

参考价格：￥29 000

长款蟒蛇皮袖嘎巴甸 Trench 风衣

特色鲜明的棉质嘎巴甸 Trench 风衣，采用嵌入式直袖设计。柔软质感的蟒蛇皮袖和领底，呈现出独特的现代时尚质感。若能佩戴一只金属手环，那便是当仁不让的摩登女郎了。

参考价格：￥62 000

长款皮革装饰西服外装

低调的白色长款西装外套，采用柔软的功能性面料，皮质肩饰和单口门襟都十分别致。可在外套内配一件丝质印花衬衫，干练和女人味同在。

参考价格：￥12 000

蛇皮凉鞋

优雅高贵的血红色漆皮凉鞋，T字形设计，更加衬托出脚踝的纤细动人，再配上10厘米高的鞋跟，无论出席任何场合，都是时尚典范。

参考价格：￥6 750

动物纹小牛皮凉鞋

极富光泽的动物纹小牛皮凉鞋，搭配漆皮装饰细节。鞋跟高10厘米，T字形设计，纤细的脚踝饰带，演绎脚尖时尚。

参考价格：￥6 750

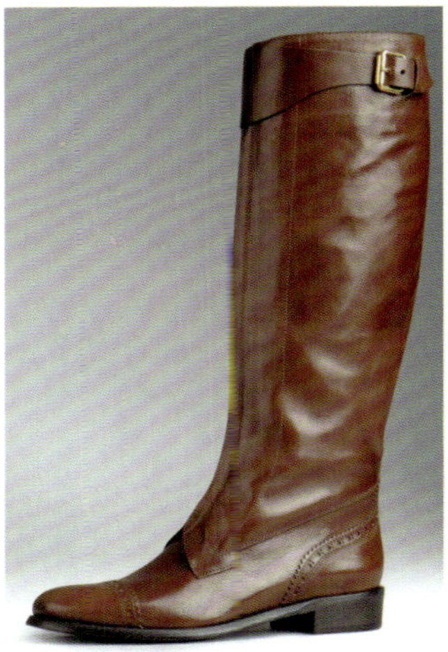

布洛克细节皮靴

抛光面皮，经典巴洛克细节设计，杏仁形鞋头，拉链和鞋扣设计，加衬皮质鞋垫。

参考价格：￥7 750

缎面凉鞋

丝缎鞋跟高8.5厘米，细长的踝带附鞋扣，工艺精湛的皮质鞋底。

参考价格：￥5 750

双饰带坡跟凉鞋

爱美又怕驾驭不好细高跟？那么，坡跟鞋可是最好的选择。这款玫瑰木色的饰带凉鞋选用柔软的漆皮制作而成，坡跟高10厘米，两条雅致的踝部饰带与抛光金属鞋扣相得益彰。

参考价格：￥5 750

格子饰片雨靴

实用的时尚雨靴，设计有棉质格子饰片和橡胶防滑鞋底。

参考价格：￥2 900

镶边蟒蛇皮麂皮凉鞋

优雅的凉鞋，蟒蛇皮和柔软麂皮鞋面。蟒蛇皮鞋跟高13厘米，厚底高3厘米。细长的皮质脚踝绑带，配调节式抛光金属鞋扣。迷人优雅，时尚前卫。

参考价格：￥8 750

尖头皮质高跟鞋

这双高跟鞋的别致之处，在于它的交叉鞋带设计，优雅却不烦琐。高10厘米。

参考价格：￥4 800

蟒蛇皮高跟鞋

性感尖头设计和蟒蛇皮材质的完美组合。

参考价格：￥7 750

铆钉缀饰亮面皮质手提包

这只大尺寸的设计却饰有细小的金色铆钉以及华丽的绒面革边饰，可轻松收纳必备用品。

参考价格：¥21 000

蟒蛇皮 Hobo 包

参考价格：¥44 000

中号短吻鳄皮托特包

雅致的饰带设计，搭配手工染色边缘，行李吊牌挂饰，抛光五金配件。包口拉链设计，轧制皮革手柄。

参考价格：¥180 000

传统粒面皮革奥查德手袋

工艺精湛的传统粒面皮革手袋，包口拉链设计，手工精制的轧制皮革手柄，配可拆式肩背带。可搭配同色系纱巾及深色风衣。

参考价格：¥13 500

铆钉皮革布蕾兹手袋

这款极具时尚感的铆钉漆皮手袋，搭配抛光金属挂锁和钥匙，设计灵感源自复古行李箱。建议搭配同色系格子围巾和手环。

参考价格：¥19 500

心形印花皮质大克拉什手袋

柔软随性的心形印花小牛皮手袋，包口采用皮质拉绳设计，灵感汲自经典外套的拉绳衣摆。可拆式肩背带和抛光五金配件，彰显独特的设计风格。

参考价格：¥19 500

皮质流苏边饰小牛毛单肩手提包

流苏是嬉皮最好的诠释者，无论是领边上的一串点缀，还是鞋包上整片流苏装饰，都能立刻让你俏皮味十足。这款酒红色手提包采用缀饰金色孔眼和漆皮流苏的小牛毛精制而成，极富质感。配有便捷的口袋，除日常随身物品外，还可装下琐碎小物件，方便实用。

参考价格：¥19 100

金属质感皮革铆钉蝴蝶结装饰手机保护套

柔美的蝴蝶结搭配铆钉装饰，开放式套口，适用于 iPhone 5。

参考价格：￥2 600

Haymarket Check 格子饰边围巾

轻盈的格子围巾，边缘流苏装饰增添活泼感。

参考价格：￥6 000

“功能实用”系列计时码表 BU7815

表壳直径为 42 毫米，蓝宝石水晶表镜，亚光表盘，三指针机芯，计时和日期显示功能，古董银色镀层精钢表壳，PVC House Check 格子表带，搭配针扣，表壳防水深度 10ATM/100 米，两年全球质保。

参考价格：￥8 010

Prorsum 系列

接合棉质嘎巴甸 Trench 风衣

选用棉质嘎巴甸与羊毛相结合的创新面料专业裁制而成，风衣无衬里以现露羊毛材质贴边，搭配对比色翻领。防护型密合缝骨及手工缝制的隐藏式按扣，使衣身彰显简约利落的板型。

参考价格：￥28 000

搭配建议：

V 领质感针织衫（参考价格：￥14 500）

皮革小牛皮装饰绉胶鞋

（参考价格：￥8 750）

缎面翻领晚宴西装外套

富于质感的修身羊毛晚宴西装外套，搭配雅致的丝缎尖角型翻领，微垫肩，正面缝褶设计。

参考价格：￥15 500

搭配建议：
精美几何图案
印花领带
（参考价格：
￥2 400）

心形印花棉质衬衫

柔软的棉质衬衫饰别致的心形印花。修身剪裁，搭配窄尖领。

参考价格：￥6 000

护卫图案棉质 T 恤衫

印着护卫图案的 T 恤衫，富有青春活力。密织平织棉质面料，搭配经典水手领。

参考价格：￥2 600

动物纹小牛皮卡班大衣

这款雕塑曲线卡班大衣选用触感柔滑、极富光泽的丝网印花小牛皮，与橡胶材质相结合的创新面料专业裁制而成，隐藏式手工缝制按扣设计。

参考价格：￥68 000

Brit 系列

双面羊毛牛角扣大衣

经典的保暖麦尔顿羊毛牛角扣大衣，结合格子羊毛衬里。大衣搭配调节式按扣连衣帽和牛角栓扣设计。超大翻盖口袋、重新设计的抵肩和内侧口袋。

参考价格：￥13 000

对比衣袖机车款夹克

柔软轻便的皮质机车款夹克，呈现低调奢华的光泽。对比色衣袖、领内和后背，打造鲜明的时尚质感。菱形绗缝内衬、加衬肩部和手肘垫布，突显精致的细节和硬朗的板型。

参考价格：￥22 000

棉府绸军装衬衫

汲取军装灵感的棉府绸衬衫，经典剪裁，搭配肩饰、尖领和弧形衣摆。

参考价格：￥3 400

格子门襟 Polo 衫

经典 Polo 衫，搭配别致的格子衬里门襟。23 种不同颜色可供选择。

参考价格：￥2 300

House Check 格子高帮运动鞋

棉质斜纹面料，搭配柔软的皮革和鹿皮饰片。

参考价格：￥4 000

Smoked Check 烟熏格子公文包

Smoked Check 烟熏格子涂层帆布公文包，饰有光滑的皮革饰边。包口拉链设计，轧制皮革手柄，调节式斜背带。

参考价格：￥9 250

格子帆布双肩包

实用的棉麻混纺格子双肩背包，光滑的皮革装饰，防护型树脂涂层底衬。顶部翻盖搭配扣环设计，隐藏式拉绳，可调节式加衬肩背带。

参考价格：￥5 750

光滑皮革布洛克正装皮鞋

工艺精湛的布洛克正装皮鞋，采用传统锯齿状冲孔布洛克装饰和绑带设计。

参考价格：￥5 500

短吻鳄皮托特包

珍稀短吻鳄皮托特包，包口拉链设计，轧制皮革手柄。

参考价格：￥230 000

经典皮革腰带

参考价格：￥1 850

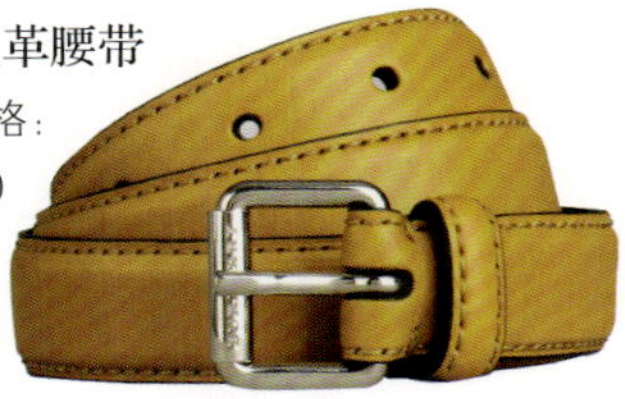

动物纹小牛皮学院风斜背包

此款背包饰有精美的动物纹图案，采用传统工艺设计，搭配皮质手柄和扣带、调节式网纹肩背带和极富质感的皮革装饰。

参考价格：￥17 000

涂色 London 皮革折叠式钱夹

纸币夹层，多个卡位。

参考价格：￥3 100

复古水洗格子腰带

复古水洗格子棉质帆布腰带，搭配粒面皮革装饰和复古处理金属腰带扣。

参考价格：￥2 600

直通名店

知名度极高的博柏利品牌在中国各大城市均设有专门店。

北京 银泰百货·王府半岛酒店·东方广场·华贸中心·翠微广场·金宝汇

上海 国金中心·久光百货·梅龙镇广场

天津 友谊商场

杭州 杭州大厦

成都 春天百货

重庆 时代广场·太平洋百货

广州 友谊商场·太古汇

香港 海港城

Moschino 莫斯奇诺

绝对潮牌

莫斯奇诺是一个创立 20 多年的米兰年轻化品牌，一直以设计怪异著称。创始人弗兰克·莫斯奇诺的设计总是充满了戏谑的游戏感与对于时尚的幽默讽刺，代表作品房屋型手提包就是最好的体现。弗兰克·莫斯奇诺常常把他对世界和平的渴望与对生命的热爱，放在他的服装设计中，所以在他的服装上常常会出现“反战标志”、“红心”和“鲜黄色的笑脸”。另类摩登的风格使莫斯奇诺在资深时尚人士中一直备受推崇，中高端价位也是该品牌风靡的重要原因之一。

镇店潮款

皮质单肩包

深浅不一的模式，内部口袋颜色与肩带细节相呼应。

参考价格：￥3 200

菱格单肩包

参考价格：￥5 500

房屋型两用包

房屋型两用包在近几年的受欢迎度一直居高不下，时尚撞色和实用性都是它受到热捧的原因。

参考价格：￥7 500

夹克

肩部和袖子上缀满珠饰。

参考价格：￥32 000

无袖流苏连衣裙

参考价格：￥15 000

天鹅印花紧身上衣

丝绸质感，非常适合夏日入手。

参考价格：￥2 400

线绳流苏单肩包

线绳肩带和短流苏设计十分个性。

参考价格：￥3 300

女郎链条肩背包

非常时尚的撞色搭配，加上金色配件的使用，使其非常前卫。

参考价格：￥7 500

多色皮质手提包

菱格纹和撞色都十分惹人喜爱。

参考价格：￥2 500

心形铆钉手提包

参考价格：￥2 500

豹纹插肩毛衣

非常实用百搭的一件毛衣。

参考价格：￥3 200

拼色外套

特别之处在于它的斜拉链设计。

参考价格：￥2 000

豹纹丝绸紧身上衣

可搭配打底裤，亦可单独穿着作为裙装。

参考价格：￥3 400

蝴蝶镂空麂皮短靴

镂空设计，性感前卫。

参考价格：￥4 200

鱼嘴中跟凉鞋

参考价格：￥2 400

漆皮凉鞋

侧扣设计，鞋跟高12厘米，最大看点便是鞋身上镶嵌的亮丽水钻。

参考价格：￥9 000

条纹元素凉鞋

参考价格：￥4 200

圆点尖头凉鞋

参考价格：￥2 800

刺绣裙裥羊毛混纺外套

这件外套采用缩褶腰身和宽下摆设计，饰有工字褶，布满醒目的刺绣白色波点，可随褶裥的开合若隐若现。只需搭配干练的手拿包和粗跟鞋，即可彰显最具冲击力的视觉效果。

参考价格：￥24 000

LOVE 建筑物单肩包

建筑物图案十分特别。

参考价格：￥3 200

羊羔毛信封单肩包

适合搭配冬日装扮。

参考价格：￥2 200

蝴蝶结高跟凉鞋

青春气息的圆点印花，搭配蝴蝶结装饰，格外富有活力。

参考价格：￥4 400

光面皮革刺绣凉鞋

金色生态皮革，时尚感强烈。

参考价格：￥2 200

心型翻盖迷你包

小巧的包款，容量却不是很小，可轻松放下钱包、手机、钥匙和化妆品等随身物件，满足出行所需。

参考价格：￥1 800

直通名店

莫斯奇诺品牌在中国各大主要城市均设有专门店，过季会有打折活动。

北京 新光天地

上海 国金中心·恒隆广场·日月光中心广场·来福士·百盛购物中心·正大广场·月星环球港·芮欧百货

苏州 泰华商城

武汉 世贸广场

香港 海港城·置地广场

皮质女郎包

充满趣味，又时髦精致。

参考价格：￥2 000

Emilio Pucci
璞琪

绝对潮牌

复古风一直是近年来时尚界的一个重要主题，但是如果你真想在潮流中寻找一点不一样的感觉，那就一定不要错过璞琪。

璞琪发源于意大利，至今已有60多年的历史。一直以来，璞琪以其千变万化的标志式几何图案印花设计著称，颜色鲜艳而不繁乱，图案风格独特，璞琪连衣裙是很多好莱坞女星在夏天必不可少的物件。另外，包括麦当娜在内，一些歌坛天后级人物举办全球巡回演唱会的服装造型也常常是由璞琪一手包办定制的。现在，璞琪在每季丝巾、包袋、鞋类、饰品上的表现也备受好评，特别是图案精美的丝巾很值得一买。

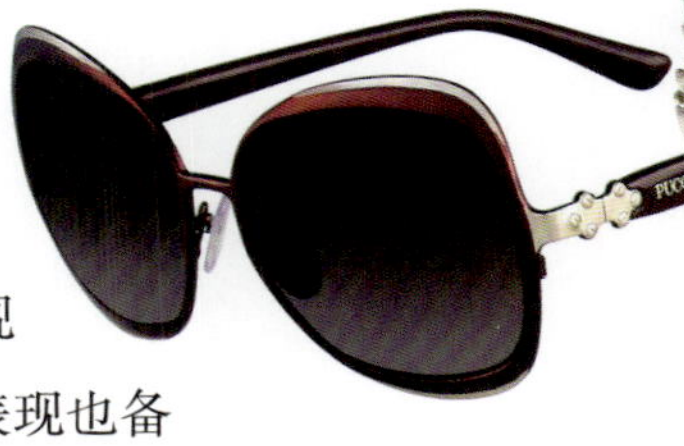

镇店潮款

印花连衣裙

参考价格：￥9 900

深蓝色手提包

参考价格：￥13 100

楔形高跟凉鞋

价格请店洽

玫瑰印花连衣裙

V 领处设有绳结，腰部系带，颇显宽松感，长度达于膝盖。

参考价格：￥15 900

无袖印花连衣裙

参考价格：￥10 700

斗篷式长款外套

这款外套以斗篷式设计辅以毛领，前后加入了黑色串珠和金属铆钉元素。

参考价格：￥40 000

搪瓷手拿包

参考价格：￥10 550

肩背包

参考价格：￥12 200

手拿包

参考价格：￥5 100

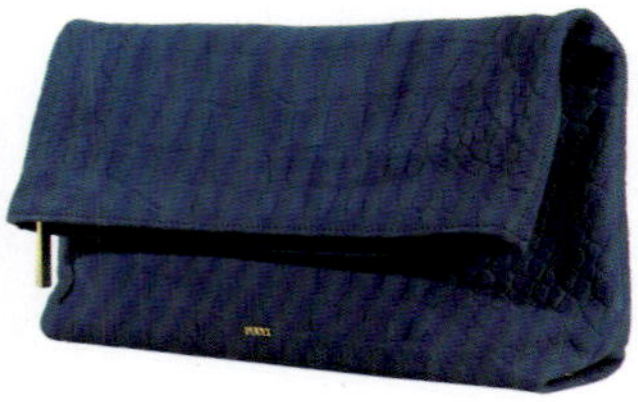

金属质感腰带

参考价格：￥3 400

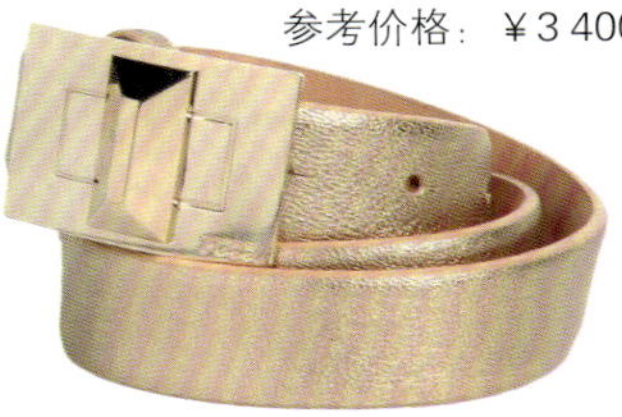

修身七分裤

轻易就能成为视觉焦点的红色七分裤，无论是搭配平底鞋还是高跟鞋都很合适。

参考价格：￥3 400

细跟长靴

长腿潮女一定抗拒不了这款细跟长靴的诱惑吧？

价格请店洽

买手必购榜

斗篷式上衣

100%羊毛材质，前襟 4 粒纽扣，款式简约大方，并加以皮革饰边。

参考价格：￥17 400

2013–2014 秋冬系列新款长靴

新款未定价

撞色手袋

价格请店洽

圆领印花连衣裙

袖子采用了 1/2 袖长，宽松式设计，可以搭配腰带穿。

参考价格：￥10 400

细跟凉鞋

价格请店洽

搭配建议：

编织帽

（参考价格：￥2 400）

流苏金属链腰带

（参考价格：￥3 800）

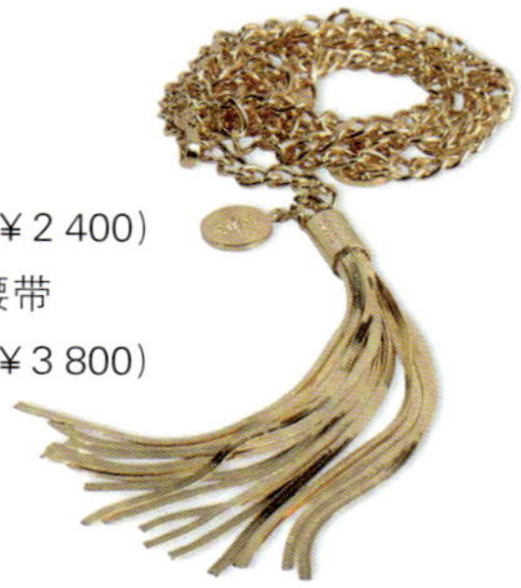

印花围巾

参考价格：￥3 250

长袖衫

棉加丝材质，质地轻柔，可以搭配短裤、长靴、流苏款包袋。

参考价格：￥6 700

2013 新款饰品
参考价格：手镯 ¥8 200
耳环 ¥4 400

2013 新款项链
价格请店洽

2013 新款项链
参考价格：¥4 750

蕾丝上衣
参考价格：¥10 490

2013 新款太阳镜
价格请店洽

长袖连衣裙
参考价格：¥11 600

搭配建议：
时尚细腰带（参考价格：¥2 650）
尖头凉鞋（参考价格：¥9 100）

2013 新款手镯
价格请店洽

军装帽
参考价格：¥2 450

修身连衣裙
参考价格：¥9 650

芭蕾平底鞋
参考价格：¥4 300

黑色天鹅绒连衣裙

上紧下松的八分袖设计结合精美的刺绣工艺，颇具摩洛哥风情。

参考价格：￥48 400

长款印花外套

V 领式设计，搭配金色纽扣。

参考价格：￥10 400

紧身裤

长度及于脚踝，可搭配短靴或者凉鞋。

参考价格：￥4 300

印花抹胸连衣裙

参考价格：￥15 770

单肩蕾丝连衣裙

参考价格：￥18 000

印花围巾

参考价格：￥2 800

流苏腰带

参考价格：￥2 700

高跟凉鞋

参考价格：￥9 100

2013 新款凉鞋

价格请店洽

真丝透视长裤

这款长裤被很多女明星收入囊中。

参考价格：￥8 700

阔腿长裤

参考价格：￥6 100

V 领印花上衣

参考价格：￥4 600

2013 新款手拿包

价格请店洽

方口印花连衣裙

参考价格　￥7 900

2013 新款耳环

价格请店洽

2013 新款手拿包

价格请店洽

肩背包

参考价格：¥14 400

2013 新款手拿包

价格请店洽

2013 新款肩背包

价格请店洽

肩背包

参考价格：¥11 500

2013 新款肩背包

价格请店洽

手拿包

参考价格：¥12 100

2013 新款手拿包

以精致的刺绣工艺，呈现了龙的形象。

价格请店洽

2013 新款肩背包

富于层次感的流苏装饰，十分精巧。

价格请店洽

肩背包

参考价格：¥7 700

印花围巾

璞琪的印花围巾以色彩丰富著称，这款围巾还饰以穗坠。

参考价格：￥5 700

印花围巾

参考价格：￥2 800

2013 新款围巾

价格请店洽

小牛皮手提包

参考价格：￥7 000

2013 新款肩背包

造型别致，以流苏穗装饰。

价格请店洽

编织手提包

参考价格：￥5 300

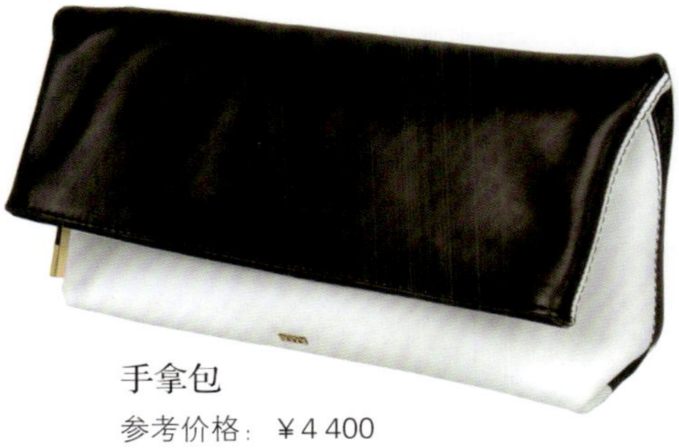

手拿包

参考价格：￥4 400

印花手拿包

参考价格：￥5 300

直通名店

上海	恒隆广场
香港	海港城·太古广场
首尔	新世界百货
新加坡	高岛屋百货

Italia Independent

独立意大利

绝对潮牌

独立意大利诞生于 2007 年的意大利，三位创始人中包括了菲亚特家族第三代传人拉普·埃尔肯。独立意大利的主打产品是眼镜，它是世界上首个使用金丝绒裹边镜框的时尚品牌，另外，荧光粉、亮黄以及彩蓝等悦目的色彩也是它经常会用到的元素。独立意大利曾为 Lady Gaga 制作眼镜，同时也还涉及服装、配件产品。

镇店潮款

I–V / 0090V 太阳镜

前部镜框以不同颜色、花纹的天鹅绒包覆，并搭配不同颜色的镜片。

参考价格：￥1 200

I–Sport 太阳镜

参考价格：￥1 000

I–Ace Metal / 0025 太阳镜

超薄金属框架与橡胶亚光清漆，给人以柔软的触摸效果

参考价格：￥1 200

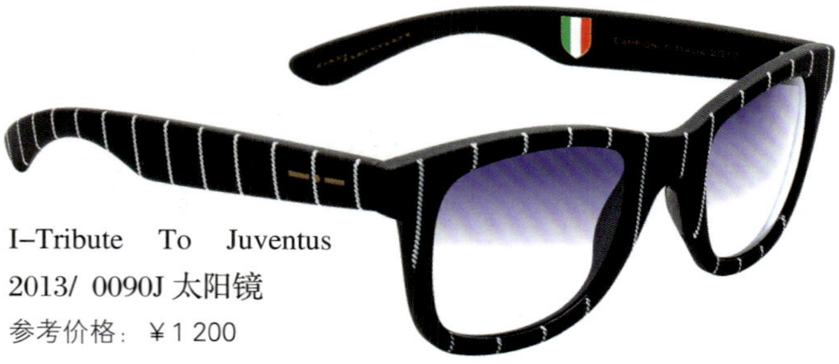

I–Tribute To Juventus 2013/ 0090J 太阳镜

参考价格：￥1 200

I–V Rock / 0096VR 太阳镜

前部镜框以多种不同颜色的天鹅绒包覆，并搭配镶嵌了不同颜色的小铆钉。

参考价格：￥1 300

I–V / 0094V 太阳镜

前部镜框以天鹅绒包覆，有多种颜色可选。

参考价格：￥1 200

I-Ace Metal/ 0021 太阳镜

超薄金属框架，镜片和镜框有多种不同颜色组合。

参考价格：¥1 200

I-Thermic/ 0096TPDP 太阳镜

随着环境温度的上升，超过 26℃时，镜框会显示斑驳的花纹。

参考价格：¥1 200

I-Thermic / 0096T 太阳镜

随着环境温度的上升，超过 26℃时，镜框会显示斑马纹。

参考价格：¥1 300

I-Light/ 0083 太阳镜

参考价格：¥1 200

I-Light/ 0085 太阳镜

参考价格：¥1 200

I-V/I-Teen / 0403V 太阳镜

参考价格：¥850

I-Light / 5593 眼镜

复古的圆形镜片，反而显得潮范儿十足。

参考价格：¥1 400

I-V / 0030V 太阳镜

前部镜框以多种不同颜色的天鹅绒包覆，并搭配不同颜色的镜片。

参考价格：¥1 200

I-Thin/I-V / 5570V 眼镜

前部镜框以不同颜色的天鹅绒包覆，别具一格。

参考价格：¥1 400

直通名店

独立意大利眼镜的第一家店面于 2007 年开设于法国圣特罗佩，目前，其零售店铺依然主要集中在意大利和法国，包括都灵、米兰等城市。另外，在梅西百货等全球多家百货公司以及品牌的官方网站都可以购买其货品。

I-Thin/ I-Teen / 0404 太阳镜

参考价格：¥850

Skullcandy
斯酷凯蒂

绝对潮牌

斯酷凯蒂成立于2003年，是美国本土以设计和生产耳机及其配件为主的时尚潮牌，其标志性的元素就是极具叛逆个性的骷髅头，顾客群主要是25岁以下的运动型潮人。结合骷髅设计元素，在斯酷凯蒂的各个系列中，备受潮人们追捧的款式还包括融合了NBA知名篮球队以及MLB知名棒球队经典元素的Mix Master系列，价位颇高。

Skullcandy™

镇店潮款

Mix Master–Yankees 耳机

除了标志性的骷髅头，这款耳机还带有洋基队的标志。

参考价格：￥2 150

Snoop Dogg Signature Skullcrusher 耳机

价格请店洽

Hesh2– Grim Weaper 耳机

死神形象的出现，让这款耳机显得酷劲十足。

价格请店洽

Aviator 耳机
参考价格：￥1 000

NBA Mix Master–Celtics 耳机

如果是 NBA 波士顿凯尔特人队的球迷，这款耳机应该正合其意。

参考价格：￥1 850

Hesh Mic’d 耳机
价格请店洽

2012 Cassette–Lurker Toxic Flyer 耳机
参考价格：￥500

Hesh2–Galactica Luca Skull 耳机

骷髅其实并不单纯代表着惊悚，它也寓意着勇气、无畏。

参考价格：￥600

Hesh2–Paul Frank Scholastic Juliu 耳机

可爱的大嘴猴形象，让这款耳机倍显童趣。

价格请店洽

Hesh Shattered Blue 耳机
价格请店洽

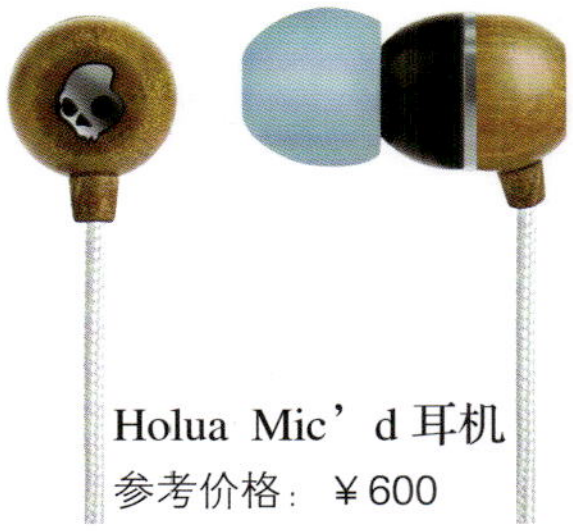

Holua Mic’d 耳机
参考价格：￥600

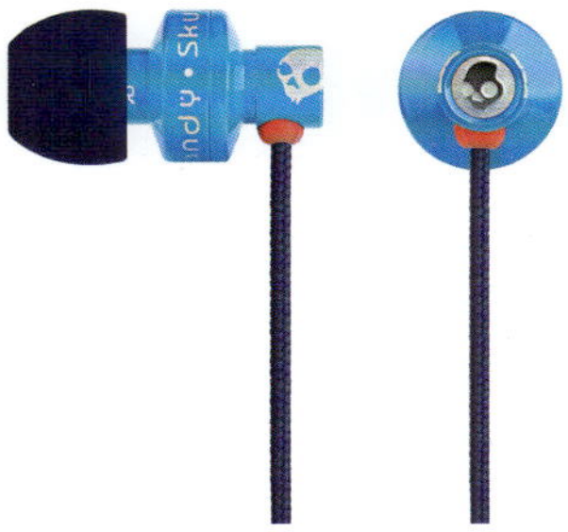

FMJ 耳机
参考价格：￥500

直通名店

斯酷凯蒂耳机可以在一些美国知名的电子、服饰以及户外运动商品的专业连锁零售商的店面中买到。

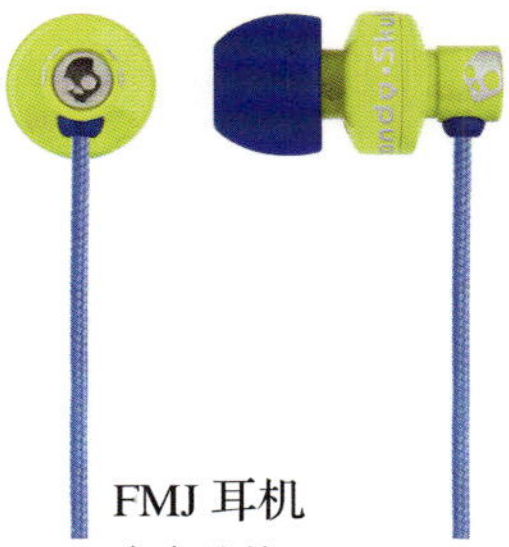

FMJ 耳机
参考价格：￥500

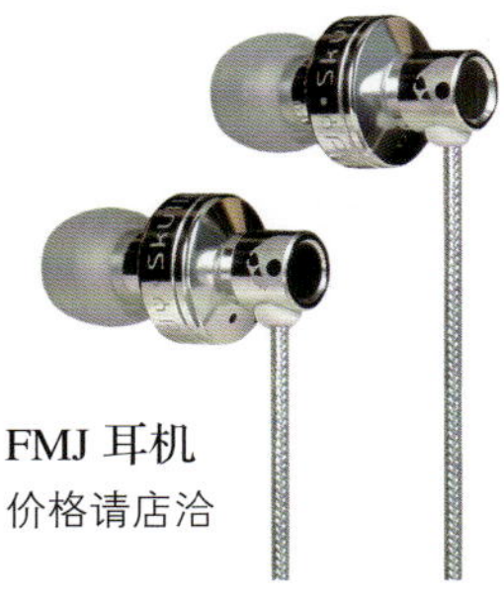

FMJ 耳机
价格请店洽

Carven
卡纷

绝对潮牌　　CARVEN

卡纷夫人于 1945 年在巴黎香榭丽舍大道创立自己的高级时装店，同年加入领衔世界时尚领域的法国时装协会。以华美的工艺和优雅的设计很快便在巴黎声誉鹊起，深受巴黎王公贵族、埃及皇室及好莱坞明星的青睐。

在设计上，卡纷吸取不同民族和地区的文化及不同门类艺术之精华，同时保持着极个性化、风格化的细节处理，将女性打扮得更加光彩照人。

白色和绿色是卡纷设计中常常运用的色彩，而且白、绿两色服装已成为不管体型比例如何都能展现其优雅与魅力的高尚品位的卡纷形象的代名词。

镇店潮款

羊毛抹胸连衣裙

独特的橙红色十分高雅，裙摆造型迷人可爱。

参考价格：￥5 500

拼色弹力连衣裙

这款来自卡纷品牌的连衣裙为明亮黄绿色，胸前设计更是别具新意。

参考价格：￥1 200

拼贴印花羊毛混纺 A 字半身裙

这款引人注目的 A 字半身裙饰有照片印花和矿石图案，营造出抢眼的对比效果。

参考价格：￥4 600

印花镂空长袖衬衫

栩栩如生的非洲草原动物图案，为这件衬衫增添活泼的生命力。

参考价格：￥4 150

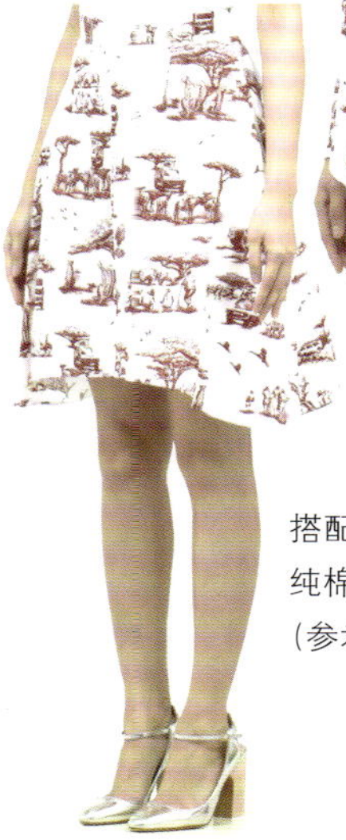

搭配建议：

纯棉非洲印花半身裙

（参考价格：￥3 690）

褶裥半身裙

独特的色调与趣味的剪裁，充满潮流元素。

参考价格：￥2 600

印花无袖连衣裙

参考价格：￥5 500

露肩塔夫绸连衣裙

考究的剪裁，加上天蓝色调，赏心悦目中略带小性感。不妨搭配荧光高跟鞋和涂层手拿包，打造春天般清新可人的派对装束。

参考价格：¥6 500

Doctor 手提包

参考价格：¥2 400

印花棉府绸连衣裙

这款印花连衣裙灵感源于歌剧院壁画的图案。采用挺括的棉府绸制成，是温暖季节的清新之选。

参考价格：¥4 500

水彩印花纯棉打底裤

参考价格：¥2 600

针织连衣裙

采用高弹力棉质混纺面料密集针织而成，其上紧下宽的设计能够让曲线更加突出，同时遮掩不完美的部位。

参考价格：¥3 900

圈圈花呢外套

这款圈圈花呢外套长度刚好在臀部上方，肩部呈现恰到好处的挺括感。

参考价格：¥7 300

搭配建议：

圈圈花呢迷你裙

（参考价格：¥3 500）

斜纹棉迷你连衣裙

这款迷你连衣裙将淡紫色弹力华达呢、彩色花呢和浅橙色斜纹棉面料结合在一起，以极为时尚的方式融合了不同颜色和材质。双向拉链可根据造型需求进行调节。

参考价格：￥5 200

纯棉装饰假领

精美的蜜桃色底面增添一抹出人意料的亮色，可外搭针织毛衣或直筒连衣裙。

参考价格：￥1 300

直通名店

北京	新光天地
上海	太平洋百货·久光百货·港汇广场
重庆	天街购物广场·远东百货
南京	金鹰国际购物中心

海军花边高跟鞋

独特的色调与趣味的剪裁，充满潮流元素。环带设计突显脚踝纤细线条，花纹设计更是独特，难得一见。

参考价格：￥4 000

T 型带厚底凉鞋

这款凉鞋设有 T 型细带和封闭式鞋跟托，踝部采用环扣收紧，夸张的厚底和鞋跟饰有绒面革包边。

参考价格：￥3 800

巴黎风情印花厚底凉鞋

皮质鞋底，踝带十字交叉于鞋跟处，在一侧采用带扣收紧。

参考价格：￥3 600

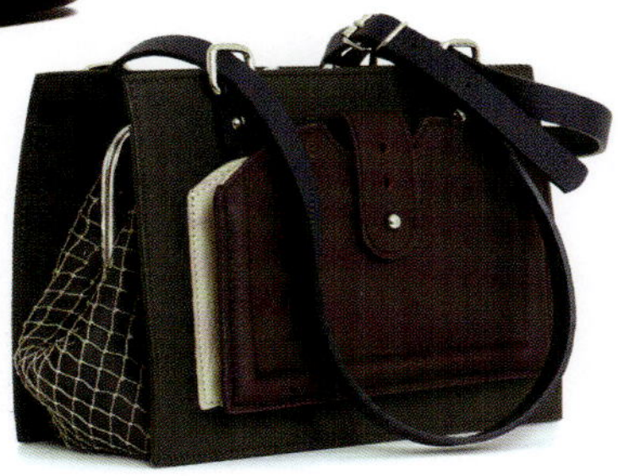

Mat Granulated Leather 包

参考价格：￥2 700

蝴蝶包

参考价格：￥2 100

镂空蝴蝶包

参考价格：￥4 300

印花皮革露跟女鞋

参考价格：￥2 500

Stylenanda

绝对潮牌

STYLENANDA

Stylenanda 是韩国一线网络服装品牌，该品牌的女装在本土受到热烈追捧。品牌名 Stylenanda 含义为有型，Stylenanda 是以时尚个性的服装设计为主，致力于展现现代人独特个性的品牌。年轻的型男型女是 Stylenanda 的主要客户，品牌以精致的细节设计、贵族气息的服装风格在韩国及中日闻名热销。设计风格多样的 Stylenanda 一直拥有非常亲民的价格，适合各场合多种人群的需求，更是年轻人张扬个性的最佳选择。

镇店潮款

印花设计宽松 T 恤

很有魅力的印花 T 恤，时尚的款型会让潮女们为之着迷。

参考价格：¥900

无袖印花连衣裙

有橙红色和蓝色两色可选。

参考价格：¥1 400

格纹 T 恤

清新、独特的格纹 T 恤，穿上绝对让人过目不忘。

参考价格：¥1 160

彩色环带高跟凉鞋

蓝色和橙色相搭配更能显示肤色的白皙，爱美的女生千万不要错过。

参考价格：¥2 800

花纹高跟凉鞋

不规则印染花色，华丽高贵。

参考价格：￥2 400

人造毛棉质外套

蝙蝠袖设计，有黑色和卡其色两色可选，建议干洗。

参考价格：￥10 030

狐狸毛中长款外套

独特的蓝色十分惹眼，搭配简单的纯色打底衫和打底裤，再配一双短靴，即可尽显名媛风范。

参考价格：￥37 000

黑色系带平底凉鞋

设计风格另类怪诞，潮味十足。

参考价格：￥2 900

牛皮透明跟高跟鞋

参考价格：￥2 900

翅膀设计连衣裙

连衣裙的袖子好像翅膀一样，很自然地垂落下来，给人希腊女神一样的仙范感觉。

参考价格：￥1 000

直通名店

目前，Stylenanda 只在韩国设有专门店。

首尔 西桥洞·天营广场·三山洞

拉链外套

采用带有淡淡光泽感的面料，颇具复古气息。有多种颜色可选，装扮出每天都不一样的你。

参考价格：￥5 000

棒球帽

红、蓝两色可选，纯棉面料，碎花图案。

参考价格：￥5 000

Christopher Kane
克里斯托弗·凯恩

绝对潮牌

伦敦中央圣马丁艺术与设计学院毕业生克里斯托弗·凯恩在2006年发布了他的首个时装系列，就以一系列荧光绑带裙震撼伦敦时装周，他也自此吸引了一批批时尚圈拥戴者。风格迥异的质感碰撞和想象力丰富的花朵图案，全都是他的设计特色。

镇店潮款

双色天鹅绒连衣裙

这款连衣裙裁自中等重量天鹅绒面料，可完美保持板型。不妨将秀发梳成优雅的高髻，以凸显精致的衣领。

参考价格：￥17 000

刺绣皮质背包

这款真丝花卉刺绣皮质背包酷炫十足，引领背包重返时尚前沿。极具质感的超大拉链头尤其惹人喜爱。

参考价格：￥19 000

磨边牛仔布夹克

采用磨边和褪色黑色水洗效果重新演绎经典的牛仔布夹克。建议搭配针织T恤和牛仔裤，打造酷炫十足的造型。

参考价格：￥4 200

动物纹山羊毛机车夹克

这款机车夹克采用山羊毛和极其柔软的皮革拼接而成，无论打造休闲装扮还是聚会造型，都能轻松应对。

参考价格：￥44 000

刺绣天鹅绒便鞋

参考价格：￥6 030

花卉印花弹力超短连衣裙

参考价格：￥3 700

花卉印花莫代尔羊绒混纺围巾

浅金色、紫色和亮蓝色的搭配组合，为这条花卉印花围巾增添了几分前卫气息。可用这款围巾搭配周末装扮。

参考价格：￥3 740

直通名店

目前，克里斯托弗·凯恩在中国开设的专门店并不多，仅在北京、上海和香港有专门店。

北京 国贸商城

上海 恒隆广场

香港 海港城·铜锣湾

Guess
盖尔斯

绝对潮牌

盖尔斯是一个沾染了美国西部风味、欧洲浪漫热情及法国时款设计的品牌。好奇、热情和自由的精神是盖尔斯的主张，它一向被视为是时尚奢侈品牌中定位较为年轻的品牌。由于最初盖尔斯以牛仔服装出发，因此设计的基调一直有美国西部的风味，在质感的呈现上，则是舒适、自然、冒险的粗犷感。而后受到流行元素的影响，盖尔斯也逐渐有一些贴身性感、简约、都市感的设计出现。

牛仔服一直是是盖尔斯重视的产品，盖尔斯著名的品牌标识是一个倒三角布标，常见于牛仔裤的后口袋。盖尔斯牛仔裤腰位较低臀部十分贴身，其款式以经典美国造型为基础，在保持西部风味基调的同时，加入了流行新概念、时尚的裁剪和独家水洗过程。盖尔斯服饰色彩变幻多端，细节精致，质感舒适、自然。纵观盖尔斯服饰产品，其风格既有粗犷的一面，也受流行元素影响，不时出现贴身迷人、颇具都市风情的设计。另外，它的银饰品也非常特殊，小巧的银质饰品可以搭配任何类型的服装，强调着年轻迷人又大胆创新的个人特色。

格子花纹手提包

精致的格子内是时尚感强烈的花纹，前面板上为品牌标志。长 25 厘米，宽 15 厘米，高 27 厘米。

参考价格：￥1 300

新艺术浮雕双时区腕表

复古风浓厚的表款，更有野性的色彩，融合了复古的美感与水钻的璀璨光泽。石英机芯，不锈钢表壳，45 毫米表径，日常防水。

参考价格：￥2 100

GUESS

镇店潮款

罗马风牛皮流苏高帮凉鞋

采用二层牛皮。带双针扣的绕踝与中帮设计，既能保护脚踝，又充满摩登气息。鞋面的流苏随行走间摇曳，充满动态美感，复古洒脱。

参考价格：￥1 600

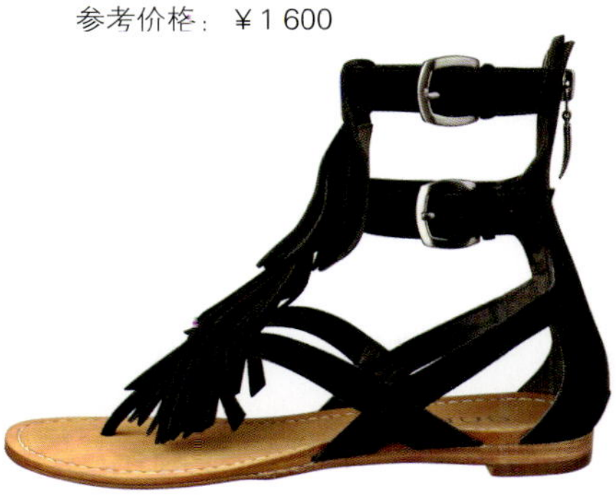

印花桑蚕丝吊带裙

面料 100%桑蚕丝，里料 100%聚酯纤维。如花形的飘逸裙摆将潮范儿诠释得淋漓尽致，动物纹印花和条纹让野性与优雅并存。性感 V 领与吊带的设计，展现轻熟女着装风范。

参考价格：￥2 090

白色高跟皮凉鞋

参考价格：￥800

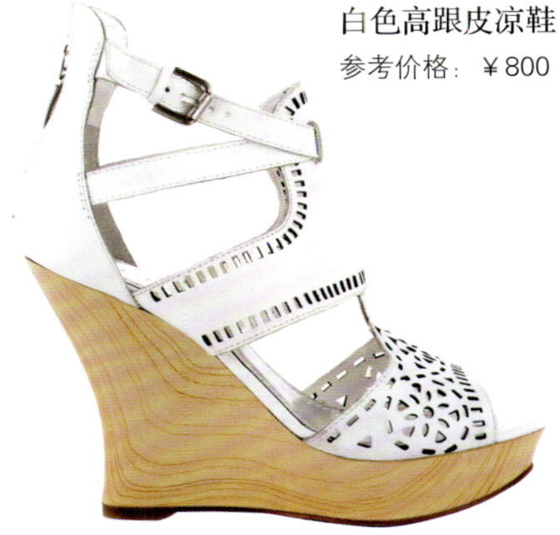

连体牛仔连衣裙

采用 100% Lyocell 纤维，配人造革腰带。露肩的设计展示了女性的小性感。工作和休闲场合穿着都很适合。

参考价格：￥1 000

亮片牛仔热裤

采用刺绣亮片工艺，为热裤增添了俏皮感。

参考价格：￥600

铆钉流苏单肩手提包

包身材质较软，便携性好。长 41 厘米，宽 9 厘米，高 22.5 厘米，肩带高 35.5 厘米。朋克风十足，适合休闲逛街时使用。

参考价格：￥1 200

Verdugo Large Box Satchel Gun 斜跨手提包

包身为合成革。顶部拉链设计。长 34 厘米，宽 14 厘米，高 33 厘米，背带长 47 厘米，提手垂直长 18 厘米。适合休闲场合使用。

参考价格：￥900

战地风云三眼计时腕表

玳瑁表框，表盘具有特殊质感纹路。不锈钢表带。表径为强化耐磨玻璃。具有 3 点钟方向日期窗、6 点钟方向秒计时、9 点钟方向分计时、12 点钟方向 1/10 秒计时功能。防水深度 100 米。

参考价格：￥2 200

Mikelle 迷你手拿包

采用拼色设计，合成革材质。磁性搭扣封口，腕带可拆卸。长 27 厘米，高 10 厘米，宽 3 厘米，背带长 36 厘米。

参考价格：￥800

买手必购榜

Tasha Belted 短裙

聚酯面料，腰部带松紧，配宽腰带。

价格请店洽

Geo Texture Maxi 连衣裙

露肩款式，前部开衩设计。

参考价格：￥1 050

Marissa Color Block 上衣

上半部为聚酯面料，下半部为粘胶面料。

参考价格：￥750

豹纹野性风格外套

采用人造毛皮面料，豹纹装饰，带有侧缝的口袋。

价格请店洽

黑色喇叭牛仔裤

采用做旧效果设计。宽腿的设计让穿着更显飘逸。喇叭裤的板型，搭配高跟鞋是最佳选择。

参考价格：￥1 000

多彩细带高跟凉鞋

真皮衬里，鞋跟高 11 厘米。

参考价格：￥1 100

Gladis Small Carryall Black 女单肩包

包身为合成革。顶部拉链设计，长 27 厘米，宽 10 厘米，高 23 厘米，适合购物时使用。

参考价格：￥1 100

白色标志软绸围巾

价格请店洽

Westen Zeppa 豹纹楔形凉鞋

楔形鞋跟高 13 厘米，防水台高 3.5 厘米。

参考价格：￥1 150

Durado Satchel 单肩包

合成皮革材质，顶部拉链封口。包内后部带有拉链口袋和多功能口袋。收纳性强，适合上班时使用。

参考价格：￥1 200

花卉图案方框女士太阳镜

紫色镜片，塑料框架，薰衣草图案边框。

参考价格：￥1 600

直通名店

盖尔斯于世界各地 70 多个国家均有销售点，盖尔斯的专门店多于 100 间，销售柜台多于 1000 个。

北京 世贸天阶·蓝色港湾·大悦城·汉光百货·君太百货·东方广场·双安商场

上海 置地广场·恒隆广场·正太广场·汇金百货·东方商厦

香港 东荟城·又一城

Mawi 莫伊

MAWI

绝对潮牌

莫伊珠宝一直是好莱坞造型师的宠儿，首次亮相是在 2003 年的伦敦时装周，并连续三年夺得了英国时装协会的 New Generation 大奖。它以重金属质感和硬朗的风格著称，十分善于利用各种颜色鲜艳的水晶，并且结合刚硬的尖角和管状、骷髅头元素以及优雅的流苏点缀来博人眼球，很多款式是男女皆宜的，而且比较适合喜欢混搭风的潮人。或者你会发现，这个品牌的作品中带有一点民族风情，这其实不难理解，因为该品牌的创立人兼设计师莫伊出生并且成长于印度。

镇店潮款

Neo Panther 系列项链

镀玫瑰金材质，带有尖刺和珐琅彩绘的豹头造型充满野性的味道。

参考价格：￥5 800

Punk Rajah 系列戒指

参考价格：￥2 050

Punk Rajah 系列项链

参考价格：￥5 400

Neo Panther 系列戒指

参考价格：￥2 000

Punk Rajah 系列手镯

参考价格：￥4 200

Pretty Tough 系列手镯

腕表式外形，以水晶元素点缀，骷髅头形象的加入极富个性。

参考价格：￥4 200

Neon Rocks 系列手链

参考价格：￥3 500

Neon Rocks 系列小号戒指

参考价格：￥1 800

Princess 系列项链

镀玫瑰金项链采用双圈式设计，外圈的每颗粉坠上都点缀着三颗水晶。

参考价格：￥4 200

Neo Panther 系列项链

参考价格：￥3 000

Neo Panther 系列戒指

独特的双管造型，豹身以水晶装饰。

参考价格：￥2 300

Princess 系列耳环

参考价格：￥2 700

Punk Nouveau 系列项链

参考价格：￥5 000

Punk Nouveau 系列项链

镀金材质，花朵和叶片中点缀着两颗小骷髅头。

参考价格：￥4 000

Pretty In Punk 系列项链
参考价格：￥5 550

Punk Nouveau 系列戒指

在黑色的缟玛瑙宝石上，点缀了叶片和小骷髅头装饰。

参考价格：￥1 900

Punk Nouveau 系列手镯

采用独特的象牙状外形，并有两个小骷髅头装饰。

参考价格：￥4 400

买手必购榜

Neon Rocks 系列戒指

鲜亮的红色花朵造型，中央镶有紫色施华洛世奇水晶元素。

参考价格：￥2 400

Pretty In Punk 系列戒指
参考价格：￥2 400

Dynasty 系列项链
参考价格：￥5 400

Pretty In Punk 系列戒指
参考价格：￥2 700

Hyper Luxe 系列项链

中心是一个巨大的八边形，搭配不同颜色的水晶。

参考价格：￥11 200

Neo Pagan 系列项链

参考价格：￥9 300

Pretty In Punk 系列耳环

镀铑材质的华丽叶片，搭配多色施华洛世奇水晶元素。

参考价格：￥2 700

Punk Rajah 系列手镯

镀玫瑰金材质，以尖刺和水晶装饰。

参考价格：￥3 150

Summer Offer 系列耳环

镀玫瑰金材质，流苏设计大大增加了柔美的视觉效果。

参考价格：￥1 800

Princess 系列项链

参考价格：￥4 950

Pyramid 系列手镯

参考价格：￥3 700

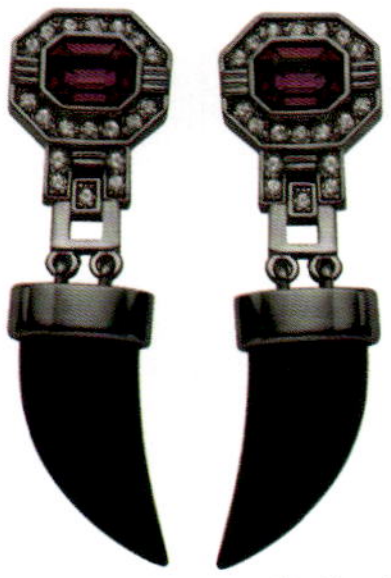

Punk Nouveau 系列耳环

参考价格：￥1 800

Pretty Tough 系列项链

暗喻着危险的刀片形吊坠，绝对契合了一众个性潮人的品位。

参考价格：￥1 800

Pretty In Punk 系列项链

参考价格：￥3 500

Classics 系列手镯

参考价格：￥3 500

Pretty In Punk 系列项链

参考价格：￥2 000

Pyramid 系列耳环

参考价格：￥3 000

Neon Rocks 系列耳环

参考价格：￥1 800

Pyramid 系列手镯

参考价格：￥3 200

Pyramid 系列耳环

参考价格：￥3 700

Classics 系列戒指

造型显眼，顶部镶嵌了大颗超大号粉红水晶。

参考价格：￥2 000

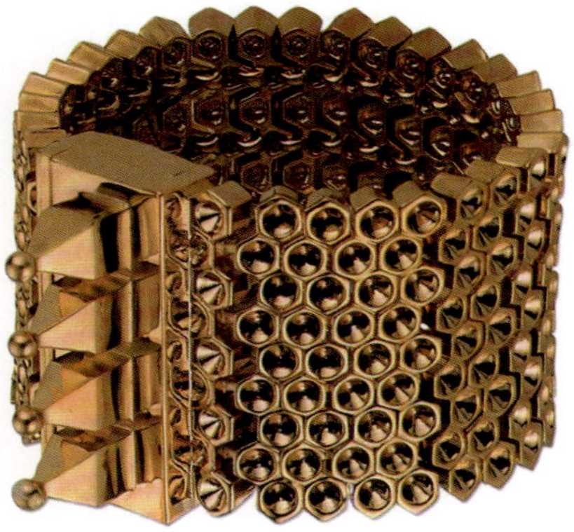

Pyramid 系列手镯

镀玫瑰金材质，图案造型呈蜂窝状排列。

参考价格：￥3 900

直通名店

莫伊店面最多的城市是伦敦和巴黎，它还在 70 个国家和地区开设了约 120 家分店，在中国上海以及香港也能买到。莫伊的产品也在网站进行在线销售。

上海 新天地Alter精品店

香港 国际金融中心连卡佛·新世界大厦Joyce精品店

伦敦 Harvey Nichols百货·Selfridges百货·Harrods百货·Calvert街旗舰店·Fortnum & Mason百货

HAIDER ACKERMANN

绝对潮牌

海德·艾克曼最大的特点是具有很强的结构感，层次明朗，线条鲜明，喜欢在束紧与宽松之间形成搭配，带有一种新哥特式风格。所以，能够成功驾驭它的人，所传递出来的效果大体上是成熟中带有些许冷峻甚至神秘感，审美态度独立，气场强大。而在近期，海德·艾克曼几乎摒弃了其一贯擅长的对于多种色彩的把握，取而代之的是以各种图形、几何形印花和更为严格的色彩搭配——几乎只青睐黑色、白色和蓝色。

Haider Ackermann 海德·艾克曼

镇店潮款

拼色西装马甲

别具一格的加大设计，条纹领口令人眼前一亮。

参考价格：￥6 800

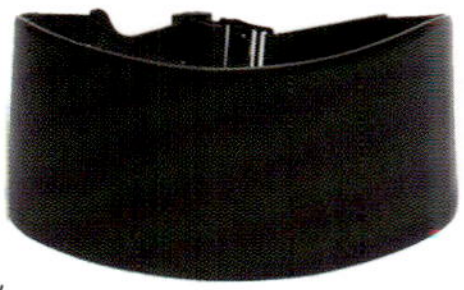

搭配建议：

宽腰带（参考价格：￥6 300）

竖纹直脚裤

黑白混色，百搭易穿的竖纹设计，隐藏式纽扣以及拉链。

参考价格：￥6 100

短款西装外套

黑色真丝材质，背部为中空垂褶设计。

参考价格：￥21 900

真丝波点衬衫

经典摩登的波点图案，无论何时总能轻易成为视觉的焦点。

参考价格：￥11 400

和服式宽腰带

价格请店洽

黑色编织尖头靴

独特的编织效果细节，细细的鞋跟。

参考价格：￥11 800

印花曳地连衣裙

深蓝色印花设计，侧面附拉链，百褶款式，裙摆后幅较长。

参考价格：￥75 300

编制装饰手套

水牛皮革材质

参考价格：￥8 400

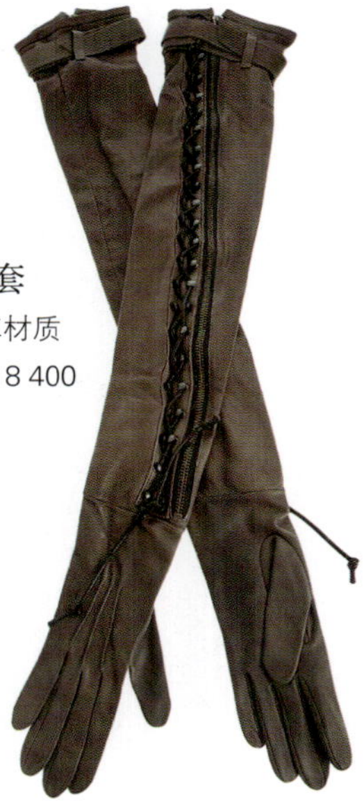

直通名店

海德·艾克曼品牌在比利时安特卫普和法国巴黎等地设有旗舰店，在 Barneys New York 等一些国际知名精品店中也有销售。

Nanette Lepore 公主娜娜

nanette lepore

绝对潮牌

美国设计师品牌公主娜娜的设计理念是大胆的并且个性化的，通常以设计师的自我感觉为设计灵感，是集冒险、色彩斑斓和吉卜赛风格为一体的，风格高贵柔美，剪裁精致，在大方中透露着一种甜美之气。

它的定位属于第二线的中高价位，其鲜明女性风格的设计与精致的细部装饰堪称现今时尚潮流中能以自身特色突显品牌理念的代表之一，不仅时尚感强，而且易于搭配。其设计受到众多名人的疯狂爱戴，例如著名歌手杰西卡·辛普森，影星德鲁·巴里摩尔、乌玛·瑟曼、希拉里·达夫等都喜欢公主娜娜的风格。在许多国外热门电视剧集如《30姑娘一朵花》、《金发尤物2》，还有最具时尚气息的剧集《欲望都市》中也都频繁出现公主娜娜的单品。它的高级定制时装甚至已经进入美国总统的衣橱之中。

镇店潮款

Multicolor Candle Light 丝绸连衣裙

丝绸面料，V 领，七分宽袖设计，腰部设计很好地突出了腰部曲线。

参考价格：￥2 450

Seduction 手提包

顶部以双拉链封口，配双手柄及可拆卸肩带，可手提也可斜挎，纯皮包身极显高端档次。

参考价格：￥2 400

丝绸连衣裙

醋酸丝面料，露肩紧身设计风格。

参考价格：￥2 100

印花七分袖连衣裙

参考价格：￥2 100

Blue Dorian 丝绸连衣裙

亮片装饰的设计提升了连衣裙的时尚感。

参考价格：￥3 600

无袖荷叶边上衣

分体式 U 形领口，以无袖细肩装饰，皮质的质地使整件上衣充满前卫感。

参考价格：￥2 400

腰果花丝绸连衣裙

连衣裙的设计具有公主娜娜品牌标志性的俏皮风格，显得轻盈活泼。V 领和隐形正面拉链饰有对比色绲边，弹性褶皱略微勾勒出腰身，具有吉卜赛风格。

参考价格：￥3 700

棕色编织手提包

参考价格：￥2 400

Club Mix 连衣裙

斜纹织物连衣裙的浅色底色与亮色树叶图案形成鲜明对比效果，设有束腰和生动喇叭形裙身。抵肩采用透明硬纱设计，纽扣钥匙孔式在颈后展现小块肤色。适合年轻女士穿着。

参考价格：￥2 700

Tatsuyama 吊带连衣裙

参考价格：￥1 300

皱褶皮革连衣裙

采用柔软浅色皮革设计，为这种柔美款式带来迷人感。柔韧的胶条赋予紧身胸衣结构感，背面采用明拉链收紧。配有可拆卸饰带。

参考价格：￥4 400

搭配建议：

Addicted to You 厚底凉鞋

（参考价格：￥2 200）

艾玛太阳镜

设计师纳内特·莱波雷以美国名模艾玛·罗伯茨为设计灵感，以她简洁、青春的美式个人风格为基础，设计出这款复古猫眼太阳镜。这款眼镜属限量款。

参考价格：￥1 000

买手必购榜

Bogatell 连衣裙

亚麻面料，欢快的条纹给这款喇叭形连衣裙带来热带风情。挂脖领口饰有撞色镶边，前面采用双头明拉链收紧。适合度假休闲场合穿着。

参考价格：￥2 450

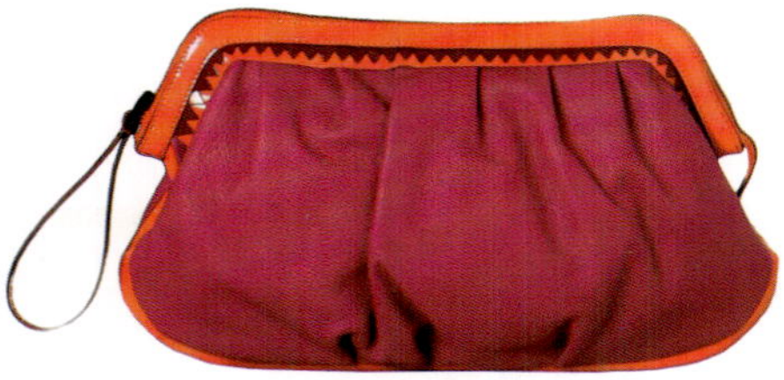

Fantasmic 手拿包

色彩靓丽，会成为服饰搭配上的亮点。适合出席宴会时使用。

参考价格：￥1 700

Digital 半身裙

这款褶皱印花真丝透明硬纱半身裙饰有树叶和小鸟图案，纯色腰身饰有精美荷叶边，上身效果轻松俏皮。

参考价格：￥1 700

Absolute Wonder 坡跟凉鞋

天然皮革和金属色皮革为这款低坡跟凉鞋带来迷人气息。

参考价格：￥1 900

搭配建议：

黑白撞色高跟凉鞋

（参考价格：￥1 900）

La Boqueria 上衣

具有浓厚的波希米亚风格，亮色花卉刺绣为上衣增加了时尚色彩。分叉 V 领饰有抽褶松紧拼片和撞色饰边，衬衣下摆在两侧呈弧形。

参考价格：￥1 700

Celebration 连衣裙

对比色衬里凸显连衣裙的花卉花边的线条，为其经典浪漫风格增添时尚元素。沿着接缝饰有缎带，背部采用隐形拉链收紧，非常适合职场人士穿着。

参考价格：￥2 500

黑白拼色牛皮 Peek A Boo 手提包

意大利黑白蟒蛇纹牛皮包面，银色金属件。蟒蛇纹印花以及包身上和手柄的镂空细节，充满异域风情，容量大，实用性很强。

参考价格：￥4 300

Taverna 条纹牛仔裤

采用清新醒目条纹设计元素，剪裁得线条分明，属于经典款式，有拉长腿部线条的效果。

参考价格：￥1 700

Chi Chi 凉鞋

凉鞋采用激光切割皮革和 PVC 材料混合设计，彩色配饰为其带来俏皮的外观。带轻柔内饰的鞋床穿着舒适，层叠鞋侧壁凸显立体感。适合休闲场合穿着。

参考价格：￥2 000

绉绸蕾丝连衣裙

同色绉绸条纹为连衣裙增加了精美的图形元素，采用汤匙领和小肩袖设计。隐形后拉链，适合职场日常穿着。

参考价格：￥2 400

搭配建议：
质感编织红色凉鞋
（参考价格：￥4 300）

Club Queen 夹克

一款兼备时尚与迷人气质的单品。采用针织圆孔和府绸混合设计，令人眼前一亮，正面和袖子饰有纯色镶片条纹，下摆和袖口饰有聚拢的包布松紧带。立领，拉链开襟设计，面料轻薄。整体效果硬朗干练。

参考价格：￥3 000

拼皮小手提包

双肩带设计，暗扣式潮包，容量很大，适合外出逛街时使用。

参考价格：￥2 500

搭配建议：
Cachucha 上衣
（参考价格：￥1 900）

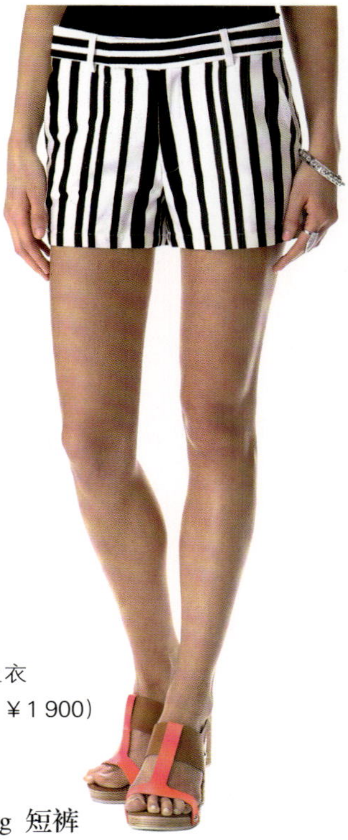

Striking 短裤

清新条纹为这款修身四口袋短裤带来了时尚图形元素。

参考价格：￥1 200

Ferris Wheel 挎包

真皮包身，适合出席宴会、公务场合使用。

参考价格：￥1 900

绿色马鞍形手提包

绒面包面，斜挎肩带可拆卸，长 25 厘米，宽 7 厘米，高 28 厘米。

价格请店洽

Grand Entry 上衣

这款混合面料上衣采用花朵图案蕾丝和平针织面料设计，衬里上的纹理非常协调。后幅和袖子饰有细长条纹，下摆褶皱呈喇叭形，女人味十足。

参考价格：￥1 400

Lucky Number 团花连衣裙

聚酯面料，丰富的色彩以及花边装饰为裙子带来奢华时尚的质感。适合晚宴等社交场合穿着。

价格请店洽

富贵黄印花连衣裙

人造丝面料，立领，七分袖。

参考价格：￥2 450

编织纹理手拿包

编织纹理的设计提升了手拿包的档次，在晚宴上手拿此包会让你成为当仁不让的宴会女王。

参考价格：￥2 200

镂空豹纹丝绸上衣

参考价格：￥1 500

动物纹印花九分裤

动物纹的印花图案让裤子充满了时尚感。适合休闲度假场合穿着。

参考价格：￥1 850

Mai Tai 凉鞋

粗跟，采用柔软皮革和彩色配饰设计，为外观营造出复古的休闲效果。

参考价格：￥2 500

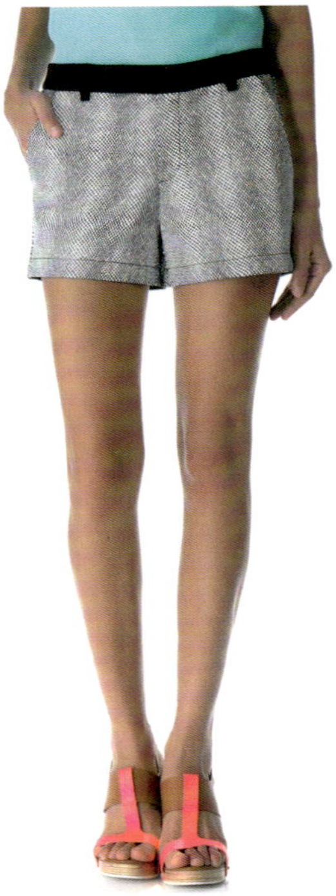

Sound 珐琅皮革短裤

短裤正面饰有翻盖外罩，凸显微微充盈感，后部有翻盖袋。扣袢收紧腰身，具有修身效果。

参考价格：￥3 100

Trophy 贴布上衣

这件汤匙领乔其纱上衣在正面采用对比色花边贴布，隐形后拉链，袖孔处采用毛边设计。

参考价格：￥1 400

修身太阳条纹裙

深色条纹带来清新航海风。合身衣身与褶皱腰身以及结构感裙身相衔接，后背采用隐形拉链收紧，修身感十足。

参考价格 ¥1 850

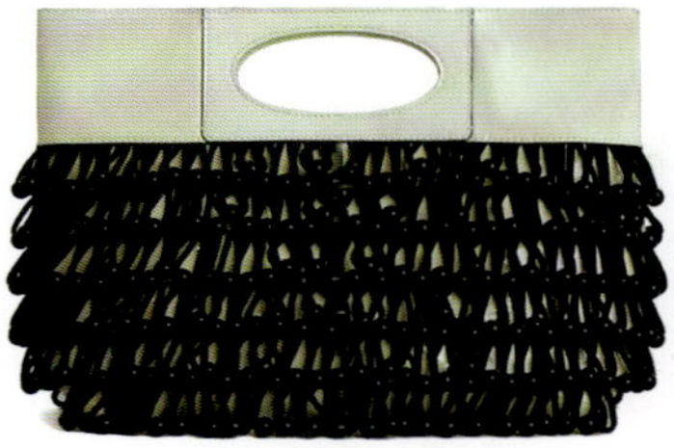

Carousel 手拿包

磁性按扣，并以串珠点缀，动感十足，而复杂的工艺也彰显了手拿包的档次。纯皮的纹理细腻优雅，适合气场强大的派对女王使用。

参考价格：¥2 000

90210 连衣裙

两侧饰有隐形缝骨口袋。后背采用隐形拉链精美封扣。明亮色调和迷人款型增添了这款连衣裙的休闲感。色调饰带十字交叉于高腰位置，让你的身材更显性感。

参考价格：¥1 850

Appaloosa 连衣裙

这款蕾丝连衣裙的夸张对比色衬里衬出丰富的几何图案。下垂感好，不对称下摆也让设计更显飘逸灵动。

参考价格：¥2 800

黑色性感连衣裙

包含透视元素，在不经意间流露小性感，腰部收腰设计。

参考价格：¥2 200

Pinkette Button 手提包

包身光滑而质感十足，容量大，足够日常使用。包身的刺绣图案充满个性，潮女应该人手一只。

参考价格：¥2 200

立体几何图案拼接连衣裙

采用修身剪裁，适合度假出游时穿着。

参考价格：￥2 300

白色纹理挂脖连衣裙

薄纱面料，拱形下摆。

参考价格：￥2 500

Fun House Mix-Print 连衣裙

采用丝绸面料，几何图形和蛇纹印花图案，修身款设计。

参考价格：￥2 600

棕色蛇纹挎包

参考价格：￥2 000

金属色皮革印花手拿包

适合出席晚宴时手拿，方便与晚装搭配，能够提升人的整体气质。

参考价格：￥2 100

Merry Go Round 透视装上衣

精美网眼织物和蕾丝为上衣带来永恒格调和浪漫气息。饰有扇贝形睫毛状边缘，后背采用明拉链收紧。

参考价格：￥1 500

Kiss Me 卡普里风七分裤

这款直腿花卉图案七分裤有嵌线前袋和后袋。适合休闲场合穿着。

参考价格：￥1 900

黑色无袖镶边连衣裙
参考价格：￥2 000

豹纹真皮单肩包
参考价格：￥3 000

褶皱格子短裤
短裤以扣袢收紧腰身，配隐形后拉链。
参考价格：￥1 200

豹纹芭蕾平底鞋
马皮鞋面，豹纹印花，圆头，皮革鞋底。
参考价格：￥1 100

Parade 羊皮麂皮绒拼接夹克
参考价格：￥5 300

红黑拼色时尚挎包
意大利牛皮包面，包顶部以拉链闭合。
价格请店洽

Pop Sequined 连衣裙
丝绸面料，用珠片和钉珠点缀。
参考价格：￥3 250

White Elysian 兔毛针织夹克

参考价格：￥4 600

Fire Eater Bright 毛衫

螺纹针织款式，时尚大方。

参考价格：￥2 100

简约风绿色单肩包

长 36 厘米，宽 15 厘米，高 25 厘米，工作及休闲场合使用都很适合。

参考价格：￥3 200

Magic Moment Colorblock 时尚风衣

黑色花边的点缀为风衣增添了干净洒脱之美，适合日常工作时穿着。

参考价格：￥2 500

Green Secret Sleuth 夹克

参考价格：￥4 200

Black Ambrose 外套

仿羔皮呢面料，A 字线剪裁。

参考价格：￥3 900

Black Ex-Lover Sequin 夹克

具有强烈的摇滚风格，适合社交聚会时穿着。

参考价格：¥2 900

TiltAWhirl 手拿包

全皮革包面，款式大方典雅，能够增强气场，适合社交晚宴等正式场合使用。

参考价格：¥1 600

棕色兔皮拼接手提包

兔皮、兔毛面料，长 25 厘米，宽 19 厘米，高 27 厘米。

参考价格：¥3 600

米色亚麻手提包

亚麻包面，以串珠作为包面点缀，并用皮革饰边。

参考价格：¥2 600

蓝色皮质单肩包

长 28 厘米，宽 6 厘米，高 23 厘米。

参考价格：¥2 400

灰色混合皮斜挎包

带流苏装饰，适合休闲场合背。

参考价格：¥2 450

混合皮革流苏包

羊皮包面，长 26 厘米，宽 4 厘米，高 20 厘米。

参考价格：¥1 800

直通名店

公主娜娜的专卖店分布在美国、欧洲和亚洲，城市有纽约、洛杉矶、芝加哥、拉斯维加斯、波士顿、伦敦和东京等，上海和香港的精品店也有望于近期开设。

洛杉矶 Robertson 店

Alexander Wang
亚历山大·王

绝对潮牌

ALEXANDER WANG

没有人比亚历山大·王更能将超模的“台下风格”拿捏得这样精准有趣！无论在亚历山大·王的女装、男装、包袋，还是其他产品身上，都能感觉到亚历山大·王对盲目追赶流行的不屑以及对自身所好的偏执。品牌创始人亚历山大·王的模特台下着装理念广为大众所知。他说过：“每个人都能穿得很迷人，但是只有在非正式日子里的穿着才是最引人瞩目的。”

亚历山大·王对细节的追求是很重要的特色，例如对边沿的处理就非常精细，而品牌风格也呈现出自由与不羁的风格。亚历山大·王那酷酷的纽约上城风格饰以标志性的解构主义剪裁令全球时尚爱好者为之倾心。想要加入这一时髦阵型，不如就从亚历山大·王的连衣裙、羊毛衫及款式独特的包袋入手。

值得一提的是亚历山大·王的作品不但为普通的时尚达人推崇，一些明星也是其作品的忠实粉丝，例如蕾切尔·比尔森、林赛·罗韩、曼迪·摩尔、艾希莉·辛普森等，就很青睐他的服装。

黑白拼色套装

羊皮材质。

价格请店洽

时尚机车夹克

皮革质地，暴露的装饰拉链，以及前交叉装饰，使夹克具有浓厚的机车风格。

参考价格：￥23 200

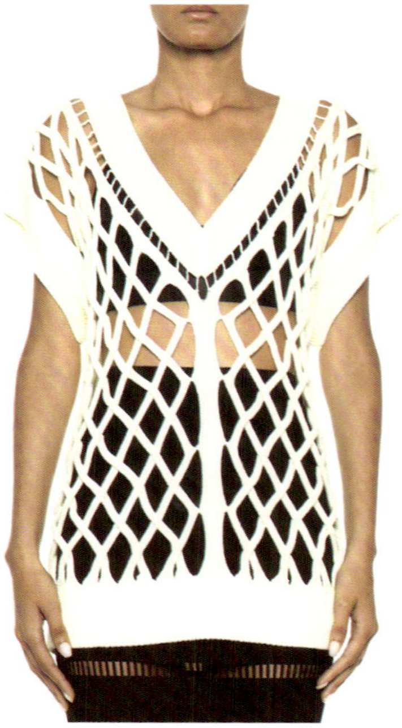

无袖镂空白色外套

参考价格：￥4 900

Marta Runway 镂空膝靴

抛光牛皮鞋面，带松紧。整体板型和轮廓抛光黑色皮革为靴子增加了前卫感。

参考价格：￥7 400

石灰色麂皮高跟鞋

尖头，麂皮鞋面，鞋跟高 11 厘米。

参考价格：￥3 700

透明薄纱裙

黑丝线刺绣的细密与薄纱的透明形成强烈对比，极具性感的诱惑力，适合出席宴会时穿着。

参考价格：￥12 600

棕色经典购物袋

蜥蜴皮包面，长 32 厘米，宽 13 厘米，高 34 厘米。

价格请店洽

高腰镂空牛仔裤

纯棉面料，七分裤，镂空的设计增加了时尚感。

参考价格：￥3 700

买手必购榜

荧光色金属质感连衣裙

圆领插肩设计，局部带褶皱及镂空。

参考价格：￥9 600

亚光丝缎裹身连衣裙

亚光丝缎面料，不对称夸张衣领设计，肩部有带袢，正面围裹设计并有系带，侧面有开缝袋，背面为夸张式工字形设计，腰部系带。

参考价格：￥6 900

浅灰色时尚连衣裙

含有褶皱设计元素，腰部带松紧。

参考价格：￥5 400

工字背心皮质连衣裙

羊皮面料，有饰片，肩部有钩扣，正面上身、工字背面以及裙摆底边均有透明绉纱饰片，侧面有隐形拉链和钩扣。

参考价格：￥7 800

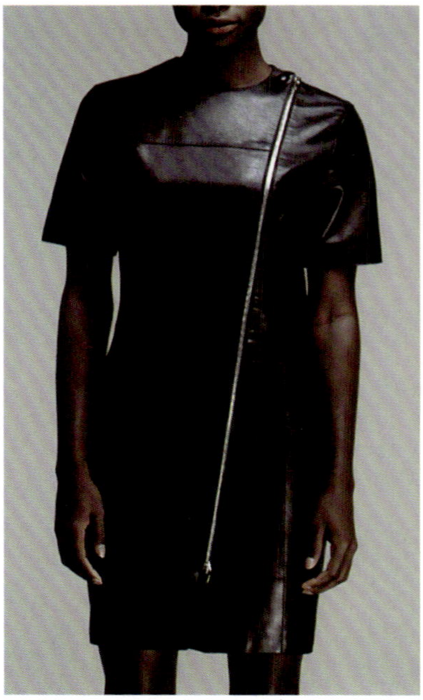

前拉链皮革连衣裙

羊皮面料，不对称、双向拉链设计。

参考价格：￥8 600

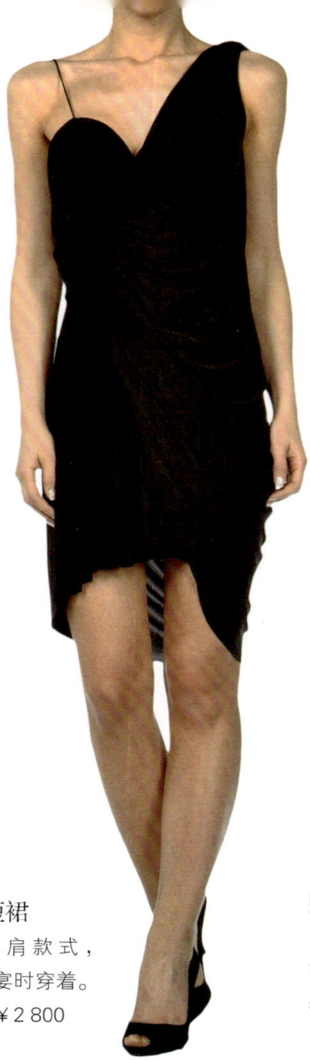

黑色吊带短裙

褶皱单肩款式，适合出席晚宴时穿着。

参考价格：￥2 800

贴箔设计皱面丝缎连衣裙

起皱丝缎面料，不对称设计，侧面有开衩，有贴箔细节，衣袖和裙子一侧有黄铜色明拉链。

参考价格：￥5 700

灰色镂空套头衫

镂空掐腰设计，显示出女性的柔美，适合社交场合穿着。

参考价格：￥3 400

卡其色连衣裙

纯棉面料，纯色款，适合休闲场合穿着。

参考价格：￥2 400

水洗丝缎连衣裙

水洗真丝叠层，宽袖孔，腰部抽绳设计，有斜插袋，背面为叠层下摆并有V型镂空。

参考价格：￥3 900

时尚条纹男士毛衣

V 领，长袖，螺纹下摆及螺纹领口。

参考价格：￥2 500

蓝色混纺男士毛衣

羊毛、涤纶、羊驼毛混纺面料，以圆领、长袖体现休闲风格。

参考价格 ￥3 800

浅灰色混纺针织开衫

棉混纺面料，V 领，长袖，垂肩接缝设计，两侧有口袋，大螺纹收边。

参考价格：￥5 400

黑色拼布男士外套

羊毛面料，配双排扣。

参考价格：￥5 800

修身直筒男士奇诺裤

带松紧腰带。

价格请店洽

黑色男士披风

领口配抽绳，单排扣设计。

参考价格：￥3 900

方框板材和金属太阳镜

时尚白色，搭配金色镜片。

参考价格：￥2 200

黑色男士皮短裤

适合搭配休闲类服饰。

价格请店洽

动物花纹印花高跟鞋

皮革衬里，牛皮鞋底，鞋跟高 12.5 厘米。

参考价格：￥2 300

羊毛麂皮手提包

采用了羊毛与麂皮两种顶级材质，搭配可拆卸肩带。

参考价格：￥7 200

米色系带短靴

麂皮绒鞋面，圆头，鞋跟高 12.5 厘米，防水台高 4 厘米。

参考价格：￥5 200

棕色细跟皮凉鞋

带侧扣，脚踝绑带。

参考价格：￥3 800

搭配建议：

Cara 平底黑色凉鞋

（参考价格：￥3 000）

银色系带牛津鞋

小牛皮鞋面，采用奢华蜂窝纹皮革设计，叠层鞋跟和不连续皮革鞋底，凸显中性优雅气息。

参考价格：￥3 500

绿麂皮高跟凉鞋

麂皮绒鞋面，带网眼，鞋跟高 12.5 厘米。

参考价格：￥3 800

绒面革绿色凉鞋

包脚跟设计，鞋跟高 12.5 厘米。

参考价格：￥5 200

脚踝系带蔓青色凉鞋

光面漆皮小牛皮鞋面，包脚跟，鞋跟高 9 厘米。

参考价格：￥3 100

麂皮饰边棉质亚麻混纺背心

棉质亚麻混纺面料，麂皮饰边，有肩章，正面有隐形按扣。

参考价格：￥7 800

黑白拼色背包

黑色纺织包面，白色真皮饰边，配单提手。长 30 厘米，宽 18 厘米，高 41 厘米。

参考价格：￥5 500

豹纹小牛皮购物袋

染色小牛皮包面，双手柄。

参考价格：￥7 100

棕色蜥蜴印花纹手提包

100%牛皮，配可拆卸皮革肩带。长 20 厘米，宽 9 厘米，高 13 厘米。

参考价格 ￥10 500

黑色麂皮绒背包

麂皮绒包面，提手顶部用单面鳄鱼压纹皮革装饰。长 40 厘米，宽 20 厘米，高 33 厘米。

参考价格：￥6 700

蓝色羊皮背包

水洗小羊皮包面，适合休闲场合使用。

参考价格：￥5 500

直通名店

亚历山大·王在北京三里屯开设首家旗舰店，该店是纽约旗舰店之后的全球第二家旗舰店，也是到目前为止亚历山大·王全球最大的旗舰店。

北京 三里屯·连卡佛

上海 芮欧百货·Joyce 精品店

香港 海港城·连卡佛

纽约 波道夫·古德曼精品店

Marion 豹纹手拿包

豹纹元素散发野性魅力，适合社交场合使用。长 20 厘米，宽 11 厘米，高 15 厘米。

参考价格：￥4 600

Rockie 旅行包

采用轻度压粒皮革材质，饰有抛光金属配件，可调节式肩带。长 33 厘米，宽 25.5 厘米，高 25.5 厘米。

参考价格：￥6 200

Proenza Schouler
普罗恩萨·施罗

绝对潮牌

PROENZA SCHOULER

普罗恩萨·施罗由新锐设计师杰克·麦科洛和乐扎罗·赫南德斯共同创立。总体来说，普罗恩萨·施罗的设计所针对的是成熟女性而非女孩，在设计风格上，它诠释的是纽约国际大都会式的时尚范儿，重视拼贴概念，打造百搭易穿的廓形。

与此同时，两位设计师也十分乐于利用高科技效果，例如通过加热，使钢呈现彩虹光泽，或是利用激光精巧地切割丝绸。为了研发特殊的面料甚至需要几个月的时间。从价位上来看，普罗恩萨·施罗主要面向的是高收入人群，但是很多款式其实很百搭，所以还是很值得购入的，尤其是高跟鞋。

镇店潮款

花呢和漆皮高跟鞋

摩登新潮的花呢迅速成为普罗恩萨·施罗品牌标志性的面料，这款意大利制造的洋红色和黑色高跟鞋即采用该面料制成，尖头和细高跟的比例设计格外惹人喜爱。

参考价格：¥5 200

搭配建议：

PS1 中号花呢手袋

（参考价格：¥11 500）

机车皮夹克

酷酷的白色机车夹克，简约的设计很好地秀出了腰身，袖口处带有拉链设计。

参考价格：¥16 300

搭配建议：

黑白印花长裤（参考价格：¥7 700）

长袖不对称连衣裙

整体上有着强烈的不对称感，黑色饰边。

参考价格：¥19 500

无袖印花连衣裙

无袖加高领的设计，前后都印有一幅海边风景画，前下摆处带有反褶。

参考价格：¥21 000

高跟凉鞋

表面以几何形铁片及圆环进行装饰，另外还有银色和黑色款。

参考价格：¥14 600

绑带高跟靴

参考价格：¥15 800

拼色细跟高跟鞋

普罗恩萨·施罗的细高跟鞋一直是辣妹维多利亚的最爱，有了这款金属质感的鞋面，珠宝配饰的搭配选择也许就变得相对简单了。

价格请店洽

PS13 小号托特包

参考价格：￥40 200

买手必购榜

鱼纹印花提花迷你裙

多色鱼纹印花，腰部有丝缎饰边，明线装饰细节，正面和背面有中缝线，背面有隐形钩扣和拉链。搭配一件中性上衣和一双有质感的高跟鞋，绝对酷极了。

参考价格：￥7 700

PS11 Tiny 斜挎包

有黑色、紫红色、皇家蓝等不同颜色。

参考价格：￥8 700

Lunch Bag 铆钉渐变色小号手拿包

采用了色彩绚丽的渐变色调，并饰有荧光粉红铆钉。建议搭配全黑装束，让缤纷的色彩成为造型焦点。

参考价格：￥8 800

条纹印花围巾

羊绒加丝混纺材质，印有横竖交错的蓝黑相间条纹。

参考价格：￥4 300

PS1 手拿包

明亮的黄色，如与黑色搭配起来十分抢眼。

参考价格：￥5 300

编织斜纹软呢围裹式迷你裙

编织斜纹软呢面料，芥末黄色、浅棕色和铁锈红色之间形成视觉过渡，黑色皮质饰边。

参考价格：￥15 800

弹力皮革长裤

无论潮流如何变化，潮女们也永远都不会忘记给自己购置一条修身皮革长裤。

参考价格：￥10 700

搭配建议：蟒蛇皮手袋

（参考价格：￥14 300）

文本印花长袖衫

圆领设计，100%日本超细棉材质。

参考价格：¥1 700

镂空皮革连衣裙

镂空感、拼接感以及双色蛇纹元素的运用，巧妙地打破了黑与红这两种经典配色容易传达出的沉闷。

参考价格：¥26 100

短袖印花连衣裙

所印的图案为抗议者图案，颇为另类。

参考价格：¥62 000

无袖印花连衣裙

所印的图案为海洋景观，夏日里的清凉感觉油然而生。

参考价格：¥55 300

无袖整体拉链连衣裙

参考价格：¥31 300

露趾高跟鞋

拼色一直是普罗恩萨•施罗高跟鞋的一大特点，这样的风格最适合喜欢混搭风的潮女。

参考价格：￥6 300

OE3002 高跟凉鞋

强烈金属质感的鞋面，搭配木质感的鞋跟，脚面部位的横带较窄，但是脚踝处搭配了踝带。

参考价格：￥4 300

麂皮丝线编结凉鞋

黑色麂皮，深蓝色、黑色和绿松石色丝线编结设计，背面有漆皮饰边和流苏，脚踝部位有搭扣式鞋带。

参考价格：￥15 700

皮革和木质坡跟凉鞋

挖空弧形木质坡跟高约 12.5 厘米，防水台高约 4 厘米，撞色设计，深棕色皮革饰边，露趾、露跟，后跟有搭扣式鞋带。

参考价格：￥10 900

楔形凉鞋

帆布加皮革的材质组合，脚踝部位有搭扣式细鞋带。

参考价格：￥4 900

平跟凉鞋

参考价格：￥4 600

拼色细跟高跟鞋

参考价格：￥3 700

粗跟高跟鞋

参考价格：￥6 500

系带式高跟凉鞋

系带式封口，黑色鞋跟，搭配不同颜色组合的鞋面。

参考价格：￥3 700

Square Tambourine 手袋

肩带以链环串联而成，无拉链，内部采用了独特的无内衬设计。

参考价格：￥28 800

PS11 托特包

有蓝宝石色、孔雀蓝色、黑色、橘色、马鞍色等不同颜色可选。

参考价格：大号￥14 400

小号￥12 600

PS1 钱包

参考价格：￥1 000

PS1 Keep All 包

参考价格：

小号 ￥8 900

大号 ￥9 500

PS1 印花手袋

价格请店洽

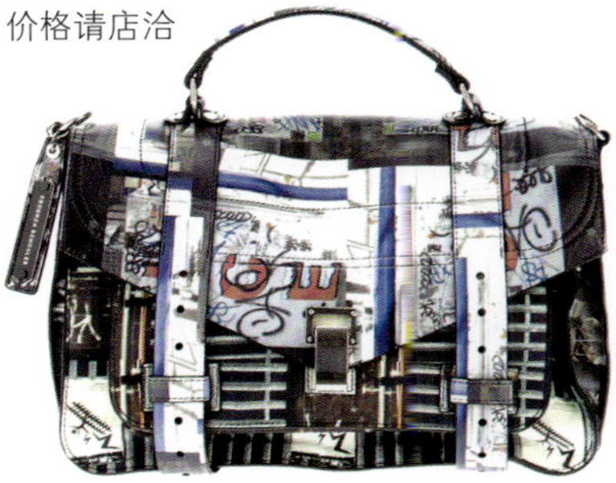

Lunch Bag 小号羊毛手拿包

这款包采用羊毛皮和光滑的皮革拼接而成，淡彩黄色调可以瞬间提亮你的装束。

参考价格：￥5 300

PS11 蛇皮宽手镯

参考价格：￥2 300

PS11 迷你经典蜥蜴彩虹手袋

亮眼的金属光泽，搭配可调节式肩带。

参考价格：￥28 600

飞行员太阳镜

镜框中央的架桥上有棕色或黑色皮革装饰，搭配不同颜色的镜框和镜片。

参考价格：￥2 000

Multichain 项链

参考价格：￥6 600

树脂珍珠手链

参考价格：￥2 400

直通名店

北京	新光天地·国贸商城·银泰中心·金融街购物中心
上海	恒隆广场
香港	利园 Maria Luisa·新世界大厦·太古广场·海港城·国际金融中心

Nixon

尼克松 NIXON

绝对潮牌

尼克松腕表品牌于1998年诞生于美国，如今已经成长为面对年轻消费市场的高端潮流腕表和配饰类品牌。尼克松腕表的整体设计走个性主义的风格，非常前卫、率真、大胆，颠覆了外界对腕表外形的普遍印象，率性中带着成熟的味道，色彩运用相当具有年轻张力，不论在话题性或多元化的搭配上，都拥有其他品牌无法取代的崭新创意。

镇店潮款

The Divvy 几何个性时尚都市腕表

日本石英机芯，表径 40 毫米，50 米防水，可满足日常需要。

参考价格：¥1 600

The Spur 晶钻时尚腕表

表盘指针采用清爽的几何图形刻度设计方式，表盘搭配的代表着 6 点钟时标的细腻晶钻带出低调奢华感，3 点钟方向的日、星期显示更具实用功能。

参考价格：¥2 300

The Wit 名媛造型皮带腕表

日本石英机芯，39 毫米表径，防水深度 50 米，IP 电镀不锈钢表壳。

参考价格：¥1 600

The Banks 双时区男士腕表

采用日本石英机芯，带双时区功能，40 毫米表径，不锈钢表壳，防水深度 100 米。

参考价格：¥3 000

The Outsider Tide 极限重装冲浪运动男士腕表

采用日本石英机芯，液晶大表盘搭配低阻力的流线型曲线设计，除了百米防水外功能外，还搭载了记录至 2020 年前 200 个以上的海滩潮汐资料以及预设编程功能。

参考价格：¥1 300

The Monopoly 黑色水晶男士腕表

日本石英机芯，40 毫米表径，防水深度 100 米，带夜光功能。

参考价格：¥2 200

The Rubber 42-20 Chrono 运动腕表

采用日本石英机芯，42 毫米表径，防水深度 200 米，表盘盘面防眩光。

参考价格：¥3 200

The 51-30 Tide 潮汐显示运动腕表

瑞士机芯，强化耐磨玻璃镜面。防水深度 300 米。4 点钟方向的潮汐设定盘、可旋转式的计时表框、上锁式龙头搭配不锈钢表带的设计，适合运动需要。

参考价格：￥3 950

The Quad 拼装潮流都市休闲腕表

表盘以多色块的界线分出四方位，设计简约的指针搭配 12 点钟方向的 NIXON 品牌名称，整体散发不凡的都市气势！采用日本石英机芯，表径 39 毫米，IP 电镀不锈钢表壳，强化耐磨玻璃表镜，尼龙表带，防水深度可达百米。

价格请店洽

The Player 都市时尚腕表

采用日本石英机芯，40 毫米表径，不锈钢表壳，6 点钟方向镶钻，防水深度 100 米。

参考价格：￥1 600

The Small Lodown 运动腕表

29 毫米表径，还搭载记录了 200 个以上的海滩潮汐资料，同时也具有两地时间、闹钟、倒数计时器等功能。

参考价格：￥1 000

The Re-Run 雅痞概念运动腕表

38 毫米表径，不锈钢外壳，防水深度 30 米，除具备最基本的倒数计时功能、闹铃功能、星期与日期显示、双时区功能外，平面特殊双按钮设计使得表款更简洁有力。

参考价格：￥1 050

The 51-30 Chrono Leather 霸气雅痞三眼表

采用日本石英机芯，表径 51 毫米，不锈钢表壳，防水深度 300 米，带三眼功能盘，配厚质高质感皮革表带。

参考价格：￥3 400

The Magnacon 皮革男士腕表

采用瑞士石英机芯，48 毫米表径，Magnacon 皮革表带，防水深度 100 米。

参考价格：￥6 600

The Passport 男士时尚腕表

带多时区计时功能，49 毫米表径，不锈钢表壳，防水深度 100 米。

参考价格：￥3 100

The Platform 魅力都市风时尚运动男士腕表

日本石英机芯，41 毫米表径，有着百米的防水功能与简洁有力的外方内圆大表盘，内层的炫光立体圆表盘外圈镶有线形立体刻度。

参考价格：￥1 900

The Vega 美式潮流时尚腕表

采用日本石英机芯，43 毫米表径，具有丰富色系、低调奢华个性化外形，不锈钢树脂表壳，表带采用浪漫紫纹路显现，防水深度 30 米。

价格请店洽

The Murf 石英男士腕表

日本石英机芯，表径 38 毫米，不锈钢表壳，带 LED 显示灯闪光功能，防水深度 30 米。

参考价格：￥3 600

The Scout 尼龙表带极限运动时尚男士腕表

日本石英机芯，防水深度 100 米。

价格请店洽

直通名店

尼克松腕表的店面主要集中在美国各个城市，目前在中国地区并无销售店面。

纽约 Burton Street•Barneys New York 精品店

伦敦 Harvey Nichols 百货

Fendi
芬迪

绝对潮牌

FENDI

芬迪最早作为皮革世家，从最初的家族式生意起步，至今已经发展成为国际时装界最知名的品牌之一，特别是在皮革皮草服装领域，一直居于领导地位。

芬迪品牌已经成为时尚和梦想的代名词，它大胆的创新和杰出的设计，引无数时尚潮人竞相追逐。尤其是著名德裔设计师、有时尚界“老佛爷”之称的卡尔·拉格斐与芬迪合作的以双 F 字母为标识的混合系列，更是世界闻名，其特有的双 F 字母成了继法国香奈儿的双 C 字母、意大利古驰的双 G 字母后，又一个时装界众人皆识的双字母标志。“双 F”标志常出现在芬迪服装、配件的扣子等细节上，后来甚至成为布料上的图案。厚实的粗条，或者窄细的直条，加上富韵律感的棋格，这些图案在芬迪产品中经常出现。芬迪的手表、皮具、皮草近年来更成为都市女性们热门的选择。

镇店潮款

纯色 V 领连衣裙

七分裙，束腰设计，一只袖子为长袖，另一只袖子为短袖的设计是一大亮点。

参考价格：￥6 600

镶嵌装饰 T 带高跟鞋

附金属配件和叠制鞋跟，高亮光泽，适合休闲场合穿着。

参考价格：￥16 800

金属花瓣手提包

纳帕皮包身上以狐狸毛皮装饰，金属材质的小花缀饰为此款手提包增加了俏皮感。

参考价格：￥15 850

两面穿绒质大衣

一面为麂皮绒，一面为剪绒，可以根据喜好选择任何一面穿着。

参考价格：￥43 800

颗粒手提包

以氯丁橡胶颗粒做手提包装饰，前面板带有品牌标志，配可拆卸皮革肩带。

参考价格：￥16 400

软皮革双面 Pequin 条纹大号波士顿包

具有芬迪标志性的条纹，而拼色的设计风格非常符合时尚潮流。

参考价格：￥13 800

双色调缎面露趾凉鞋

缎面鞋面，兼具时尚与优雅，是参加鸡尾酒派对的完美选择。

参考价格：￥6 380

2Jours 柔软小牛皮购物包

容量充裕，带有三个方便的夹层。建议配上可拆卸肩带。

参考价格：￥16 800

搭配建议：

字母印花围巾

（参考价格：￥1 200）

混纺针织无袖连衣裙

灰色棉混纺面料，圆领，带有白边装饰，长度及膝。

参考价格：￥6 800

拼色光泽感面料连衣裙

完美呈现了棕色、蓝绿色和珊瑚色几何图形的拼色魅力。这款连衣裙既适合办公场合穿又可成为晚餐约会的完美装扮。

参考价格：￥10 500

Multicolor Jungle 半袖裙

以丛林主题为设计灵感，色彩缤纷的印花图案为裙子增加了活泼的元素，穿着它出席宴会一定会成为吸睛焦点。

参考价格：￥25 900

Mondrian 连衣裙

时尚的几何图形拼接图案，具有强烈的芬迪风格。

参考价格：￥16 000

灰色束带大衣

灰色和黑色交织的色调在典雅之余更具有永恒的时尚感，大翻领及腰带束腰设计更令都市丽人风格呼之欲出。

参考价格：￥16 300

T 带鞋面凉鞋

软羊皮、蜥蜴皮和小牛皮印花材质，饰钉叠制鞋跟，在漂亮和性感动人之间实现完美平衡。

参考价格：￥8 380

搭配建议：

Zucca 标志印花方巾

（参考价格：￥2 000）

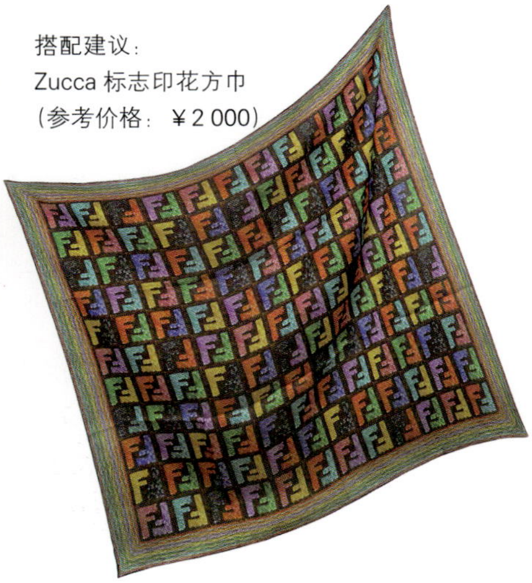

斑马印花小马毛短靴

水貂皮草饰边，装饰性 ABS 鞋跟，极尽奢华，宛若雕塑品。

参考价格：￥18 800

软羊皮高筒靴

几何造型鞋跟，具有浓厚的前卫感。

参考价格：￥14 800

Cuoio Romano 皮革带扣高筒靴

为您的外形增加一抹英伦式的帅气。

参考价格：￥14 800

镜面皮革 T 带鞋面高跟鞋

装饰性 ABS 鞋跟，适合红毯走秀时穿。

参考价格：￥12 800

软羊皮尖头短靴

水貂皮草条纹鞋面，透明的 ABS 鞋跟，超越潮流的时尚之作。

参考价格：￥20 800

米色露趾凉鞋

鹿皮鞋面镶嵌施华洛世奇水晶。

参考价格：￥12 800

斑马条纹马皮高跟鞋

装饰性 ABS 鞋跟，适合社交场合穿着。

参考价格：￥8 680

双色调缎面防水台露趾高跟鞋

缎面鞋面，适合晚宴等社交场合穿着。

参考价格：￥7 980

粒纹小牛皮男士驾驶鞋

鹅卵石纹鞋底，增加驾驶时的舒适感。

参考价格：￥4 780

麂皮便鞋

金色鞋跟与桃红色的亮眼搭配，会为任何服饰增添光彩。

参考价格：￥6 480

粒纹皮革女士驾驶鞋

鹅卵石纹鞋底和双 F 标志扣，既实用又不乏典雅。

参考价格：￥5 580

小牛皮男士系带鞋

采用新颖的三层材质鞋底制作而成。

参考价格：￥7 980

芬迪热望女士香水

当代女性适用的花香调香水。前调为西西里岛佛手柑、拉布里亚柑橘及香梨，中调为绿茶、意大利金雀花与黄色茉莉花，尾调为皮草，适合各种场合。

参考价格：￥600/75 毫升

Adele 1328 手提包

橙色 Cuoio Romano 皮革包面，轻巧而时尚。

参考价格：￥23 800

软羊皮长方形包

附长链带，既前卫又经典。

参考价格：￥23 800

芬迪热望男士淡香水

散发着精美的木质芬芳，前调为意大利柠檬、佛手柑，中调为小豆蔻、粉红胡椒、罗勒，尾调为皮革麂、香草。

参考价格：￥550/100 毫升

鸢尾蓝 Peekaboo 包

独树一帜的设计风格，鸢尾蓝色一直是时尚界所推崇的色调。此包是芬迪必购款。

参考价格：￥23 800

长款软皮革皮夹

附 2 个外置口袋、1 个拉链零钱口袋、2 个票据夹、1 个隔层、12 个信用卡夹层和 2 个内置口袋。

参考价格：￥4 580

Baguette 636 手提包

包面为 Cuoio Romano 皮革。

参考价格：￥15 800

Carla 650 包

双色 Cuoio Romano 皮革包面，传统与创新的糅合之作。

参考价格：￥17 800

Pequin 面料 Hobo 包

经典必备之选。

参考价格：￥9 100

皮革拼接 Pequin 面料购物包

附肩带，出行必备之选。

参考价格：￥11 800

直通名店

芬迪在全球 25 个国家共有 110 多间专卖店，首家亚洲旗舰店落户上海恒隆广场。

北京 国贸商城·新光天地

上海 恒隆广场·尚嘉中心

纽约 Saks Fifth Avenue 精品百货

巴黎 蒙田大道旗舰店

Dior
迪奥

绝对潮牌

自创始以来，迪奥公司涉及的时尚领域包括了手袋、服装、鞋履、彩妆、护肤品、香水、珠宝配件等。它一直是华丽与高雅的代名词，不论是时装、化妆品或是其他产品，它在时尚殿堂都一直雄踞高端。

时装始终是迪奥发展的重点，它没有一刻忘记创造时尚的最高原则——精致的剪裁。这是迪奥一直以来的主要设计精神。至于其他各品项，如皮件、珠宝、手表、眼镜、鞋履甚至是家饰品，迪奥也同样以自我独特的华丽风格，融合敏锐的时尚创作魅力，推出各系列产品。

迪奥服装与其他名牌做法不同，它从不将任何“CD”或“Dior”等明显的标志放在衣服上，衣标上 Christian Dior Paris 的字样，是其唯一的辨识方法。CD 这个缩写常出现在迪奥的配件上，如皮带、皮夹的扣环，或是眼镜镜架的侧面。而挂在提环上，以 DIOR 四个字母串成的钥匙圈，是“Lady Dior”皮包最明显的标志，后来更几乎成为迪奥的另一个明显记号。至于迪奥专用的钻石切面一般的格纹，则较少出现在服装上，只有在迪奥的皮件上，才会明显见到。

Bleu Roi 粗花呢和亮片装饰手提包

长 24 厘米，宽 11 厘米，高 20 厘米。Bleu Roi 千鸟格粗花呢手提包，配以精致的亮片装饰，尽显细腻优雅风范。手提、手挽或臂挎三用。

价格请店洽

Dior

镇店潮款

黑色露趾短靴

缎面鞋带以及 10 厘米笔直鞋跟支撑的全新架构，散发出女性独有的优雅而迷人的气质。

价格请店洽

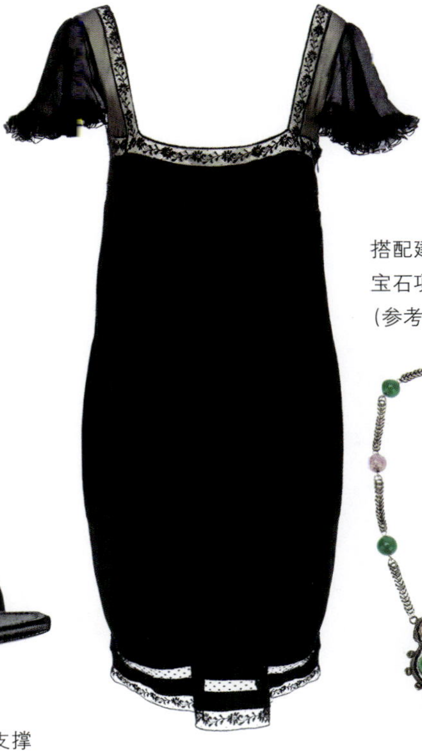

黑色蕾丝连衣裙

方形领口，荷叶边短袖，前襟带褶皱。

参考价格：￥3 600

搭配建议：

宝石项链

（参考价格：￥7 200）

真我纯香香水

释放醇美花香的性感气息，当中的繁花精粹和谐相融：甜美活泼的大马士革玫瑰，绚烂夺目而充满诱惑的沙巴茉莉，以及芳香馥郁而性感迷人的印度晚香玉。

参考价格：￥1 250/50 毫升

蓝粉混合色 Bouillonné 尖头高跟鞋

鞋跟高 10 厘米，嵌入式后跟和微微拱起的鞋头展现全新结构。而高跟鞋上精美的浮雕玫瑰图案，与成衣更是堪称完美搭配。

参考价格：￥7 000

Miss Dior 米色皮革手提包

带有经典藤格纹“Cannage”缝线装饰，搭配淡金色金属链带，可手提亦可肩背。皮套中装有钥匙，用于开启双按钮锁扣。

参考价格：￥28 000

买手必购榜

豹纹丝绸连衣裙

长度及膝，腰部褶皱设计。

参考价格：￥14 300

双肩带晚礼服

双肩带设计，礼服侧面有隐形拉链。此款设计非常凸显女性曼妙的身材之美。

参考价格：￥24 000

黑色和红色缎面凉鞋

采用流行的嵌入式后跟，鞋跟 10 厘米，足背处配有交叉系带，勾勒出性感迷人的脚踝曲线。

价格请店洽

白色棉府绸迷你裙

棉府绸面料搭配编织腰带，并以 V 领设计提升性感值。

参考价格：￥21 900

英格兰绿丝绒皮革和黑色皮革短靴

此款短靴以独特的结构设计而出类拔萃。楔形鞋跟支撑鞋面，英格兰绿丝绒小牛皮与黑色皮革堪称完美搭配。

价格请店洽

黑色和青铜色金属光泽皮革高帮皮鞋

采用现代新型材质——黑色与青铜色渐变金属光泽皮革，演绎出硬朗的中性美。

价格请店洽

Granville Rouge Vif 皮革手提包

采用小兰皮，饰以经典藤格纹"Cannage"，手工缝线装饰。内有三个隔层，其中一个配有拉链，1 个拉链口袋，2 个口袋，可手提或肩背。

参考价格：￥25 200

迪奥小姐鱼嘴鞋

橙色漆皮鞋面。鞋跟高 14 厘米，防水台高 3 厘米。

参考价格：￥3 900

Diorissimo 系列粗花呢大手提包

采用细致考究的粗花呢和貂皮，黑色、银色和灰色外观与皇室粉色内衬形成鲜明对比，令手提包别具一格。

价格请店洽

蓝色皮革波士顿包

长 48 厘米，宽 24 厘米，高 25 厘米。此款鞣制皮革波士顿包空间大，柔软雅致。配备两个把手和一条可调节、可拆卸式皮革肩背带，以及一个内部拉链口袋和一个智能手机专用袋。

参考价格：￥26 000

深紫色丝绒皮革和皮革长靴

采用皮革与深紫色丝绒小牛皮搭配，体现了独一无二的材质对比效果。精致的 1 厘米内置厚底和 10 厘米塑形鞋跟尽显高贵典雅气质。

价格请店洽

荧光亮黄色磨砂蟒蛇皮尖头高跟鞋

鞋面的荧光亮黄色诠释了流行的艳丽色彩。10 厘米鞋跟的弧度不仅彰显优雅魅力，也令穿着更显舒适。

参考价格：￥8 800

冰火奇葩香水

温暖感性的东方花香调，象征纯洁积极的诱惑。前调为茉莉、甜橙、佛手柑、西西里柑橘，中调为橙花、水栽栀子花，尾调为檀香、白琥珀、龙涎香。

参考价格：￥1 040/50 毫升

奇葩淡香水

一种高贵、纯净而且非常独特的香熏，蕴含野桑子的浓郁香味，能创造性感、诱惑及神秘感，显示了女人味及个人自信。前调的主要成分为胡荽，中调的主要成分为晚香玉，尾调的主要成分为树凝脂。

参考价格：￥850/50 毫升

迪奥小姐香水

以诱惑西普调展现迪奥经典的优雅气质。

参考价格：￥750/50 毫升

快乐之源淡香水

木质调，在百合、木兰与玫瑰基础上加入杏、檀香、肉桂、琥珀与香子兰。快乐之源淡香水最适合在夜晚使用，这个时候快乐之源能将它的魔力散发出来，既保存传统的高贵格调，又带给人阳光般的朝气，让周围的人都能感受这梦幻般幸福的一刻。

参考价格：￥1 100/100 毫升

Diorissimo 1N 海蓝色镜脚太阳镜

镜框为 Optyl 环氧树脂专利材质，镜脚覆以海蓝色皮革搭配貂鼠灰色内饰，配灰色渐变太阳镜片，100%UV 防护。

价格请店洽

Dior Promesse1 深蓝乳白拼色太阳镜

Dior Promesse 系列太阳镜采用蝴蝶造型。深蓝色和乳白色合成树脂镜框采用镀金镶边，手工打造，魅力非凡。镜片为灰色，100% UV 防护。

价格请店洽

Dior Demoiselle 蝴蝶造型太阳镜

采用暮绿色和浅粉色对称蝴蝶造型，搭配水晶色镜脚。灰色太阳镜片，100%UV 防护。

参考价格：￥4 000

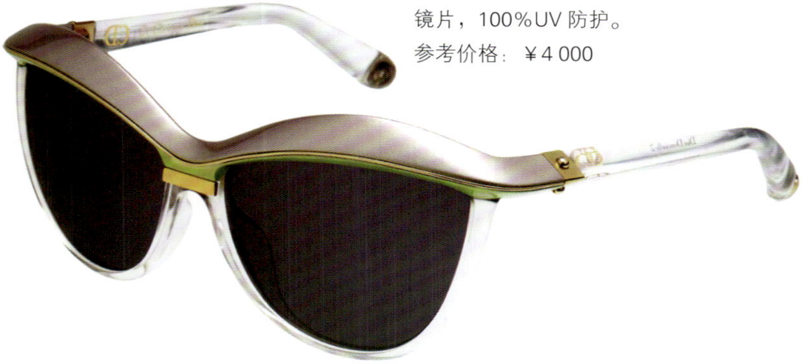

Dior AL13.2 黑色男士太阳镜

飞行员款式镜框，黑色铝制前架，搭配黑色镜脚。灰色渐变镜片，100% UV 防护。

价格请店洽

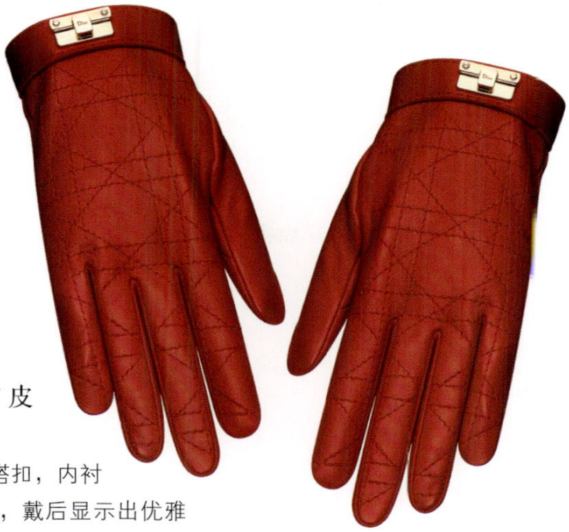

Diorling Rouge Vif 皮革短手套

搭配标志性珠宝搭扣，内衬为 Cannage 藤格平纹，戴后显示出优雅的手部线条。

价格请店洽

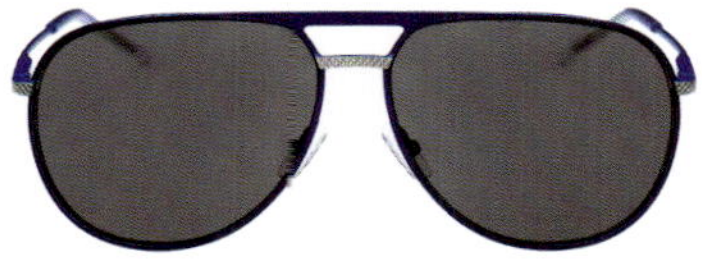

Dior 177S 蓝色男士太阳镜

飞行员款式太阳镜。蓝色金属前架和镜脚，银色金属双桥镜托饰以“Dior Homme”标志性的格状饰纹。灰色镜片，100% UV 防护。

参考价格：￥2 900

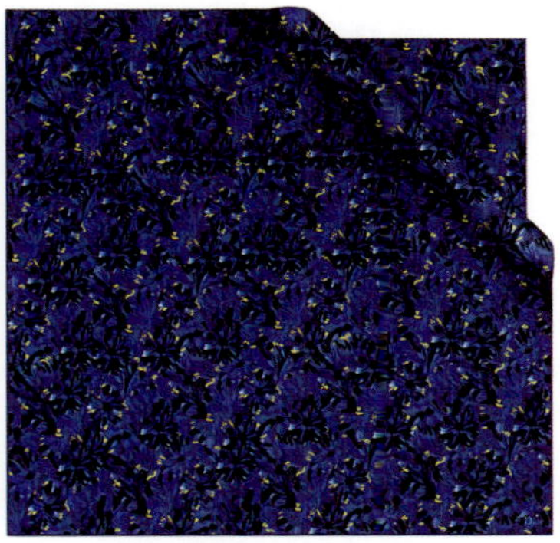

Carré 蓝色丝质方巾

100%真丝斜纹布面料，长 90 厘米，宽 90 厘米。迪奥为纪念创意总监拉夫·西蒙首次高级定制时装展示会所用的五座大厅，以五款精致方巾展现散发迷人气息的墙壁上的花卉图案，Carré 蓝色丝质方巾是其中一款。

价格请店洽

Dior Chicago 2 象牙色太阳镜

飞行员款式太阳镜，象牙色和玫瑰金色金属镜框 搭配珠色镜脚。棕色 / 紫色渐变太阳镜片。

参考价格：￥2 100

Timeless Dior 黑色皮革中款手套

羊绒衬里，搭配淡金色品牌标志。

价格请店洽

绿色丝质方巾

方巾以充满活力的方式呈现了品牌精湛的工艺。代表 Dior 的字母 D，犹如放大镜般提醒人们关注设计师留下的细节：方巾上带有采用“错视画法”绘制的标签，几可乱真。100%真丝斜纹布。

价格请店洽

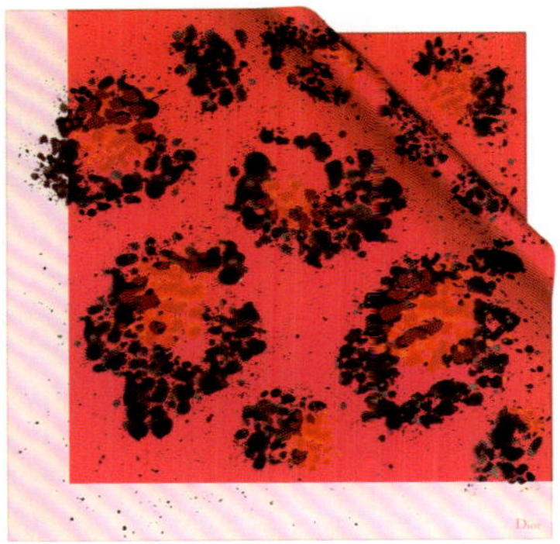

Carré Fuchsia 丝质方巾

100%真丝斜纹布面料，长 70 厘米，宽 70 厘米。大胆地采用不对称和无框设计的方式，明亮的彩色斑点构成绘画风格豹纹，在鲜活而艳丽的底色上铺展。

价格请店洽

直通名店

目前，迪奥在全球开设了五间精品形象旗舰店，其中台北 101 精品店是迪奥全球最大精品店。

北京 国贸商城·金融街街购物中心·王府半岛酒店

上海 恒隆广场

广州 丽柏广场

香港 置地广场·太古广场·海港城·李懋广场·半岛酒店

台北 微风广场·台北 101·丽晶精品

巴黎 蒙田总店·老佛爷百货·波马舍百货

Daniele Michetti
达妮埃尔·米凯蒂

绝 对 潮 牌

DANIELE MICHETTI

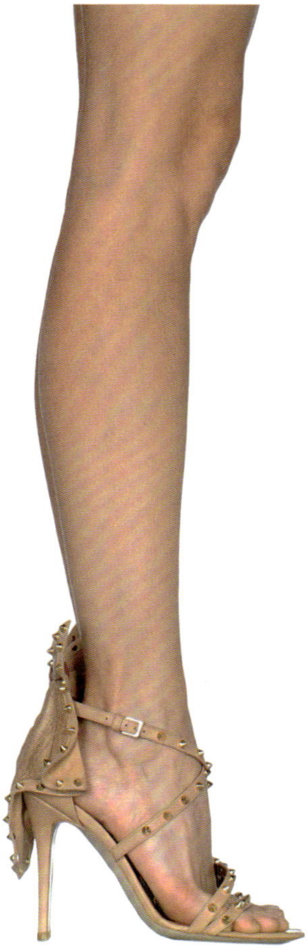

达妮埃尔·米凯蒂有着比较典型的意大利风格，轻松自若中透着前卫的艺术感，足够让人秀出自己的时尚品位。它的经典元素是细跟的设计以及巧妙的用色，几何图案、金属铆钉的运用也十分出彩，前卫而不失精致，尤其是细跟高跟鞋，令许多钟情于收藏高跟鞋的潮女们爱不释手。2009 年，其创始人获得了由意大利版杂志《VOGUE》赞助的“Who is on next”（谁是下一个大师）鞋类设计师大奖。

Coline 铆钉凉鞋

裸色小牛皮材质，饰以金色尖形铆钉，后部带有皮革装饰，鞋跟高度为 11.5 厘米。

参考价格：￥9 000

镇店潮款

Cleo 高跟凉鞋

运用了大量的装饰环钉元素，鞋跟采用编织皮革效果，高度为 12 厘米。

参考价格：￥5 770

Bessie 铆钉高跟鞋

价格请店洽

Carina 露趾踝靴

双色皮革编织效果，后部拉链，前部系带，鞋跟高度为12厘米。

参考价格：￥6 740

高跟凉鞋

价格请店洽

Clover 平底凉鞋

这款鞋的整体造型以及色彩的运用十分具有异域风情，穿上它仿佛置身于南美海滩。

参考价格：￥5 400

圆头方根鞋

鞋跟高度为 7 厘米。

参考价格：￥1 500

Cora 凉鞋

前后以及鞋跟处均采用了编织皮革材质，内侧拉链，脚踝处设计了三层细带并带有装饰环钉，鞋跟高度为 11 厘米。

参考价格：￥6 560

绒面皮革细跟高跟鞋

价格请店洽

高跟凉鞋

价格请店洽

芭蕾平底鞋

参考价格：￥1 500

尖头中跟鞋

鞋跟高度为 3.5 厘米。

参考价格：￥1 900

绒面皮革撞色踝靴

价格请店洽

直通名店

达妮埃尔·米凯蒂的鞋子可以在一些专业购物网站上买到，而且通常会有一定的折扣，甚至低至六折。由于地域和税率的不同，达妮埃尔·米凯蒂的产品在不同国家和地区的售价会有较大差异，美国地区的售价整体高于其他地区。

Chanel
香奈儿

CHANEL

绝对潮牌

在很多人看来，香奈儿一向走的都是优雅、熟女范儿，实际上，它对于时尚潮流的引领和把握从来都是得心应手、别出心裁，其标志性元素——菱格纹、斜纹软呢、山茶花、珍珠，有时也可以相当出位，博人眼球。特别是当卡尔·拉格斐出任设计总监之后，香奈儿的设计风格变得更加多元。无论是多么喜欢标新立异的潮女，香奈儿的手袋和鞋也都是必购之物。

短款彩色斜纹软呢外套
价格请店洽

羊绒套头衫
参考价格：￥32 000

斜纹软呢短裤
参考价格：￥43 800

珍珠项链
价格请店洽

小羊皮大衣
参考价格：￥83 200

珍珠纽扣纱网连衣裙
参考价格：￥36 800

镇店潮款

经典翻盖包

想必没有女孩可以抗拒香奈儿菱格纹手袋的诱惑。当然，你的选择绝不会只有黑色一种。

参考价格：￥37 000

珐琅山茶花胸针

参考价格：￥4 600

露趾皮手套

小羊皮材质，饰以珍珠作为装饰。

参考价格：￥6 300

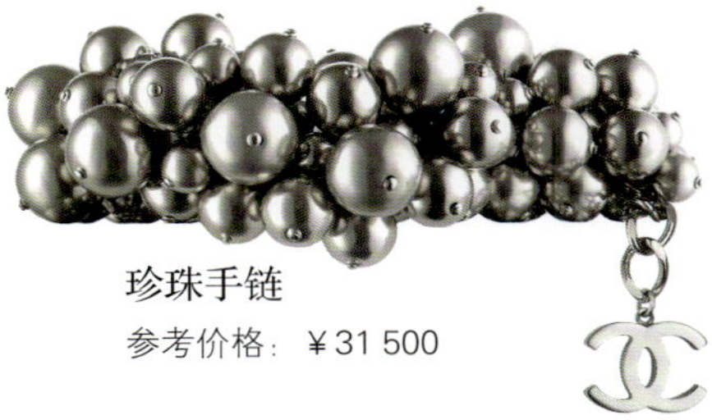

珍珠手链

参考价格：￥31 500

小羊皮条纹包头凉鞋

参考价格：￥10 700

太阳镜

镜框上饰以香奈儿女士剪影，镜腿饰以香奈儿 Logo。

参考价格：￥6 100

彩妆系列
价格请店洽

买手必购榜

树脂晚装包

特别的几何形状的组合很容易让人联想到积木，长 20 厘米，宽 5.5 厘米，高 12 厘米，饰以长链，配以小山羊皮衬里。

新品未定价

Boy Chanel 珍珠鱼皮小号翻盖包

香奈儿当下最炙手可热的包款，延续了香奈儿线条简洁的经典设计元素，最明显的特征是以明线车缝饰边的矩形翻盖。这款包略带男孩气质，能够以肩背或斜挎两种方式自由携带。

参考价格：￥32 700

斜纹软呢大衣

参考价格：￥84 600

斜纹软呢裙裤

参考价格：￥21 300

羊毛长筒袜

参考价格：￥5 300

大号兔毛晚装包

这款晚装包是香奈儿手袋中比较特别的设计款式，长 32 厘米，宽 10 厘米，高 35 厘米。

价格请店洽

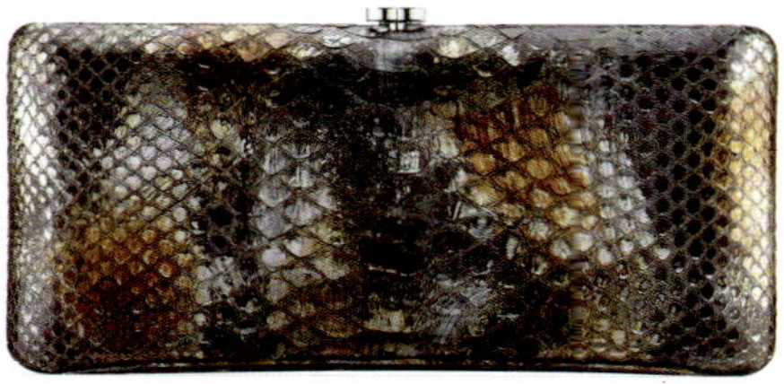

蟒蛇皮晚装包

香奈儿的蟒蛇皮材质包款并不多见，这款包长 25 厘米，宽 3.5 厘米，高 13 厘米。

参考价格：￥23 100

斜纹软呢经典翻盖包

参考价格：￥23 200

浮雕图饰钱包

浮雕皮质，配以格子呢纽扣，长 19.4 厘米，宽 3 厘米，高 10.5 厘米。

参考价格：￥7 700

短靴

参考价格：￥12 100

弹性斜纹软呢平底鞋
参考价格：￥5 600

运动鞋
小山羊材质，饰以香奈儿标志性的山茶花。
参考价格：￥17 600

小山羊麂皮长靴
镜面鞋跟，鞋跟高度为 3 厘米。
参考价格：￥12 700

羽毛胸饰衣领
价格请店洽

马毛质感系带短靴
袋鼠皮材质，鞋跟高度为 3 厘米。
参考价格：￥16 000

珐琅宽手镯
表面饰以天然晶石和淡水珍珠。
参考价格：￥34 300

小牛皮手镯
表面饰以珍珠，以及金属和格子呢纽扣。
价格请店洽

小牛皮斜纹软呢短靴
参考价格：￥9 400

羽毛装饰宽手镯
价格请店洽

臻彩树脂宽手镯
参考价格：￥15 300

兔毛围巾
参考价格：￥17 100

直通名店

北京 新光天地·王府半岛酒店
上海 恒隆广场·半岛酒店·国金中心
杭州 杭州大厦
沈阳 恒隆广场
南京 德基广场
香港 置地广场·利园一期·时代广场·太古广场·半岛酒店·圆方商场

Bottega Veneta
葆蝶家

BOTTEGA VENETA

绝对潮牌

葆蝶家是有“意大利爱马仕”之称的编织豪门，葆蝶家的编织手袋常出现在名媛和好莱坞明星的手上，整块的梭织皮革，展露出绝顶的好手感。葆蝶家“The Knot”活结手拿包是手拿包设计中的经典，是明星红毯秀必带的手拿包之一。而其手工编织手袋的价格均在1 000欧元以上。

葆蝶家创始人莫尔泰杜家族独家的皮革梭织法，让葆蝶家在20世纪70年代就发光发热，成为知名的顶级名牌。葆蝶家从不在产品上印上夸张的Logo，因为葆蝶家认为当你的称号已足以说明身份，便不会再追求浮夸矫饰。懂得欣赏葆蝶家的人，都具备“自信、优雅而忠于自己风格”的个人特质。对此，时尚界也有这样一个说法广为流传：“当你不知道用什么来表达自己的时髦态度时，可以选择路易威登，但当你不再需要用什么来表达自己的时髦态度时，可以选择葆蝶家。”

黑色绉绸外套

设计风格前卫脱俗，是缝制工艺的巅峰之作。领口和肩部的迷人衣褶和褶边剪裁恰到好处，极具现代气息和独特感。带有手工编织腰带。

参考价格：￥19 900

黑色拉菲草搭配羊毛及水蛇皮 Palermo 手提包

富有异国情调的水蛇皮和拉菲草混搭羊毛面料使手袋更加柔软、质感舒适。

参考价格：￥28 000

水墨灰褶皱亮面小羊皮夹克

采用优雅的轻质褶皱羊皮制成，独特的不对称搭扣、腰带和侧边口袋是追求卓越细节的见证。

参考价格：￥32 300

搭配建议：

水墨灰褶皱亮面羊皮裙子

（参考价格：￥32 200）

咖啡色及黑色羊毛编织手提包

由手工编织皮革和羊毛刺绣混制而成，手柄和开合处的手工雕刻金属细节是一大特色。磁性封口，底部配防磨损铆钉。

参考价格：￥26 500

朱赤色编织小羊皮超大号 Veneta 肩背包

以永恒的 Hobo 风格为灵感，带有葆蝶家的手袋系列的符号性元素，是理想的日常用背包。此包有 1 个内部拉链口袋、1 个手机袋以及拉链封口。长 55 厘米，宽 9 厘米，高 47 厘米。

参考价格：￥22 700

柠檬黄编织轻质小牛皮 Roma 手提包

这款标志性 Roma 手提包集美观、实用于一身。磁性封口，内部拉链口袋。包含 3 个大容量主隔层和 1 挂锁，风琴式设计可提供广阔空间放置私人物品。长 33 厘米，宽 15 厘米，高 24 厘米。适合日常工作和旅行时使用。

参考价格：￥28 000

青紫色软质鳄鱼皮熏制 Knot 手拿包

参考价格：￥29 700

紫李色水洗双面绉绸上衣

穿着舒适，各显年轻活力，宽松的七分袖和领口使上衣富有浪漫气质。此外，接缝处有锯齿形缝制细节。

参考价格：¥5 300

朱赤色双面羊毛夹克

风衣式领口，搭配宽腰带，两只袖子可调扣细节，展现女性干练气质。搭配两个无衬里西装袋。

参考价格：¥21 200

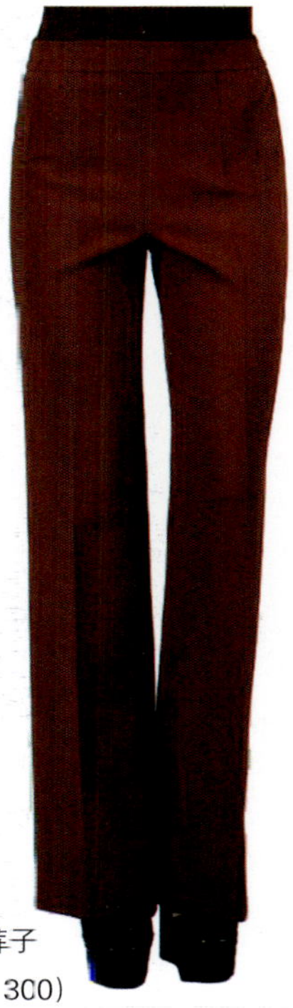

搭配建议：

朱赤色双面羊毛裤子

（参考价格：¥10 300）

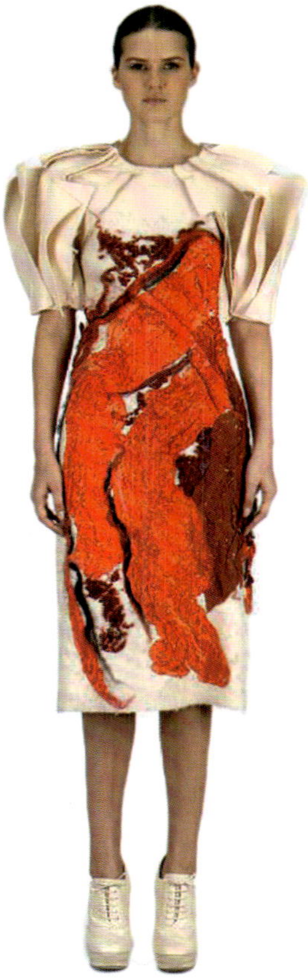

彩色复古连衣裙

这款连衣裙是奇思妙想与现代设计相结合的产物。领口和肩部的卷曲与褶边彰显活力风范，采用最优质的再生材料加以制作，精湛的手工刺绣让连衣裙更显奢华。

参考价格：¥22 900

珍珠白及黑色羊绒做旧印花开衫

别出心裁的抽象图案赋予这款 V 领羊绒针织开衫前卫、独特的外观。搭配隐藏式自动扣。

参考价格：¥15 200

黑色小牛反高跟鞋

采用高品质小牛皮制成，激光切割工艺，系带，橡胶鞋底，将传统苏格兰吉利鞋造型与 Burlesque 系列的永恒魅力融合在一起，宽大的雕刻鞋跟和厚底让人穿着舒适。

参考价格：¥8 400

春泥棕编织纹皮革凉鞋

采用大气的脚踝前部交叉系带和结实鞋跟，可以为短裙或短裤平添奢华感。

参考价格：¥6 700

紫李色编织小牛皮高跟鞋

参考价格：¥7 400

黑色小羊皮男士外套

由光面小羊皮制成，袖口、腰身和领口上有美利奴羊毛螺纹，全衬里，衬里材质为保暖羊毛和铜氨纤维。这款外套带有内部口袋、隐藏拉链和按扣。

价格请店洽

水墨灰薄棉美利奴羊毛混纺 T 恤

纯棉面料，前侧的美利奴网格设计使 T 恤呈现出独特的雕塑廓形。

参考价格：￥4 000

灰色微格提花针织 T 恤

网格设计，领口和插肩袖上做工细致的马海毛缉边增添了一丝年轻的现代气息，适合运动时穿着。

价格请店洽

深靛蓝色及黑色编织软质小羊皮男士手套

采用柔软细腻的对比色小羊皮制作，正面有精致的编织纹理。

参考价格：￥3 700

水墨灰、朱赤色及紫玉色编织烟熏皮革男士购物袋

此款购物袋以手工制作的传统编织衬垫为特色，两侧配以光滑皮革。手柄以编织饰边，手提包以拉链开合，配有可脱卸肩带和内部拉链口袋。长 42 厘米，宽 13 厘米，高 40 厘米。

参考价格：￥30 000

Junior 水洗复古小牛皮男士手提包

由水洗复古皮革制成，保留了可见粒纹和褶皱，采用精致编织细节。配有一个内置口袋和一个肩带。长 47 厘米，宽 14 厘米，高 40 厘米。

参考价格：￥24 500

深灰色编纹麂皮男士运动鞋

采用橡胶鞋底与优质麂皮制成，鞋面采用标志性传统编织，增添独特的时尚质感。

参考价格：￥4 500

编织小牛皮男鞋

从经典校园风格便鞋的设计之中汲取灵感，采用质朴的小牛皮制成，编织鞋面和皮革鞋底。

参考价格：￥7 000

粉蓝色复古编织小牛皮男士运动鞋

系带设计，橡胶鞋底，附品牌标志。

参考价格：￥6 400

粉蓝色编织纹小羊皮包

休闲外观，采用皮革手工编织而成，配有可调肩带和内部拉链口袋，可调开合扣件上有手工雕刻 Bottega Veneta 图案。长 25 厘米，宽 12 厘米，高 21 厘米。适合日常使用。

参考价格：￥25 900

黑色编织小羊皮手袋

采用绚丽的皮革编织，搭配内部拉链口袋、可调肩带、拉绳开合和别样的皮革流苏。长 21 厘米，宽 21 厘米，高 28 厘米。

参考价格：￥18 800

紫李色编织小羊皮斜挎包

采用纳帕小羊皮，精湛工艺双面手工编织皮革，搭配拉链封口和可调节肩带。长 24 厘米，宽 4 厘米，高 17 厘米。

参考价格：￥8 500

紫红色 Intrecciomirage 购物袋

以编织纹压花小牛皮精制而成，配蝴蝶图案压花皮革坠饰。长 38 厘米，宽 12 厘米，高 27 厘米。

参考价格：￥8 200

咖啡色波尔多酒红色丝绸领带

100%真丝，抽象图案印花。宽 7.5 厘米。

参考价格：￥1 800

软质鳄鱼皮熏制 Roma 手提袋

手工编织可调节手柄，3 个鹿皮衬里隔层，1 个实用拉链口袋，搭配造型挂锁，钥匙由皮革细绳连接。

参考价格：￥23 000

沙色编织小牛皮凉鞋

设计灵感源自建筑结构。三明治式鞋底，鞋跟为方形，后部略圆，两侧模塑而成。脚跟以皮革覆盖。

参考价格：￥6 800

珊瑚红编织小羊皮芭蕾鞋

采用优质羊皮制成，皮革鞋头和蝴蝶结平添了几分独特而柔美的质感，随附皮质鞋垫。适合日常穿着。

参考价格：￥5 900

粉蓝色编织麂皮莫卡辛鞋

带有手工编织鞋帮、光滑麂皮鞋边和皮质鞋带，橡胶鞋底提升了穿着的舒适度和灵活性。

参考价格：￥4 400

直通名店

葆蝶家在世界范围内开设了多家专卖店，亚洲最大专卖店是北京金融街购物中心店。

北京 金融街购物中心·新光天地·老佛爷百货·金宝汇·银泰中心

上海 恒隆广场·金鹰购物中心·锦江迪生商厦·港汇广场·国金中心

杭州 万象城

苏州 美罗商城

厦门 磐基中心

Chloé

蔻依 Chloé

绝对潮牌

自1952年，开启高级成衣的传奇篇章以来，蔻依一直是现代摩登女性风尚的代名词。它创造出了简洁美观、可穿性强的现代成衣理念，同时也是巴黎高级成衣界的变色龙，它相当频繁地聘用各国著名设计师，因经历过不同风格的时装设计师设计风格的洗礼，所以蔻依未曾建立独家标志风格。不过另一方面，它自然没有其他老品牌僵化守旧，而是一直保持着法兰西风格的色彩特征和独特情调。

可以说，蔻依算是少数不靠自身名气，只以出色设计师作号召的时装品牌。其所聘设计师的个性投入，加上蔻依生产经营体系的保证，使蔻依品牌风格保持与时代潮流同步。尤其是鞋和包袋，采用皮革材质，艳丽夺目，时尚前卫，简洁大方，酷味十足，显现奢华现代气息，展现出超凡的女性气质。

镇店潮款

羊绒羊毛混纺毛衣

蓝绿色领口和红色腰身是让人眼前一亮的点缀，而羊绒和羊毛混纺，又能在简约中展现奢华，是女人衣橱中必备的一件潮品。

参考价格：￥8 800

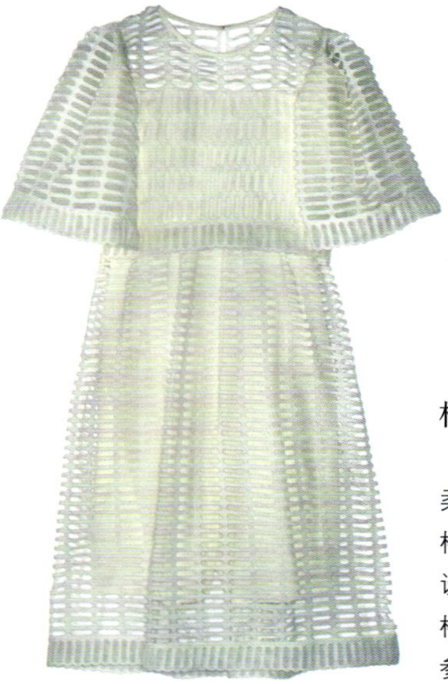

棉质镂空蕾丝连衣裙

这款连衣裙具有轻盈的层次感和柔和的造型，充满着清新可人的气息。格子框般的“鸟笼”棉质镂空蕾丝的设计注入了摩登现代感，而连衣裤风格的衬里又增添了些许俏皮的意味。

参考价格：￥32 500

花卉印花真丝锥形裤

长裤以一款 20 世纪 70 年代的围巾上的花卉图案为设计灵感，以令人耳目一新的方式诠释了蔻依品牌另类的复古风格的审美理念。

参考价格：￥9 600

棕色纹理皮质单肩包

为了庆祝蔻依品牌创立 60 周年，蔻依从过去的历史商品中挑出 16 个具有象征意义的成功作品，重新制作成新的限量经典系列，这款包是其中之一。

参考价格：￥17 000

搭配建议：
条纹木屐跟皮质防水台凉鞋
（参考价格：￥4 900）

Angie 真皮手拿包

色调炫目加上特大包款，会令人轻松成为众人眼中的焦点。

参考价格：￥8 200

荷叶边真丝混纺欧亘纱连衣裙

连衣裙结合了蔻依浅粉色调和荷叶边这两个品牌惯用的元素，飘逸的分层设计让人随着步伐摇曳生姿。

参考价格：￥33 000

买手必购榜

皱褶装饰真丝混纺雪纺绸连衣裙

皱褶装饰腰身和宽松蝙蝠袖可确保穿着舒适，可搭配亮色调的配饰，来衬托这种漂亮的浅蜜桃色调。适合出席宴会等正式场合。

参考价格：￥17 000

印花真丝软薄绸上衣

印有彩色围巾图案，具有精致而柔美的气息。宽松剪裁和可调节抽绳袖营造出轻盈而飘逸的效果，非常适合春夏季穿着。

参考价格：￥8 400

搭配建议：
金属色皮质凉鞋（参考价格：￥4 800）

条纹真丝雪纺衬衫

衬衫将蔻依雅致闲适的风格演绎得淋漓尽致。肩章和彰显实用主义风格的小袋格外惹人喜爱，轻盈透气的面料与牛仔服饰搭配相得益彰，适合与亮白色紧身牛仔裤混搭。

参考价格：¥7 200

条纹帆布和皮质麻布底鞋

外形清新又充满现代感。皮质踝带确保穿着牢固且舒适合脚，与九分牛仔裤是绝配。

参考价格：¥3 800

真皮拼色手提包

红黑拼色设计，酷感十足，是不错的混搭单品。

参考价格：¥9 800

真丝乔其纱连衣裙

采用拼接料衣袖和压痕设计，在腰际饰有银色纽扣以凸显婀娜身姿。

参考价格：¥28 900

双色皮质凉鞋

鞋跟高约 7.5 厘米。粗跟和单底是鞋子的两大流行趋势，这款鞋时尚感强，上班及休闲场合穿它都很适合。

参考价格：¥4 400

Marcie 橘色钱包

磁搭扣设计，永不落伍的橘色会为整体装扮加分。

参考价格：¥3 100

焦糖色拼接绉纱锥形裤

饰有黑色真丝和大理石色棉质拼接，具有清新摩登的潮流之风。穿着时可以将衬衫束入裤腰中，再穿上高跟鞋，可以充分展现女性的柔美气质。

参考价格：¥6 100

搭配建议：镶花边丝绸衬衫

（参考价格：¥8 000）

绒面楔形鞋

织纹和帆布混合的设计给鞋增添了酷酷的感觉，同时穿上它还有一种视觉上拉长身高的效果，适合运动、出游场合穿着。

参考价格：¥4 700

Marcie 真皮镂空肩背包

镂空切割元素让这款经典包更具时尚活力，再辅以复古色调皮革的质地，让人爱不释手。

参考价格：￥12 100

Paraty 中号皮包

这款奶油色 Paraty 皮包淋漓尽致地展现了蔻依的优点：清新、优雅和百搭。比例匀称，丝毫不显笨重，可随意搭配牛仔装或正装服饰。

参考价格：￥17 300

Intense 同名浓郁香水

玫瑰花香调香水，它的前调是粉胡椒的清新而刺激香气，浪漫诱人的中调，叫人感到整个人被玫瑰花的馥郁芬芳怀抱着，以零陵香豆及蜜糖为尾调，散发温馨成熟气息，温暖全身的感官。

参考价格：￥600/50 毫升

水漾玫瑰香水

清新绿香调香水，以绿香调为主题的前调采用了柑橘属植物香调，清新的味道让人联想到柠檬水的冰凉嗅觉，洋溢着花香气的中调处处缠绕着玫瑰的浓香，这款香水明亮的尾调以天竺薄荷为主。

参考价格：￥400/50 毫升

玳瑁色金属镂空太阳镜

参考价格：￥2 700

Alice 中号绒面革和皮革手提包

参考价格：￥12 700

琥珀色折叠设计太阳镜

参考价格：￥3 100

棕色小牛皮腰带

意大利制造，小牛皮材质，柔软而舒适，黄铜扣的设计让这款腰带具有了中性风格。

参考价格：￥5 700

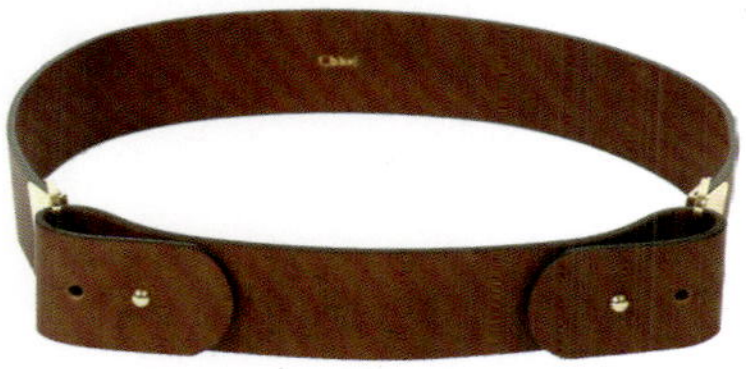

象牙白金属包边太阳镜

参考价格：￥2 700

直通名店

北京	国贸商城·东方广场·金融街购物中心
上海	中信泰富广场·港汇广场·环贸广场·K11 购物艺术中心
成都	美美力诚百货
台北	微风广场·新光三越信义新天地·崇光百货敦化馆
东京	新宿伊势丹店
纽约	Saks Fifth Avenue 精品百货
巴黎	蒙田精品店
伦敦	斯隆街精品店

Ugo Cacciatori

雨果·卡恰多利

Ugo Cacciatori

绝对潮牌

很多个性潮牌非常愿意采用大量骷髅头元素，雨果·卡恰多利也是其中之一。在它的作品中，常常可以看见镶有多面骷髅头的纯银戒指、颈链及手链，另外也有十字架、佩剑以及少见的蝎子造型配饰，结合珍珠、宝石以及精致的手工雕花，偶尔还会经特殊的氧化处理，令银饰呈现出青紫及褪色的古旧效果。由于配饰是全手工制成，所以每件配饰都有所不同。

骷髅流苏耳环

参考价格：￥5 000

狼头戒指

参考价格：￥4 100

双面骷髅戒指

两面是骷髅头形象，顶部镶嵌茶色宝石。

参考价格：￥3 900

镇店潮款

蝎子吊坠项链

参考价格：￥1 400

骷髅戒指

四面均有一个骷髅头形象，顶部镶嵌珍珠。

参考价格：￥6 200

骷髅缟玛瑙吊坠耳环

参考价格：￥5 000

Grip&Plume 项链

参考价格：￥3 000

骷髅戒指

参考价格：￥4 400

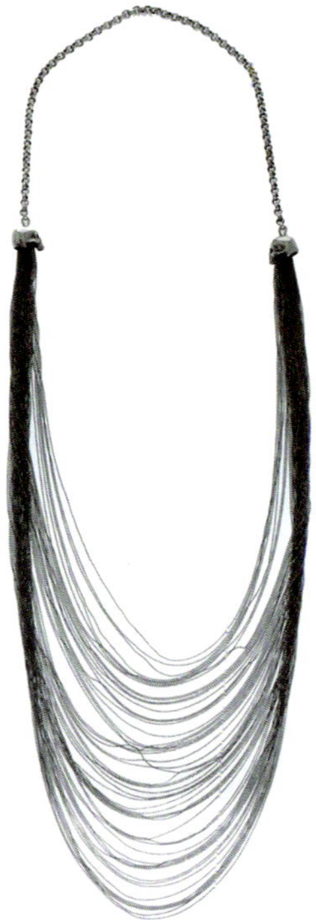

双骷髅项链

参考价格：￥8 000

三环套戒

可以组合佩戴，也可分开佩戴。

参考价格：￥1 900

雕花手链

复古感十足的雕花，其实很容易成为造型亮点。

参考价格：￥18 000

海盗腰带

这款个性十足的腰带，似乎流露出了一丝恐惧与邪恶的力量，十分前卫。

参考价格：￥6 800

直通名店

该品牌在米兰设有展示店，世界各地的一些知名潮店包括台湾的 Club Designer 精品店也会引进它的作品，但经常是不定期的。

Agent Provocateur
大内密探

绝对潮牌

1994年，一家名叫“大内密探”的女性内衣小店在伦敦开张，大内密探的顾客最常购买的产品是贴身短内裤。按照大内密探的尺寸规格，并由巴黎House of Worth公司生产的大内密探紧身内衣走的是高端路线。

品牌创始人维维安·韦斯特伍德女士的儿子约瑟夫和妻子瑟瑞娜，从创立品牌之初就完美地掌握了调皮与诱惑之间的平衡，它的一系列华美经典内衣灵感源自好莱坞。不论任何场合，人们都能找到适合的内衣：精致蕾丝文胸、凸显身材的紧身胸衣抑或是柔滑的真丝衬裙，若隐若现之美被拿捏得恰到好处。

镇店潮款

荧光色蕾丝文胸

这款荧光青柠色文胸采用正面交叉蕾丝，以及带钢圈薄衬垫罩杯设计，能塑造出傲人曲线，能为整体造型加分。

参考价格：￥1 400

搭配建议：

荧光色弹力蕾丝丁字裤（参考价格：￥1 000）

蕾丝深V型文胸

深V型文胸，半衬垫和钢圈微带塑型效果，深得女性喜爱。

参考价格：￥1 080

搭配建议：

蕾丝弹力网布吊袜腰带

（参考价格：￥1 080）

刺绣薄纱带钢圈文胸

菱格效果松紧性缎带提供额外支撑，在时尚和实用之间达致完美平衡。

参考价格：￥4 700

搭配建议：

刺绣薄纱三角裤（参考价格：￥4 600）

丝绸紧身短款睡衣

参考价格：￥1 600

沙漏型蕾丝紧身胸衣

参考价格：￥2 700

黄金绳装饰太阳镜

参考价格：￥2 400

猫眼型太阳镜

参考价格：￥3 100

圆形渐变色镜片太阳镜

参考价格：￥2 600

花边鹳毛睡衣

参考价格：￥1 600

褶层薄纱睡衣

参考价格：￥2 600

直通名店

大内密探品牌在英国已拥有 4 家专门店和 2 家特许商店。近些年，又在莫斯科、都柏林、迪拜、北美和东南亚新增 5 家代销店。目前，在中国该品牌在北京和上海开设了精品店。

北京　芳草地

上海　连卡佛•时代广场

Stella McCartney
斯特拉·麦卡特尼

绝对潮牌

总体来说，斯特拉·麦卡特尼比较适合那些对于如何穿衣不喜欢考虑太多，但是仍然想看起来年轻、性感和时髦的女性。在它的整体设计格调中，不乏极度女性化的蕾丝、刺绣、提花元素，但尤为值得一提的，还是它酷酷的英式摇滚风。实际上，该品牌创始人斯特拉·麦卡特尼的父亲，正是披头士乐队的灵魂人物——保罗·麦卡特尼。所以，相信深深植入于这个品牌中的摇滚情节就是来源于此。

斯特拉·麦卡特尼希望，她的设计能够带给女性以力量与自信的感觉，而且，由于她本人是一位素食和环保主义者，始终坚持保护野生动物的路线，进而拒绝使用动物皮革和皮草当作设计素材，所以，在这个品牌所推出的鞋、包袋上，你不会找到昂贵皮革材质的身影，它们基本都以人造皮革、纺织纤维制造。在这一点上，斯特拉·麦卡特尼的品牌精神和时下的环保主义极为贴合。不过，尽管没有使用昂贵的材质，但是斯特拉·麦卡特尼包袋和鞋的价格并不会因此而变得廉价，新款的手提包在官网上的价格通常不会低于 1 000 美元，甚至会超过 2 000 美元。

STELLA McCARTNEY

镇店潮款

豹头印花连衣裙

圆形领口加上宽松的落肩袖，前面印有豹头形象，100%纯棉材质。

参考价格：￥2 200

Mix Cady 修身裙

鲜亮的柑橘色配以精致的蕾丝，前后都有独特的流苏覆盖式设计元素，长度达于膝盖处。

参考价格：￥16 500

印花 T 恤

三种不同的图案效果，加上不对称的构图，可以和锥形牛仔裤完成很好的搭配。

参考价格：￥1 800

透明底楔形凉鞋

后跟高度为 12 厘米，底部为透明有机玻璃材质，有多种不同颜色可选。

参考价格：￥6 500

仿蟒皮凉鞋

鞋面带有金属链装饰，有米色和绿色可选。

参考价格：￥3 200

Lucia Plexi 手拿包

透明有机玻璃材质，金属边框，长18 厘米，宽 5 厘米，高 13 厘米。

参考价格：￥15 800

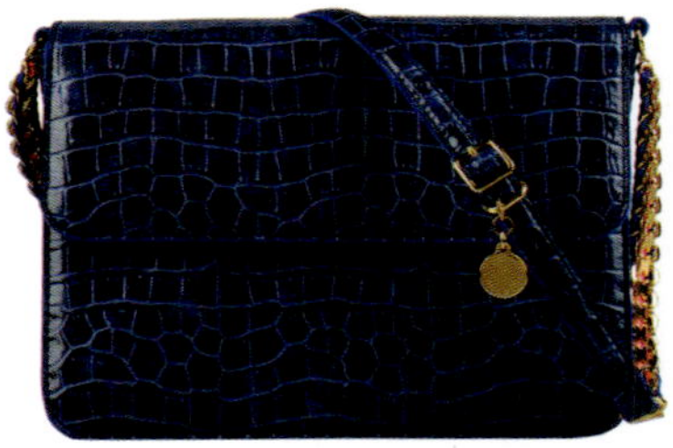

Moc Croc Grace 手袋

参考价格：￥8 200

Falabella 豹纹托特包

这款包既可以当作肩包，也可以当作手拎包，甚至可以当作手拿包。

参考价格：￥7 300

黑色流苏装饰腰带

参考价格：￥4 000

蟒纹印花围巾

毛边设计，材质为 48% 羊毛、35% 真丝以及 17% 羊绒，有亮粉色、灰色、珊瑚色等不同颜色可选。

参考价格：￥4 200

箭形项链

参考价格：￥2 600

买手必购榜

豹纹露肩连体服

稍显狂野的豹纹连体服，不妨考虑搭配成熟一点的黑色西服，反差之间，潮女的气质自然流露而出。

参考价格：￥14 200

Lydia 七分裤

宽松感的设计，半内衬透视效果以及几何形状刺绣图案成了尤为关键的点睛之笔。

参考价格：￥8 700

Mika 连衣裙

100%丝质面料，印有不同风格的点状图形，可以搭配腰带。

参考价格：¥9 300

搭配建议：

Falabella 流苏小号托特包（参考价格：¥14 500）

Davina 斗篷外套

这款时尚的斗篷采用了高领设计，大大的刺绣图案十分大方得体。配上踝靴，绝对能够穿出明星范儿。

参考价格：¥19 800

珊瑚色低腰长裤

膝盖以上为修身式设计，膝盖以下则采用了宽大的下摆，长腿潮女们大概没办法抗拒这款低腰裤的诱惑吧？

参考价格：¥6 600

荧光提花七分裤

修身的款型，提花面料带有荧光质感，有黄色和紫红色可选。

参考价格：¥5 500

高腰短裤

高腰设计很好地突出了腰部线条，特色的几何刺绣形状图案具有独特的金属质感，比较适合搭配透明元素以及金属质感的鞋和包袋。

参考价格：¥6 600

荧光提花短裤

参考价格：￥4 400

真丝印花短裤

100%真丝材质，印有不规则的斑点。

参考价格：￥5 000

透视效果刺绣上衣

参考价格：￥8 500

穿孔面凉鞋

鞋跟高度为 7 厘米，底部为透明有机玻璃材质。

参考价格：￥6 700

Gwen 提花中跟鞋

极富艺术感的对称提花鞋面，搭配高度为 5 厘米的鞋跟。

参考价格：￥3 100

Gwen 中跟鞋

仿蟒纹鞋面，搭配高度为 5 厘米的鞋跟。

参考价格：￥3 300

Nathalie 豹纹楔形鞋

帆布豹纹印花材质，尖形鞋头，鞋跟高度为 10 厘米。

参考价格：￥4 700

Nathalie 楔形鞋

帆布材质，有黄色、橘色、红色可选，鞋跟高度为 10 厘米。

参考价格：￥4 700

Carmen 高跟踝靴

出于一贯的动物保护理念，这款靴子采用了仿蟒蛇皮材质，鞋跟高度为 10 厘米，前部防水台高 3 厘米。

参考价格：￥6 900

Spray 印花丝缎高跟鞋

鞋跟高约 11.5 厘米，防水台高 1 厘米，个性化十足的抽象印花，让所有人都忍不住将眼光聚焦在你的双足。

参考价格：￥8 500

Felicity 手拿包

纺织纤维材质，长 17 厘米，宽 4 厘米，高 10 厘米。

参考价格：¥12 700

Waverley 迷你斜挎包

蟒纹效果，长 15 厘米，宽 4.5 厘米，高 10 厘米。

参考价格：¥5 800

Sailor 心形斜挎包

心形的外形设计十分精巧，双向拉链开合，搭配金色金属长链，便于斜挎以及单肩侧背。

参考价格：¥7 400

Felicity 圆形手拿包

纺织纤维材质，搭配可拆卸式肩带。

参考价格：¥12 700

Falabella 折叠式手拿包

折叠式设计，带有流苏装饰及银链边缘。

参考价格：¥7 300

三层嵌套式项链

参考价格：¥2 600

结扣图案围巾

这款条纹围巾采用的是莫代尔加丝材质，上面出现的图案是规则排列的立体感结扣。

参考价格：¥2 500

宽式手镯

有不同颜色可选，搭配不同款式和风格的时装。

参考价格：¥4 500

混合材质锁链图案围巾

材质为 85%莫代尔加 15%桑蚕丝。

参考价格：¥4 000

直通名店

北京	芳草地
上海	芮欧百货•环贸广场
香港	置地广场•海港城
伦敦	Harrods 百货•Harvey Nichols 百货•Liberty 百货•Selfridges 百货•Mayfair 购物区

Comme des Garcons 川久保玲

绝对潮牌

Comme des Garcons（简称“CdG”）是法语，中文翻译过来就是“像小男孩一样”。Comme des Garcons 这个品牌名，是日裔设计师川久保玲对她的服装品牌的定位与命名。设计师川久保玲在日本的地位更是时尚教母，被无数拥趸尊称为“玲师太”。

川久保玲的设计独创风格十分前卫，融合东西方的概念，被服装界誉为“另类设计师”。她的设计正如其名，独立、自我——主张只要我喜欢，有什么不可以。她将日本典雅沉静的传统、立体几何模式、不对称重叠式创新剪裁，加上利落的线条与沉郁的色调，与创意结合，呈现很意识形态的美感。

川久保玲善于使用低色彩度的布料来构成特殊的服饰，其中有许多是单件同一色调的设计，值得一提的是，黑色可以说是川久保玲的代表颜色。

COMME des GARÇONS

圆点印花连衣裙

黑白圆点印花，网面装饰。

参考价格：￥5 500

Play 海魂条纹长袖 T 恤

纯棉面料，品牌代表款 T 恤。

参考价格：￥790

牛皮褶皱连衣裙

采用不对称褶皱设计，凸显女性的优雅风采，适合出席晚宴等社交场合穿着。

参考价格：￥7 900

镇店潮款

多色块休闲大衣

色彩缤纷的色块勾勒出繁复充满生机的图案，具有浓厚的川久保玲风格，属于潮人必备款。

参考价格：￥14 300

条纹休闲西装

选取细条纹作为主打的设计元素，而收腰又突出了洒脱的着装风格，适合搭配休闲裤穿着。

参考价格：￥3 850

Play Converse 全明星高帮鞋

帆布鞋面，橡胶鞋底。此款是与匡威合作推出的鞋款，充满极简风格。

参考价格：￥780

拼色七分裤

皮革质感，高腰拼色板型设计。

参考价格：￥4 900

买手必购榜

蓝色休闲牛仔裙

方领设计、下摆的长度适当，而条纹短袖的针织装饰更是一大亮点，极具川久保玲风格。

参考价格：￥4 000

V 领连衣裙

采用了碎花、透视、V 领设计。

参考价格：￥10 200

金属色时尚夹克

前襟不对称，后襟带有层叠褶皱，适合晚宴时穿着。

参考价格：￥16 000

披头士纪念衬衫

纯棉面料，印有披头士字样。

参考价格：￥2 500

披头士纪念 T 恤

纯棉面料，印有披头士字样和苹果抽象图案。

参考价格：￥850

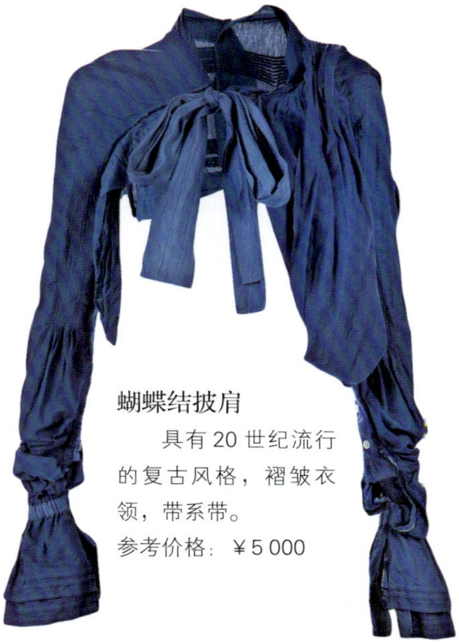

蝴蝶结披肩

具有 20 世纪流行的复古风格，褶皱衣领，带系带。

参考价格：￥5 000

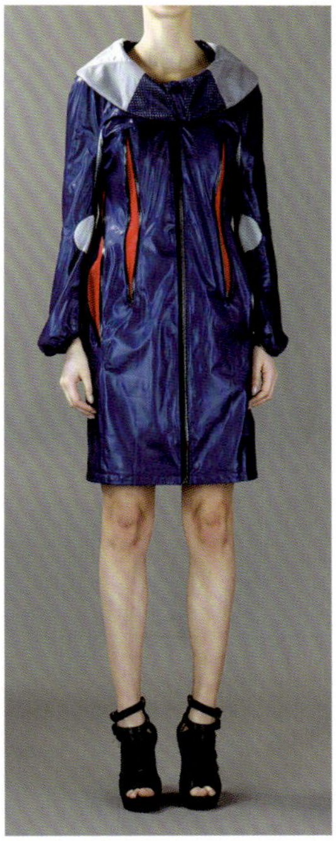

修身立领长外套

立领，红色衬里，前面带拉链。

参考价格：￥9 500

披头士纪念船形包

采用 PVC 合成革，长 36 厘米，宽 160 厘米，高 42 厘米。

参考价格：￥3 300

粗花呢大衣

羊毛混纺面料，双排扣设计。

参考价格：￥8 400

888 香水

为现代女性而调制的奢华香氛。前调为藏红花精油，中调为姜黄、香菜和天竺葵的香气，尾调为龙涎香和广藿香，适合日常使用。

参考价格：￥700/100 毫升

直通名店

川久保玲在世界范围内大约设有 200 专柜及精品店，继 I.T 于香港开设川久保玲专门店后，川久保玲在北京登陆。

北京 金融街购物中心•三里屯

香港 中环

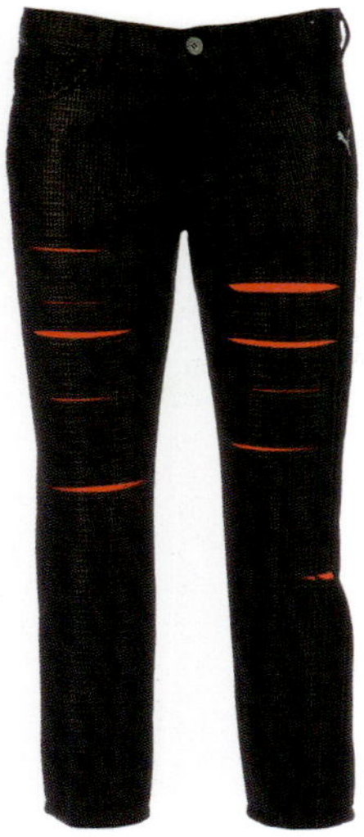

破洞款七分裤

经典五袋设计，破洞七分裤的款式。

参考价格：￥3 450

条纹男士平顶帽

条纹款，海军风格浓厚。

参考价格：￥1 550

米色弹力哈伦裤

亚麻质地，腰部有松紧带，坠裆版设计。

参考价格：￥3 500

Céline 赛琳

礁瑚蓝棉府绸外套

属于 2014 年早春度假系列主打产品，适合休闲场合穿着。

价格请店洽

绝对潮牌

充满当代风格的赛琳是最能展现职业女性风采的法国奢侈品牌。赛琳的品牌个性就是在女性化的柔美气质下，同时显露出男性化的干练与果断，风格浓烈、洒脱独立。

赛琳的单品华丽又实用，超强质感符合“休闲华丽”这个看似矛盾的风格，与迪奥、路易威登等名牌同样隶属于 LVHM 集团的赛琳，各品项最讲究的就是“实际”，也就是说让华丽与自在共存，优雅但绝不会感到束缚。服装上，除了华丽、实穿外，赛琳每一季会以三到四个主题完成一系列的组合，以求从服装到配件，不论在款式、颜色、质感上都能互相搭配。

赛琳皮具有多材质、多尺寸的选择，强调与服装的完美组合，其中象征赛琳拥有如马具般精致品质的“单座双轮马车”标志，则经常出现在皮件与皮鞋上的金属装饰上，而笑脸包是近年赛琳皮具系列中最重要的款式之一。

镇店潮款

复古印花礼服

圆领、垫肩、短袖款礼服，后面有隐藏拉链，可以凸显女性的曲线美，适合出席晚宴时穿着。

参考价格：￥3 750

透视蕾丝短裙

100%丝质，无袖、纯色设计，添加的透视元素增添了神秘和性感。

参考价格：￥7 500

Moccasins 高跟船鞋

黑白拼色、漆皮的光泽以及流苏的设计，为鞋子增添了优雅的韵味，鞋跟高 10 厘米。

参考价格：￥3 150

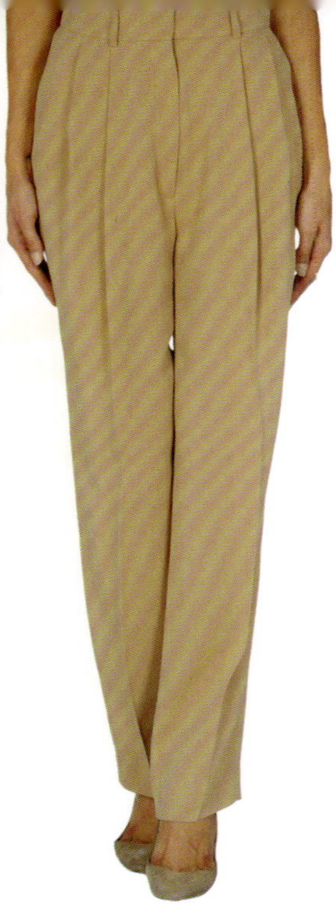

米色真丝休闲裤

参考价格：￥2 700

复古金属风手提包

精致的五金件为手提包增加了质感与优雅，无论是参加社交聚会还是工作时使用，都会完美衬托优雅和知性之美。

参考价格：￥3 600

赛琳中号笑脸手提包

无论在任何场合，赛琳笑脸包都会让你一跃成为众人的焦点。

参考价格：￥7 400

豹纹斜挎包

按扣封口保证了包内物品的安全性，而豹纹是永不落伍的时尚元素，完美展现了野性之美。适合搭配波希米亚风格的服饰。

参考价格：￥5 400

买手必购榜

纯色时尚连衣裙

100%丝质，套头、纯色设计，附带围巾。

参考价格：￥7 500

拼色及膝裙

100%的亚麻布与软皮拼接，平纹无褶皱。前襟以按扣闭合，款式独特。

参考价格：￥5 400

搭配建议：

方框时尚太阳镜

（参考价格：￥2 000）

黑色时尚腰带

皮革质地，黑色细皮条是设计的亮点，潮范儿十足。

参考价格：￥2 650

条纹休闲裤

低腰版型，时尚百搭，是时尚达人衣橱中的必备款长裤。

参考价格：￥2 300

吊带短裙

简单而永不落伍的纯色吊带短裙，会让你出席社交场合时，展现出女性的万种风情。

参考价格：￥7 650

拼色收腰毛衫

100%丝质，轻薄保暖，套头长袖衫、收腰的设计更显青春活力。

参考价格：￥4 250

拼接款套头休闲衫

纯真丝与羊皮的拼接设计，将硬朗与柔美巧妙地融为一体。

参考价格：￥7 500

蓝橙双色手提包

纯羊皮包面，其时尚色彩和流行的包款设计足以使女人为之着迷，长 43 厘米，宽 13 厘米，高 39 厘米。

参考价格：￥1 800

芭蕾平底鞋

参考价格：￥2 700

信封链条包

晚宴等社交场合拿此包无疑会增加你的魅力。

参考价格：￥17 200

尖头高跟船鞋

小牛皮材质，纯色设计，鞋跟高 13 厘米，适合日常工作时穿着。

参考价格：￥3 200

纯色露趾凉鞋

皮质柔软，皮革鞋底，鞋跟高 11 厘米。

参考价格：￥4 250

Trapeze 拼色绒面手提包

金色的硬件，热轧皮革处理，顶部拉链封口，内部设有拉链口袋，适合轻熟女使用，长 34 厘米，宽 14 厘米，高 29 厘米。

参考价格：￥5 400

摇滚风格项链

刻有赛琳的品牌名，容易与其他服饰搭配。

参考价格：￥3 800

叶形树脂耳夹

树脂材质，耳夹外框为镀金材质。

参考价格：￥1 300

直通名店

北京	国贸商城·新光天地·连卡佛·银泰中心
上海	恒隆广场·尚嘉中心·国金中心
广州	丽柏广场
沈阳	卓展购物中心·恒隆广场
香港	置地广场·连卡佛·海港城·太古广场·崇光百货
澳门	壹号广场
台北	微风广场·高岛屋百货
东京	伊势丹百货·松屋百货·高岛屋百货·西武百货

Benefit

贝玲妃 benefit

SAN FRANCISCO

绝对潮牌

福特姐妹将她们的企业传承给了 Maggie 和 Annie，这两位第二代姐妹，用一生的精力发挥自己的艺术才能与蜜粉和颜料嬉戏。该品牌价格定位在中端，招牌产品猪油膏和蒲公英蜜粉一直受到全球爱美女孩儿的追捧。

从玫瑰胭脂水到柠檬眼盖调色霜，贝玲妃以趣味的包装、时髦的产品名称和出色的品牌哲学闻名世界，领跑全球彩妆领域，甚至被誉为“最令人激动”的商业品牌。

镇店潮款

光彩远行套装

套装内含:花漾胭脂水、蒲公英蜜粉、电力加倍焕彩棒、反孔精英脸部底霜迷你版、以真乱假睫毛膏迷你版。

参考价格：￥640

粉色心情宝典

套装内含：花漾胭脂水4.0毫升、超模粉红光影液4.0毫升、蒲公英蜜粉3.0克、蒲公英唇彩6.5毫升。

令人愉悦的花漾粉红，如蒲公英般轻吻双颊，柔美珍珠光泽温柔了双唇，再来一点提亮魔法精心点缀，这清新脱俗的红粉佳人真叫人难以忘怀!

参考价格：￥280

盈盈欲飞嘟嘟嘴唇彩套装

套装内含色号：蒲公英唇彩（柔美珍珠粉）、达拉斯唇彩（暗夜玫瑰红）、糖衣炮弹唇彩（微光淡粉裸色）、胡光珊色唇彩（透亮珊瑚红）、热舞班巴唇彩（透明亮采西瓜红）、热带风情唇彩（微光金裸色）。

迷你唇彩套装，拥有6支诱人的豪华丰盈炫耀唇彩，如甘霖般浸润双唇，缔造甜蜜甘美色泽。特别定制的软管包装，一抹间，轻松柔滑上妆，带来无上奢华体验。参考价格：￥260

新月大街限量香氛套装

套装内含：欢笑精灵香氛露、超越诱惑香氛露、倾心贝拉香氛、万人迷萨莎香氛露。

这款限量版香氛套装，一举收入了诱惑无敌新月大街香氛露的4只豪华迷你Q香。现在，新推出的万人迷萨莎香氛露也加入了街区，你可以收集最新最炫的新月大街啦！

参考价格：￥360

遮瑕控心水宝盒

这款宝盒一举囊括：那个女孩的光亮面霜、度身定制的强力遮瑕膏、柠檬眼盖调色霜、倦眼充电笔、两把遮瑕膏专用化妆刷和详细使用教程。

参考价格：￥380

美丽定格身体香膏

这款熠熠闪耀的奢华香膏赋予双腿和肌肤金色粉红珠光。它是纯粹的身体护理奢侈品。

参考价格：￥290

眉舞色飞宝盒

刷子大角度蘸取眉蜡，以塑造和固定眉型。用眉粉填补眉毛空隙，锁住眉型轮廓，然后用指尖沿着眉峰涂抹提亮眉粉，再用烟熏眼线笔描绘上下眼线，最后，用倦眼充电笔涂抹内外眼角，然后轻柔抹匀，打造神气活现的眼妆。随时随地，当你需要眉毛被精心“修理”，这善解人意的家伙就会为你搞定一切。

参考价格：￥380

阳光天使蜜粉

用特殊设计的“斜角蜜粉刷”让刷毛更加贴合笑肌，在蜜粉上轻轻旋转，糅和8种色泽，蜜粉重叠出双颊粉嫩的多种层次，让脸部轮廓更显立体。

参考价格：￥290

贝玲妃肌肤控油打底霜

这款无色、轻盈的香膏可以让肌肤丝般柔滑。特含维生素C、A和E，可以显著平滑细纹，效果持久。可以单独使用，亦可作为打底或定妆产品。

参考价格：￥330

直通名店

贝玲妃的总店设在美国纽约，在北京和全球各大城市均有贝玲妃品牌专柜。

北京 新世界百货·汉光百货
上海 来福士
杭州 银泰百货
深圳 万象城
沈阳 大悦城
昆明 百盛购物中心
天津 乐天百货
香港 太古广场·时代广场·海港城
澳门 中华商业大厦·大堂巷·金光大道

Tod's 托德斯

绝对潮牌

自信、毫不夸张的奢侈，没有缺点的品位，让人羡慕的品质——这些标志，让托德斯与其他品牌区分开来，也是它拥有无数忠实拥趸的原因。托德斯所有的产品都是意大利制造，每个产品的每个制作步骤都是手工制作。

一直以来，托德斯靠豆豆鞋和 D.D.包等少数产品红遍全球。而能以如此少数的产品类型和款式走红全球的，目前也只有托德斯能做到了。得以实现如此奇迹在于托德斯有自己独特的“玩法”——利用各式各样的皮质、皮色与鞋底样式，把简单的商品创造出无数变化，譬如豆豆鞋就这样被“玩”出了超过 150 种以上的花样。当然，包包自然也不例外。

从时尚秀场到奥斯卡颁奖典礼，只要有名模、明星、名流出席的场合，都有托德斯的“芳踪”。麦当娜、莎朗·斯通、哈里森·福特等巨星，几乎人人一双托德斯鞋外加一只托德斯包。可以说托德斯是当之无愧的“顶级又舒适的鞋子”与“简单但符合潮流的皮包”的代名词。

施华洛世奇水晶 D.D.包

价格请店洽

新款麂皮水晶 D.D.包

采用精致的麂皮，并搭配金属链及施华洛世奇水晶，在时尚之余更显华丽。

参考价格：￥20 300

女士便鞋

参考价格：￥2 600

镇店潮款

鹿皮踝带坡跟鞋

如果女士希望增加高度，又钟爱芭蕾平底鞋，那么精致的踝带厚底坡跟鞋是理想的选择。它采用双缠绕皮和叠层皮，坡跟现代时尚，搭配麂皮绒面皮和天然皮革，优雅大方。

参考价格：￥4 900

高跟皮凉鞋

采用了磨砂小牛皮材质，手绘红色毛边和同色的内衬展现当代时尚气息。

参考价格：￥5 400

麂皮弓面芭蕾平底鞋

具有整齐匀称而俏皮的前弓设计，天然光亮皮搭配鞋体的麂皮绒面皮，金属花边扣和豆豆细节。

参考价格：￥4 200

真皮系带豆豆鞋

造型柔和，采用柔软的粒面磨砂皮，标志性的橡胶豆豆鞋底细节，手工拼接和压花标志，凸显女性焕然一新的魅力。

参考价格：￥4 000

中号真皮 D.D.包

设计线条现代流畅，有突出特色的卷皮手柄和手绘凸边。它采用柔软的小牛皮，经过不规则的交叉纹理处理，显得非常精致和细腻。

参考价格：￥13 500

G-Line 中号帆布手提包

设计线条流畅，突出特色的鞍具风格的皮革细节和牢固的涂层帆布，有可拆卸的肩带，既可以手提，也可以斜挎，风格轻松休闲。

参考价格：￥7 200

Gommino 麂皮系带开车鞋

设计优雅休闲，具有圆点花纹装饰，适合任何场合。

参考价格：￥4 200

漆皮男士豆豆鞋

这款漆皮豆豆软鞋正式而且优雅，略方的鞋尖，标志性的橡胶豆豆鞋底，无不别致又充满自信。

参考价格：￥3 800

Signature 小号扣饰真皮手提包

剪裁讲究，精致的环链肩带搭配皮革手柄和翻盖面，半光亮皮三维效果的豆豆粒面图案以及金属饰钉和刻印的搭扣转锁，无疑是时尚潮女的选择。

参考价格：￥16 800

孔眼皮凉鞋

采用鞍具风格的皮革，几何孔眼细节，皮质鞋底，结合当代的工艺以传统的手工方式打磨。

参考价格：￥5 500

漆皮 T 带坡跟凉鞋

这款 T 带凉鞋，线条精致讲究，全包皮革的细跟坡跟，采用光亮手工磨砂漆皮，自然时尚，适合任何场合穿着。

参考价格：￥6 100

D-Styling 真皮登机卡夹

采用织纹皮革，既能作为登机卡夹确保旅行时登机卡的安全，也可以作为手包，放入各种卡片、钥匙或其他小物品。

参考价格：￥3 000

果冻色沙滩夹脚凉鞋

海滩风格，弹性橡胶搭配夏季的色彩，采用鞋面彩色皮革系带和徽标金属系带扣。

参考价格：￥2 300

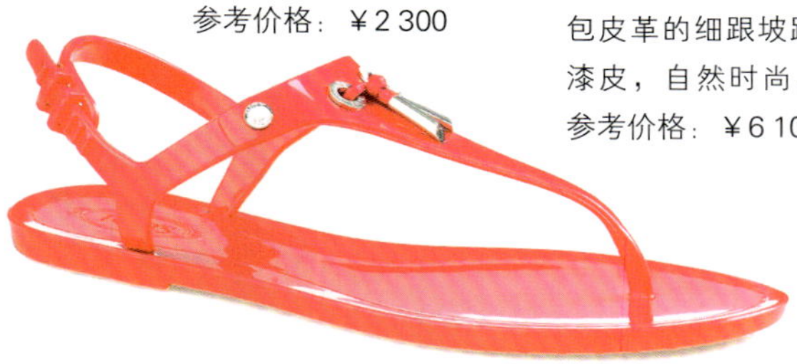

买手必购榜

平底休闲凉鞋

鹿皮绒面皮革，环扣连接，橡胶鞋底。

参考价格：￥1 500

鹿皮系带芭蕾平底鞋

这款花式打孔系带芭蕾平底鞋，展现了女性的魅力。柔软的天鹅绒鹿皮绒面皮革，完美搭配品牌标志的金属花边扣和豆豆细节，充满着时尚感。

参考价格：￥4 300

鹿皮侧扣芭蕾平底鞋

鹿皮绒面皮革，经过光亮蜥蜴皮纹理质感处理，具有标志性的豆豆细节。

参考价格：￥4 000

真皮豆豆鞋

以花式打孔，采用光滑的磨砂皮，橡胶豆豆鞋底和手工拼接，展现女性端庄时尚的风范。

参考价格：￥4 400

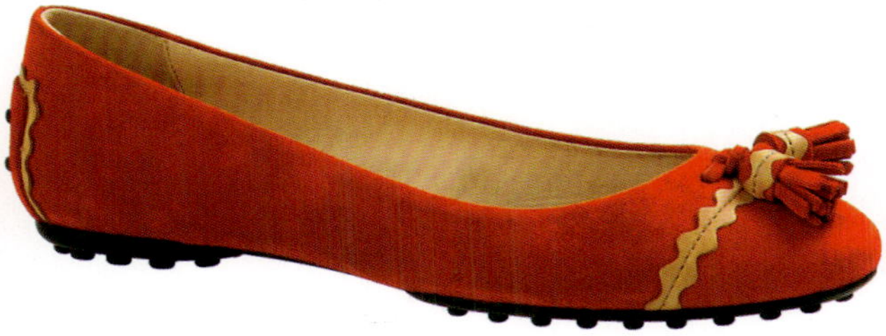

鹿皮豆豆鞋

采用时尚的鹿皮绒面皮，浑圆的轮廓，细节搭配标志性的橡胶豆豆鞋底，手工拼接和压花标志。适合俏皮活泼的女性穿着。

参考价格：￥3 800

鹿皮系带男士豆豆鞋

采用防水鹿皮绒面皮革，鞋面略方，标志性的橡胶豆豆鞋底。

参考价格：￥4 800

鹿皮带穗芭蕾平底鞋

整齐匀称和鞋面带穗的设计，天然光亮皮搭配鞋体的鹿皮绒面皮革，标志性的豆豆细节，具有浪漫的风格特色。

参考价格：￥4 200

真皮男士豆豆鞋

这款鞋的特点在于展现现代男士的气质和满足穿着舒适的要求，同时又保留了手工拼接，标志性的橡胶豆豆鞋底和压花标志的关键手工工艺。它采用打磨光滑的意大利皮革制作。

参考价格：￥4 300

鹿皮系带踝靴

以现代风格剪裁设计，采用天鹅绒面皮革，线条简约，轻薄的皮底，具有时尚的功能性和舒适性。

参考价格：￥4 900

鹿皮豆豆鞋

采用时尚的鹿皮绒面皮革，浑圆的轮廓，细节搭配标志性的橡胶豆豆鞋底，手工拼接和压花标志。适合俏皮活泼的女性穿着。

参考价格：￥3 800

男士便鞋

采用手工磨光皮革，略圆的鞋尖和皮革鞋底，是工作场合的理想选择。

参考价格：￥3 500

牛津系带男士踝靴

鹿皮绒面皮革鞋面，注重细节而且实用，鞋足尖尖雕花和孔眼细节体现英伦风格，与粗厚的皮革鞋底和手工褪色小牛皮形成巧妙的对比。

参考价格：￥3 100

鳄鱼纹便鞋

来自男士风格灵感，注重剪裁的细节设计，采用鳄鱼皮效果的高抛光皮革，皮革鞋底，富有女性的魅力和时尚感。

参考价格：￥4 100

牛津系带鹿皮男鞋

鹿皮绒面皮革鞋面。

参考价格：￥5 700

缎面家居拖鞋

柔滑的条纹缎面搭配皮革绲边和弹性橡胶鞋底，略长的鞋面突出剪裁的审美设计。

参考价格：￥2 150

小号真皮 D.D.包

采用天鹅绒粒面磨砂皮，显得非常精致和细腻。

参考价格：￥12 000

Signature 中号扣饰真皮手提包

采用精美的半光亮皮，金属饰钉，搭配三维效果的豆豆粒面图案和 Tod's 徽标，搭配金属链和手绘缝边皮手柄。

价格请店洽

Signature 小号漆皮单肩包

这款精致的单肩包设计时尚，配有精美的金属链，既可以作为优雅的手拿包，也可以作单肩包使用。

参考价格：¥7 300

Signature 中号漆皮手拿包

整体风格富有浪漫气质，内部空间宽敞，采用柔软的漆皮，搭配豆豆粒面图案和优雅的品牌标志搭扣转锁。

参考价格：¥8 600

小号狐皮购物包

采用高档狐皮制成，带有内衬里和加强型真皮手柄。适合搭配时尚造型。

参考价格：¥14 700

希腊式皮扣皮带

全皮扣的剪裁设计，修身显苗条，刻印的 Tod's 带扣方便腰带的调整。

参考价格：¥1 900

中号真皮男士手提包

融合了形式上的简约设计和质地上的现代时尚风格。采用天然鞣革，手感柔软和轻便，形式宽敞灵活，垂直的双条纹和软垫手柄是托德斯男包系列标志性的特征。

参考价格：¥12 200

编织风格镜架太阳镜

镜架有编织皮革效果的细节，制作精致，风格现代，是时尚永恒的配件。

参考价格：¥4 000

男士双面折叠真皮钱包

采用非常柔软的天然粒面皮革，内有多个现金夹层、信用卡夹层和小袋。

参考价格：¥3 000

大号真皮手提包

质地柔软，空间宽畅，柔软的自然粒面磨砂绒面皮革，手绘凸边突出和谐的设计风格，皮制的手柄和可拆卸的软垫肩带保证了它的舒适性和多功能性。

参考价格：¥10 300

Signature 系列玫瑰红太阳镜

采用厚镜架，融合了奢华和精致的风格，镜架鬓角处有 Signature 系列的豆豆图案。

参考价格：¥3 500

黑色链条手拿包

织物与柔软的皮革交织的设计增加了华贵感，磁扣封口，搭配链条。

参考价格：¥4 000

直通名店

托德斯在世界范围内开设了多家专卖店，而它在香港置地广场的店铺，是其在亚太地区规模最大的品牌精品店。

北京 国贸商城·新光天地

上海 环贸商场·恒隆广场

香港 置地广场·太古广场·华懋广场

台北 微风广场·台北 101·崇光百货复兴馆

John Galliano 约翰·加利亚诺

John Galliano

绝对潮牌

1985 年，设计师约翰·加利亚诺很快就打出了个人冠名的牌子，他是少数几个首先将时装看作艺术，其次才是商业的设计师之一。他的标新立异不仅体现在他如“海盗船长”般的出位打扮上，更体现在约翰·加利亚诺品牌风格的不循规蹈矩、多元素、极度视觉化等非主流特色上。

约翰·加利亚诺的服饰从早期融合了英式古板和世纪末浪漫的歌剧特点的设计，到溢满怀旧情愫的斜裁剪裁技术，从野性十足的重金属及皮件中充斥的朋克霸气，到断裂褴褛式黑色装束中肆意宣泄的后现代激情，人们总能真切感觉到穿着这些服饰的躯体不再是单纯的衣架，而是有血有肉的生命在彰显灵魂的驿动。它不断破除传统，不断制造颠覆，不疯魔不成活。2011 年 6 月英国设计师比尔·盖登顶替约翰·加利亚诺接手品牌的设计工作后，设计风格在继承品牌原有的天马行空的奔放的艺术美感的同时，从妖娆鬼魅趋向收敛。

镇店潮款

长袖连体裤

腰上束绳的设计让蛮腰更凸显，修饰人体曲线。两侧口袋的设计强化了连衣裤的中性风格，适合在休闲及度假时穿着。

参考价格：￥4 800

Paisley Printed 和服式外裳

100%丝绸质地将舒适和高贵集于一身。和服式风格及宽袖子的设计让人不但活动自如，而且极具东方风情。

参考价格：￥8 300

小山羊皮手拿包

参考价格：￥3 000

金属扣腰带

全皮材质，具有军装腰带风格。金属扣的设计显得简洁大方，是塑造粗犷着装风格的点睛之笔。

参考价格：￥1 500

玫瑰图案印花购物包

款式简约大气，内有三层间隔，方便你放入手机等随身物品，是外出购物时不可缺少的一款包。

参考价格：￥2 100

Brown Club 夹克

大翻领单纽扣的设计简洁前卫，收腰款突出了完美的身体曲线，而小羊皮材质提升了华贵的时尚效果。

参考价格：￥15 700

流苏半身裙

以螺旋柱式样的皮革流苏点缀在丝绸裙上。适合搭配针织套衫、紧身衣和前卫的鞋子。

参考价格：￥4 600

Safari 男士旅行包

70%棉，30%皮革，拉链封口，配有可拆卸肩带，可肩背可手提。长 50 厘米，宽 21 厘米，高 20 厘米，肩带长 60 厘米。适合周末短途出游时携带。

参考价格：￥4 400

买手必购榜

蝴蝶袖衬衫

丝绸材质，蝴蝶袖元素为衬衫增添浪漫和性感的元素，适合肤色白的女性。

参考价格：￥3 900

搭配建议：

链条手拿包

（参考价格：￥2 500）

报纸图案印花雪纺连衣裙

100%真丝，披肩的设计为这件极简风格的连衣裙增添了自信的女性韵味，在出席晚宴时穿上它会为你增添不少女性魅力。

参考价格：￥ 4 900

报纸图案印花牛仔夹克

夹克上的报纸图案花纹和暗褐色的皮革混搭得十分协调巧妙，颈部的搭钮设计更是亮点，整体风格酷感十足。

参考价格：￥4 300

搭配建议：

报纸图案印花修身牛仔裤

（参考价格：￥2 900）

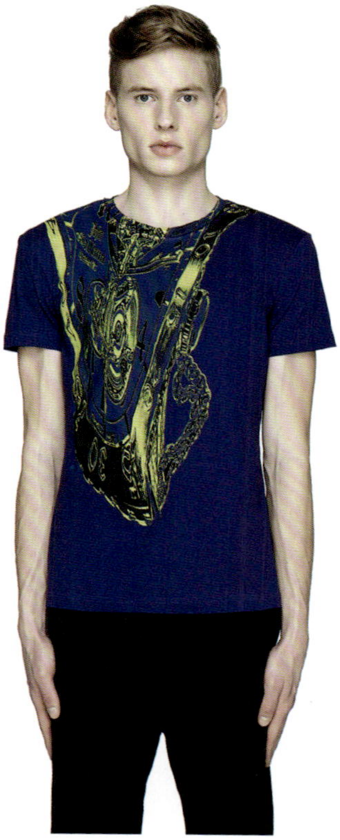

修身横纹 T 恤

纯棉修身款 T 恤，不同颜色的横条纹混搭，使 T 恤设计风格更加灵动，堪称型男必备款。

参考价格：￥1 100

皇家紫拼色 T 恤

宽松短袖款型，穿着舒适，拼色设计巧妙地提升了人的内在气质，适合年轻男士穿着。

参考价格：￥1 700

金属扣手提包

全皮材质，磁扣封口，前袋容量大，包内还有多个小口袋，便于将物品分类收纳。此包容易搭配衣服，无论是工作还是休闲场合拿来使用都不显突兀。

参考价格：￥4 200

Valentine 手提包

采用软皮面料，黑白对比色配色，中等尺寸的规格既保证了手提包的实用性，又使手提包更显贵气。适合气质沉静的女性使用。

参考价格：￥1 200

镶水晶报纸图案腕表

5 ATM 防水，表盘被别出心裁地印上报纸图案的图形，而表框镶水晶的设计更符合了女士腕表的设计潮流。

参考价格：￥2 400

红色的切尔西靴子

鞋面以孔洞装饰，侧面带弹力松紧面板，圆头鞋尖的设计在时尚之余不失舒适。

参考价格：￥3 450

品牌标志印花丝巾

意大利制造，带有品牌标志印花图案。

参考价格：￥1 900

流苏三角丝巾

成分含有棉、粘胶纤维、桑蚕丝，别致的图案具有浓郁的西西里风情，可搭配休闲款时装。

参考价格：￥1 100

镶钻玫瑰金腕表

属时装表款，采用 ETA 956.102 机芯，玫瑰金表壳，蓝宝石水晶玻璃表镜，表耳处镶黑色尖晶石，表框镶有 10 颗共 0.024 克拉钻石。

参考价格：￥11 300

直通名店

作为 LVMH 集团旗下的重要品牌，约翰·加利亚诺在各大时尚之都成立了多家精品店，人们在那里很容易购买得到当季的约翰·加利亚诺精品服饰及配件。

苏州 美罗城
昆明 顺城购物中心
香港 时代广场
米兰 La Rinascente 百货
巴黎 老佛爷百货
伦敦 Harrods 百货
迪拜 Mall of Emirates 购物中心

Marni
玛尼

绝对潮牌

玛尼诞生于 1994 年，主打女装及配饰，兼顾男装。该品牌最大的特点就是在折中的同时又充满意外，喜欢通过对原料、廓形、色彩以及独特印花和纹理的不同排列组合，营造出细微之中的轻松感。尤为值得一提的是，它极其善于运用高饱和度的色彩，其所推出的配饰产品色彩明快、亮丽，新潮而且抢眼，视觉上给人以很强的冲击感，新意无限，因而备受潮人们的关注推崇。

Marni
makeup artist

小牛皮手提包

包面采用了对称式打孔造型，可以显现底层皮革，帆布内衬，尺寸大小十分适合日常使用。

参考价格：￥8 160

带亮片纯棉装饰假领

缀饰大量的黑色、白色和红色亮片。可搭配简单的T恤或毛衣，将缎带系成一个时髦的蝴蝶结。

参考价格：￥4 300

棉丝混纺阔腿长裤

采用柔软的棉丝混纺面料，融合了舒适感与时尚度，不妨搭配简约的纯色毛衣，充分突出这条长裤上醒目的黑色、白色和宝蓝色图案。

参考价格：￥5 400

镇店潮款

无袖皮质外套

这款番茄红色无袖外套采用极为柔软的皮革裁制而成，直筒剪裁简单利落，特点鲜明。

参考价格：￥11 600

粗跟高跟鞋

拼色对比效果和复古风格的方头，搭配较为舒适的粗跟，十分抢眼。

参考价格：￥4 100

印花手拿包

一面是颇具艺术气息的花卉图案，另一面则印有风格迥异的格纹图案。

参考价格：￥2 250

小牛皮手拿包

无衬里式设计，上部有镀金边框，以水晶和铆钉装饰。

参考价格：￥7 150

拼色高跟鞋

无论何时，深沉的黑色搭配显眼的金色似乎都有着独特的时尚韵味。

价格请店洽

扎染效果角制夹扣式耳环

主要材质为黄铜、角制品以及黑色树脂，色彩由蓝色向金菊色过渡。夹扣采用了衬垫设计，可提升佩戴的舒适感。

参考价格：￥3 100

搭配建议：

Croquet 手拿包

（参考价格：￥4 550）

珠饰树脂耳环

参考价格：￥2 440

水晶胸针

人见人爱的水晶胸针能够提升任何装束的时尚指数。不妨根据造型和心情，两枚同时佩戴或单独佩戴其中一款。

参考价格：￥3 200

树脂项链

圆形、棍形和矩形树脂珠子的相互搭配，带来了极为与众不同的视觉感受，而针织链带的颜色却选择了黄蓝相间，红黄蓝之间形成了巧妙的搭配。

参考价格：￥2 700

皮质和黄铜项链

白色皮质吊坠上点缀着水晶和蛋面切割宝石，搭配黑色皮绳以及奶油色和棕色斑纹宝石。

参考价格：￥4 600

搪瓷皮质饰边腰带

醒目的搪瓷搭扣搭配松紧式腰带，轻松地勾勒出腰部曲线。

参考价格：￥2 100

Single Lens 太阳镜

玳瑁效果的镜架，棱角分明。

参考价格：￥1 800

搪瓷金色手镯

这款手镯采用灵活的链接式设计，配以简约的搭扣，颇具装饰艺术风格。

参考价格：￥3 440

买手必购榜

花卉帆布印花化妆包

参考价格：￥2 400

树脂缎带项链

主要由三部分组成，包括中心球体，外围由小球包围着，吊坠为抽象着色的鸽子。所有部件由缎带连接，形成独具特色的装饰项链。

参考价格：￥3 500

树脂缎带项链

将直圆柱形和曲型镂空镀金柱与大面的蓝色树脂球组合在一起，穿到一个可以调节长短的黑色缎带上。

参考价格：￥3 500

搭配建议：
水晶和树脂夹扣式耳环
（参考价格：￥2 700）

大号购物袋

敞口式设计，两个鞣皮肩带缝制在包外，两侧都有美国著名插画家布莱恩•李专门设计的图案。

参考价格：￥2 440

大号购物袋

敞口式设计，一面印有一只风格化的彩色鹦鹉，另一面则是条纹印花。

参考价格：￥2 440

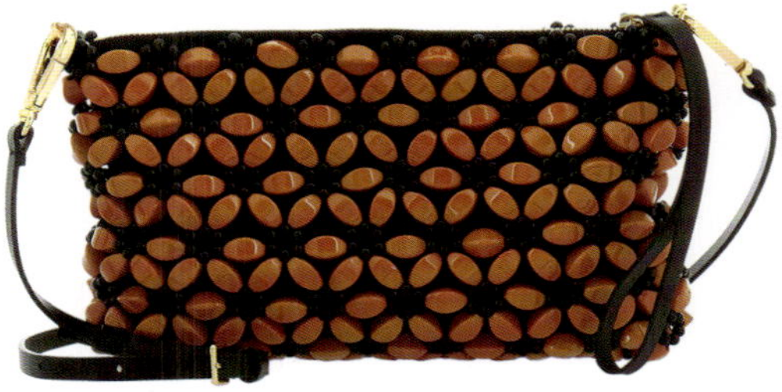

树脂穿珠手拿包

价格请店洽

罂粟项链

参考价格：￥2 000

小牛皮手袋

中等大小，有手柄以及长度可调的肩带和卡扣，两种尺寸的对称打孔图案别具一格，两个内袋由棉质缎带系扣，中央内袋由拉链开合。

参考价格：￥9 200

搭配建议：
树脂夹扣式耳环
（参考价格：￥1 200）

直通名店

在中国大陆地区，玛尼的店面主要分布在北京、上海、杭州、深圳、南京等城市。

北京 三里屯•新光天地•国贸商城
上海 恒隆广场
深圳 万象城
南京 德基广场
杭州 万象城•杭州大厦

水晶和角制夹扣式耳环

香槟色琢面宝石，搭配黑色水晶以及橙色角制珠饰。

参考价格：￥3 200

Jeffrey Campbell
杰弗里·坎贝尔

绝对潮牌

作为潮人，鞋柜里绝对不能少了它的身影。近几年，潮牌杰弗里·坎贝尔在时尚界快速走红，它带有朋克牛仔味的特质和与时俱进的设计理念，与现今的流行走向不谋而合。杰弗里·坎贝尔品牌的鞋靴款式有些复古，因具有最时髦的元素，带着前卫的性感，以及它易搭的特质，受到时尚达人们的追捧。当然，它蹿红的原因，自然也逃不过“物美价廉”的商业规律。

镇店潮款

小牛皮铆钉踝靴

黑色小牛皮和跟部银色铆钉形成颜色反差，潮范儿十足。

参考价格：￥3 500

小羊皮踝靴

让潮女们无法抗拒的荧光桃粉色。

参考价格：￥2 300

牛皮雕花皮鞋

黑色和金色为主色调，摇滚范儿十足，镂空图案尽显优雅英伦风。

参考价格：￥1 170

马蹄形高跟鞋

双高跟鞋的看点在于鞋跟部饰以金色五角星，独特别致。

参考价格：￥1 260

铆钉高跟鞋

性感的大红色，装饰金色铆钉，绝对可以扮亮双足。

参考价格：￥2 300

铆钉后跟踝靴

后跟饰以银色铆钉装饰，另类时尚。建议搭配机车皮质短外套，打造都市酷女孩。

参考价格：￥2 300

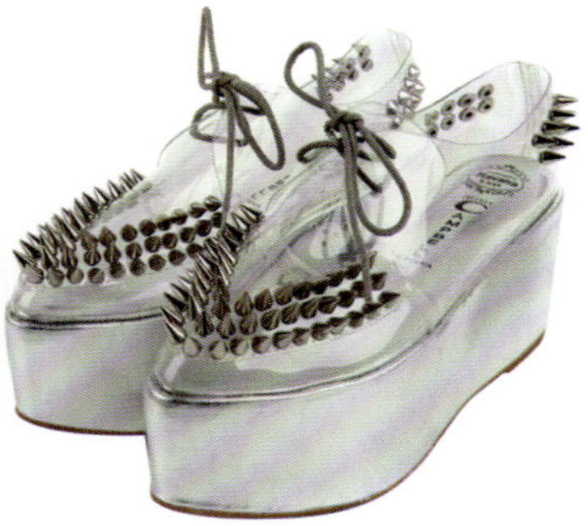

铆钉松糕鞋

透明塑料材质和金属色的前卫结合，定能让你成为街头独一无二的风景。

参考价格：￥2 200

不规则后跟涂鸦式踝靴

棕色的皮革像麻布，五颜六色的涂鸦设计充满叛逆个性。

参考价格：￥1 300

蟒蛇皮鱼嘴高跟凉鞋

时尚百搭的一款凉鞋。

参考价格：￥3 500

粉橘铆钉高跟踝靴

甜美的粉橘色，精致的脚踝双带扣，配金色铆钉，夸张又时尚。

参考价格：￥1 000

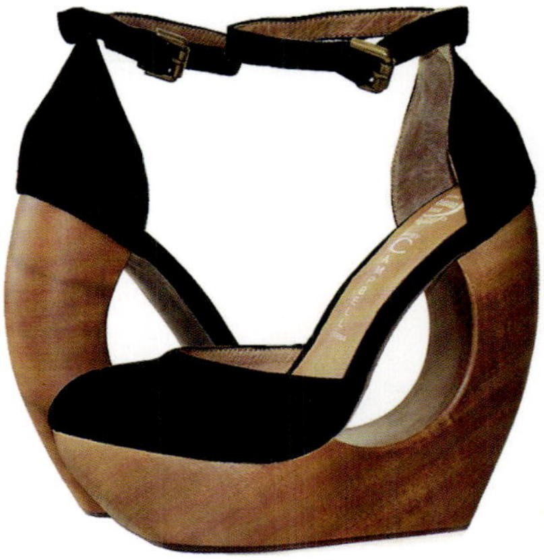

麂皮绒木底扣带高跟鞋

参考价格：￥1 000

皮扣厚重松糕鞋

整个鞋体全部为咖啡色，防水台和后跟延续松糕的设计，特色在于13个皮扣布满了整个鞋面和脚踝。

参考价格：￥1 300

麂皮镶钻高跟凉鞋

如果你具备女神气质，那你一定会喜欢这双高跟凉鞋。

价格请店洽

粗高跟印花鱼嘴凉鞋

一字式扣带，突显纤细脚踝。猪皮材质，独角兽印花图案，充满童真甜美趣味。

参考价格：￥1 300

豹纹木底高跟凉鞋

价格请店洽

马毛铆钉高跟凉鞋

参考价格：￥1 400

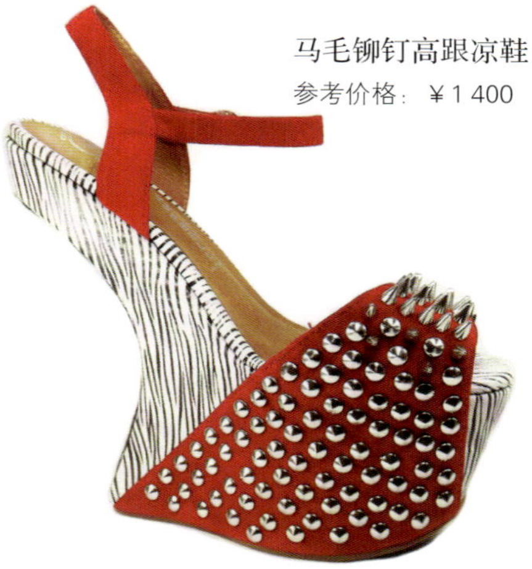

白色小牛皮镂空木跟鱼嘴凉鞋

坡跟形设计，减少了高跟鞋给足部带来的疲劳感，独特的镂空鞋跟，保证提升你的关注度。

参考价格：￥2 600

小木质松糕底滑轮凉鞋

参考价格：￥1 000

拼接皮革高跟鞋

用三种动物皮革拼加，配上独一无二的鞋底，超酷无比。

参考价格：￥1 100

紫红色麂皮绒踝靴

参考价格：￥1 047

十字铆钉中筒靴

欧美化的十字银色铆钉设计，马蹄形鞋身更是一大亮点。

参考价格：￥2 500

异域风情铆钉长靴

夸张的鞋跟造型，饰满金色铆钉，异域风情被发挥到极致。

参考价格：￥1 850

马蹄形无跟高跟鞋

清新裸粉色十分适宜搭配春夏着装。建议搭配同色系长裙，演绎令人心动的小女人甜美风格。

参考价格：￥1 100

小牛皮铆钉防水台高跟鞋

参考价格：￥1 900

小牛皮铆钉踝靴

参考价格：￥2 550

英国米字旗亮片高跟鞋

亮丽的色彩和简洁大方的设计，定会让爱美女孩为之尖叫。

参考价格：￥1 000

漆皮木跟踝靴

参考价格：￥1 800

全亮版松糕踝靴

参考价格：￥1 300

彩色木跟踝靴

充满了浓浓的民族风情。

参考价格：￥2 100

直通名店

杰弗里·坎贝尔品牌的店面主要集中在纽约、迈阿密和东京。

纽约 百老汇

东京 Daimaru 百货

迈阿密 柯斯林大道

3.1Phillip Lim
菲利林 3.1

绝对潮牌

菲利林 3.1 创立于 2005 年，它的产品线以女装为主，并素以剪裁利落、修身效果好著称。就整体风格而言，它带给人最大的感觉就是很现代，而不是过于严肃，重点表现的是都市女人柔中带刚的一面。它甚至经常从街头文化中寻找灵感，在基本款中加入新颖的细节，但依然尽量避免烦琐的设计，看重服装本身的实用性，尤为值得一买的是男款及女款皮夹克。

可以说，菲利林 3.1 是继吉米·周、王薇薇等人之后，又一个红遍欧美的华裔设计师品牌，英国版的《VOGUE》杂志曾将其誉为“下一个蔻依”，深得卡梅隆·迪亚兹、妮可·里奇等一众明星的追捧。

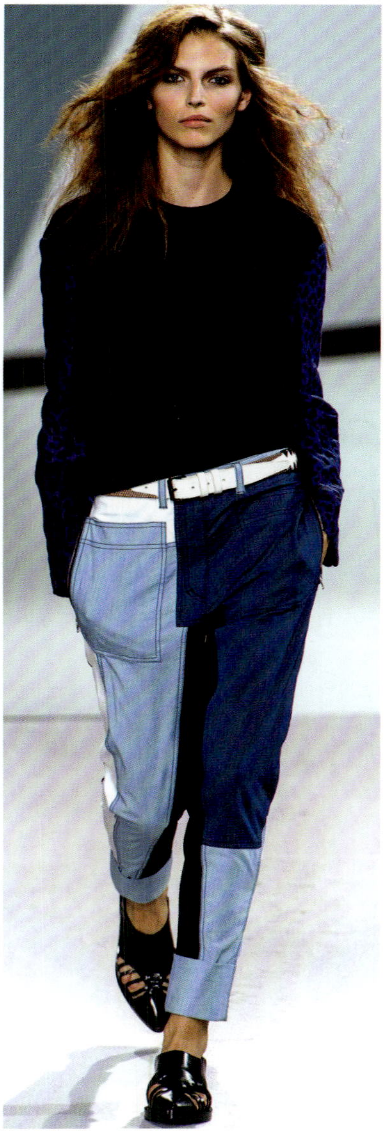

镇店潮款

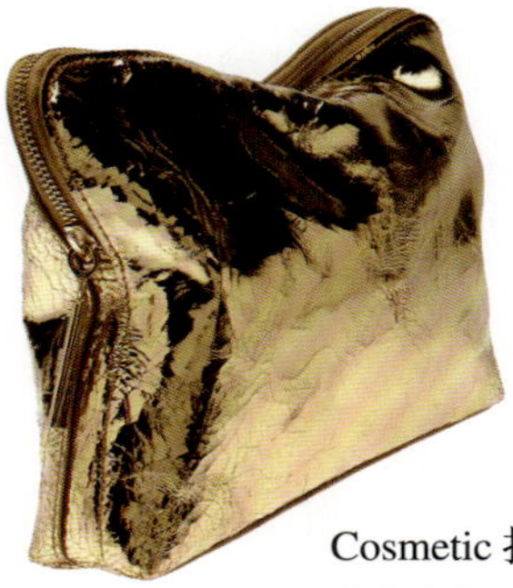

Cosmetic 拉链手袋

参考价格：￥2 800

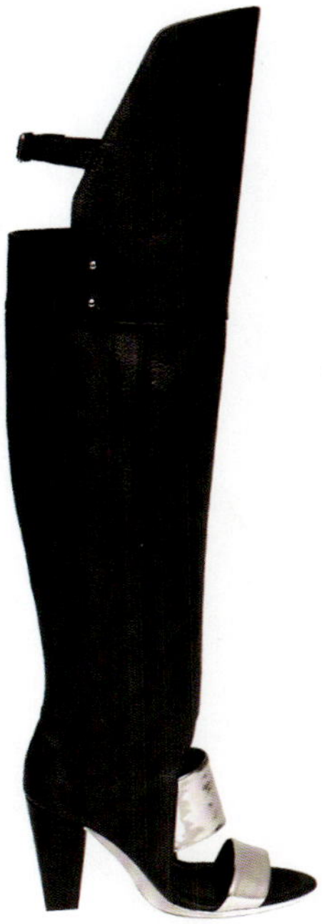

3.1 by phillip lim

紧身牛仔裤

以个性的拼片贴花进行装饰，拉链兜袋，底边收紧，右侧膝盖处设有兜盖装饰。

参考价格：￥4 200

Ora 过膝长靴

这款鞋的名字来源于英国女星瑞塔·欧拉，前部的高跟凉鞋式设计搭配长度过膝的靴筒，靴筒上部设有可调节式带扣。

参考价格：￥5 800

Scout 小号拉绳包

参考价格：￥4 700

Francis 短靴

拼色设计，并且加入了丝网元素。

参考价格：￥3 800

Pashli 铆钉迷你号手袋

表面以大量的圆形铆钉进行装饰，兜盖覆以柔软的黑色兔毛，拉起拉链便可以轻松改变外形，搭配可拆卸式、可调节式肩带。

参考价格：￥7 600

男式修身牛仔裤

修身设计，采用了大胆的漂白条纹元素。

参考价格：￥2 000

Exclusive Nancy 牛津平底鞋

参考价格：￥2 600

买手必购榜

New York City 印花连衣裙

圆领加无袖设计，正面印有“New York City”字样及花朵。

参考价格：￥1 700

搭配建议：

Garfield 太阳镜

（参考价格：￥1 600）

Bombe 夹克

袖子内缝采用了拉锁设计，下臂以及后领下方都印有凤凰翅膀图案。

参考价格：￥8 600

男士印花机车夹克

参考价格：￥6 800

豹纹连衣裙

豹纹图案采用特殊的贴花工艺印制而成，搭配机车风格的小羊皮材质皮裙（无衬里），潮范儿十足，肩部及侧缝设有隐形拉链。

参考价格：￥6 000

压纹氯丁橡胶大衣

这款氯丁橡胶面料大衣在表面压印格纹效果，果粉色结合黑色饰边，侧缝底端为开叉式设计，可拆卸式的皮革前襟设有摁扣，在闭合后可以变成高领。

参考价格：￥6 700

Maggie 短靴

牛皮以及 20% 的母牛皮材质，鞋尖和其余部位分别采用不同的压花处理。

参考价格：￥2 900

Dove 低跟鞋

前面加入了松紧带元素，皮革部分有玫瑰金和银色两种颜色可选。

参考价格：￥3 000

Pashli 虎纹中号手袋

前后采用了不同样式的虎纹图案进行装饰，充满了个性，包盖上设有金属锁扣。

参考价格：￥7 900

Pashli 迷你手提包

双手柄，两个前置拉链，搭配可调节式肩带。

参考价格：￥5 800

Peggy 尖头踝靴

材质为金色压花皮革，白色鞋跟，高度为 10 厘米。

参考价格：￥4 500

Pashli 邮差包

参考价格：￥4 600

直通名店

香港	海港城·国际金融中心
首尔	新世界百货总店
纽约	Mercer Street
新加坡	Orchard Road
洛杉矶	Robertson Blvd

Balenciaga
巴黎世家

BALENCIAGA

绝对潮牌

创始人克里斯托巴尔·巴伦西亚加于 1937 年在巴黎开设“巴黎世家”高级女装公司，主题产品包括女士和男士包袋、鞋子和时装，同时还经营香水。巴黎世家品牌服装一向精于裁剪和缝制，斜裁是拿手好戏，以此起彼伏的流动线条强调人体的特定性感部位，其产品风格崇尚简洁、清纯和造型考究，品牌格调受到那些偏爱简洁服装的人士所推崇。巴黎世家最著名的单品是尼古拉·盖斯奇埃尔设计的机车包。

如今，克里斯托巴尔·巴伦西亚加设计的时装被喻为“革命性”的潮流指导，并成为欧美名流和明星的爱戴品牌。

镇店潮款

“帐篷”短裙

丝绸印花褶裙，圆领和喇叭袖的设计显得俏皮可爱。

参考价格：￥5 800

丝绸印花细肩带连衣裙

粉红色丝绸面料，棕色和黄色印花图案，清新亮丽。

参考价格：￥32 000

吊带礼服

红色丝绸材质，侧边分叉设计隐约露出性感腿部曲线。

参考价格：￥14 000

混纺短款喇叭连衣裙

羊毛混纺针织拼接小羊皮，皮革袖笼及花边下摆设计，给人沉静内敛的舒适感受。

价格请店洽

蕾丝连衣裙

性感蕾丝，收腰设计。

价格请店洽

建筑感印花半身裙

多彩色丝绸材质，长度及膝。

参考价格：￥5 700

印花露背装

建议搭配尖头高跟凉鞋。

参考价格：¥8 300

印花背心

别致的风暴印花，可搭配纯色长裤或短裙。

参考价格：¥1 400

羊毛夹克

参考价格：¥15 000

Cracknyl 风雨衣

刚柔并济的简约风格，颜色干净，款式利落。

价格请店洽

飞行夹克

正面饰银色拉链，搭配毛领。

价格请店洽

花卉刺绣无袖上衣

不对称设计，搭配垂褶正面门襟，样子清新却不落俗套。

价格请店洽

芭蕾平底鞋

软羊皮材质，搭配镂空及铆钉装饰，打造舒适亮丽的芭蕾舞平底鞋。

参考价格：¥3 300

皮革吸烟鞋

羊皮材质，搭配巴黎世家经典黄铜饰件。胭脂红色属百搭色。

参考价格：¥3 300

红色楔形罗马鞋

设计灵感来自“Giant”手袋系列，前部和两侧鞋带分别饰以大钉和经典铆钉，酷劲十足。

参考价格：¥5 000

City 系列

该系列包包外形比较方正，铆钉较小，属于中号大小，分为“Classic”和“Giant”。

Classic City 机车包

可拆卸肩带搭配做旧感黄铜配件，皮质流苏拉链头，突显个性。

参考价格：￥11 000

Classic City 手袋

参考价格：￥8 900

Giant City 手袋

参考价格：￥10 000

Papier 系列

该系列设计简单清爽，分翻盖和无盖两种。

Papier A4 迷你手袋

小牛皮材质，真皮衬里配可拆卸背带。

参考价格：￥16 000

Papier A4 手袋

参考价格：￥7 300

Giant City 手袋

参考价格：￥12 000

Papier A4 手袋

线条方正，给人干净利落的感觉。

参考价格：￥7 300

直通名店

巴黎世家品牌的产品，在全球各大城市的巴黎世家授权零售店销售，国内包括北京、上海、深圳和广州等城市。

北京 三里屯·当代商城·新世界百货

上海 恒隆广场·久光百货

杭州 杭州大厦·万象城

青岛 海信广场

南京 金鹰国际购物中心

广州 广百百货

大连 友谊商城

香港 海港城

台北 新光三越百货

Anya Hindmarch

安雅·希德玛芝

绝对潮牌

很长时间以来，时尚与环保都被人认为是鱼与熊掌不可兼得，但这是安雅·希德玛芝真正成名之前的事了。2007 年，安雅·希德玛芝的一款售价仅 5 英镑的环保帆布包——I'm Not A Plastic Bag，意外地成为时尚的宠儿，四种不同颜色的限量版竟然吸引了数万名顾客排队登记购买，成了当之无愧的“时尚单品之王”。

安雅·希德玛芝专门推出精品手袋及小皮件，材质中甚至会出现贝壳。某种意义上说，在它的设计中，甚至总有那么一点若有若无的怀旧味道，怀旧却不守旧，又绝不哗众取宠。从整体上看，由于不常使用珍稀皮革材质，它的价位比一些传统的大牌奢侈品稍低，但是做工精良，吸睛度也很高，所以，它还是会被潮女归入值得关注的品牌。很多时候，它所传达的时尚潮流，其实是一种理念。值得一提的是，这个来自英国的设计师品牌备受英国凯特王妃的推崇，陪她出镜的次数已经数不胜数。

镇店潮款

Earl 情人节托特包

帆布印花材质，大容量的托特包十分适合日常使用。

参考价格：￥2 400

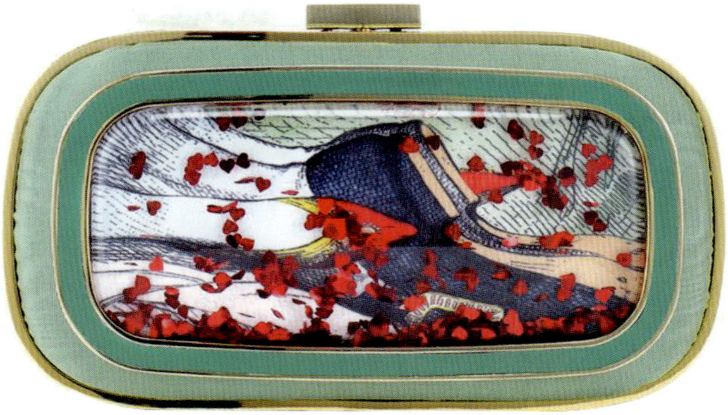

Marano 情人节手拿包

画面图案来自于英国 18 世纪著名插画家詹姆斯·吉尔雷的作品。

参考价格：￥8 600

Courtney Damask 手拿包

印花帆布材质，拉链上的皮革流苏穗需要耗费 8 小时的手工制作时间，有不同颜色可选。

参考价格：￥3 800

Marano 旋涡手拿包

金属扣上可以刻上名字、日期或者语句。

参考价格：￥4 300

Be a Bag 定制托特包

帆布材质，可在表面印上个人照片。

参考价格：小号￥1 900

中号￥2 200

大号￥2 400

Bathurst 手袋

山羊皮材质，搭配可拆卸式肩带。

参考价格：￥12 400

定制 Maud 手拿包

缎面材质，有不同颜色可选，可以根据具体要求进行刺绣，内部也能压印手写字迹。

参考价格：￥4 300

Rossum 手拿包

具有金属质感的皮革结合了复杂的编织工艺，包盖上出现了安雅·希德玛芝标志性的蝴蝶结形象。

参考价格：¥4 300

Gracie Lady 肩背包

通过以帆布材质进行多色印染，营造出 18 世纪油画的质感。

参考价格：¥7 600

苹果晚装包

以华丽的云纹丝绸为主要材质，呈现出微妙的水印效果，搭配金色长链，既可以手拿，也可以斜挎。

参考价格：¥7 600

买手必购榜

Duke 钟表手拿包

这款包的制作过程涉及了复杂的镶嵌及搪瓷工艺，周围镶覆着奢华的鲨鱼皮，正面显示着走时钟表。

参考价格：¥38 200

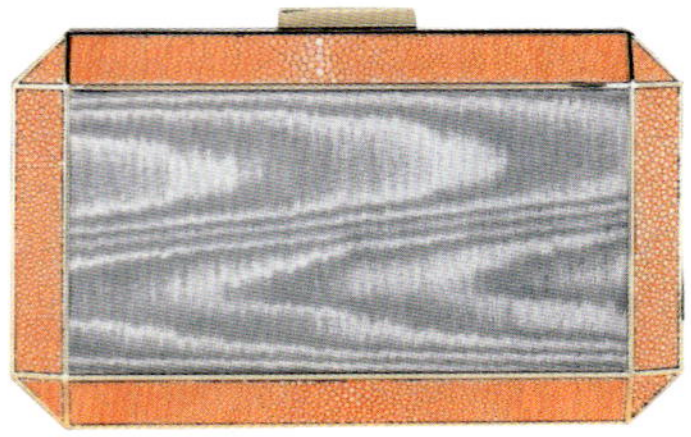

Duke 手拿包

周围镶覆着奢华的鲨鱼皮，中间的缎面材质上印有仿木纹理。

参考价格：¥9 500

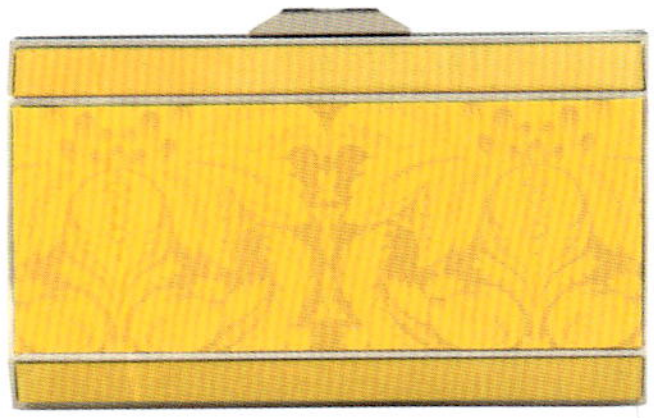

Duchess Damask 手拿包

周围镶覆着奢华的皮革，中间的芥末色印花缎面上的图案来自于格鲁吉亚室内装饰。

参考价格：¥7 600

Duchess Lady 手拿包

所用的皮革为珍贵的鲨鱼皮，中间的缎面材质上的图案源自于 18 世纪油画。

参考价格：¥9 500

Courtney Lady 手拿包

参考价格：¥3 800

Valorie 手拿包

参考价格：¥2 340

Marano 手拿包

华丽的金葱布材质，十分引人关注。

参考价格：¥4 300

Ebenezer Grosgrain 小号托特包

参考价格：¥3 350

Nevis Eye Twister Pyramid 托特包

参考价格：¥1 900

Marano Eye Twister Pyramid 手拿包

参考价格：¥4 300

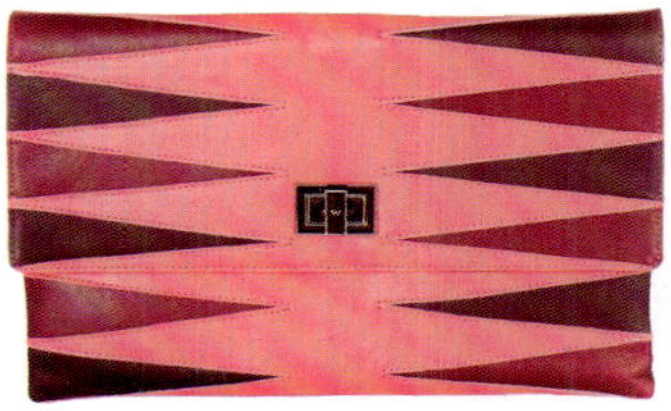

Fawn Backgammon 手拿包

参考价格：¥3 300

Bathurst Eye 手袋

鳄鱼皮材质，别致的椭圆形搪瓷锁扣上绘有眼睛图案，也可以根据客户的需要，绘制特定的字母组合。

参考价格：¥71 700

Courtney Eye Twister Pyramid 手拿包

参考价格：¥3 800

梨形晚宴包

参考价格：¥7 600

Valorie 染色锦蛇皮手拿包

参考价格：¥5 000

直通名店

香港 置地广场·海港城·利园一期
台北 微风中心·新光三越百货
台南 新光三越百货
新加坡 高岛屋百货
东京 伊势丹百货·高岛屋百货·松屋百货

Ebury Maxi 手袋

蟒蛇皮材质，蓝色无缝热封衬里，以黏合工艺省去了额外的结构和车缝工序。

参考价格：¥25 000

Casadei
卡萨黛

绝对潮牌

CASADEI

卡萨黛家族在鞋履制造方面已经拥有了超过半个世纪的历史，所有鞋品全部在意大利用独有的面料纯手工缝制，入门价格在800欧元左右，而个别鞋款可以达到2 000欧元以上。它的设计中比较常见的元素就是极细的鞋跟，以及高度超过3厘米的前部防水台，富于个性和充满自信的成熟女子驾驭起来会比较得心应手，相得益彰。

镇店潮款

Jungle Pop 细跟高跟鞋

表面镶有施华洛世奇水晶，呈现出稍显野性的丛林风格，鞋跟高度为11.5厘米，有不同纹样可选。

参考价格：￥16 800

Cotton Club 露趾高跟鞋

鞋面以蕾丝装饰，前部采用露趾设计，鞋跟高度为13.5厘米，前部防水台高度为3厘米。

参考价格：￥6 230

过膝长靴

参考价格：￥35 400

Valentine 细跟高跟鞋

脚踝处设有细带，颜色与鞋跟一致，鞋跟高度为12.5厘米。

参考价格：￥5 400

Satin 高跟凉鞋

缎面有不同颜色可选，带有金色镶边，鞋跟高度为13.5厘米，前部防水台高度为3厘米。

参考价格：￥6 800

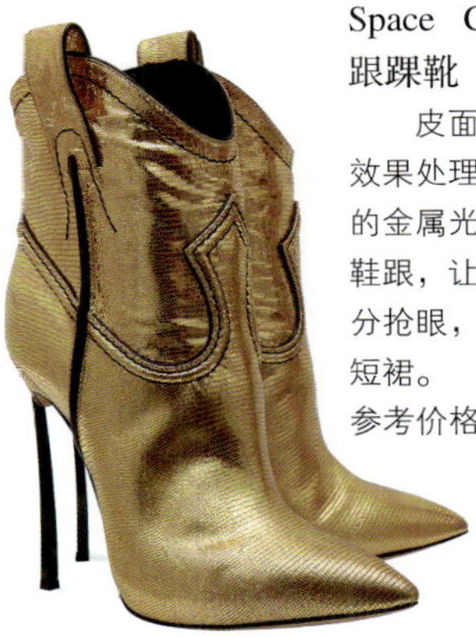

Space Cowboy 细跟踝靴

皮面采用蜥蜴皮效果处理，加上华丽的金属光泽和细细的鞋跟，让这款踝靴十分抢眼，可搭配连衣短裙。

参考价格：￥8 800

Plexi World 楔形凉鞋

鲜艳的樱桃红色鞋面，搭配透明的有机玻璃楔形鞋跟，高度为15厘米，前部防水台高度为5厘米。

参考价格：￥9 300

Evening 踝靴

刺绣以及水晶的运用让这款细跟踝靴十分具有宫廷贵族的华美感，前部设有拉链，鞋跟高度为 11.5 厘米。

参考价格：￥21 000

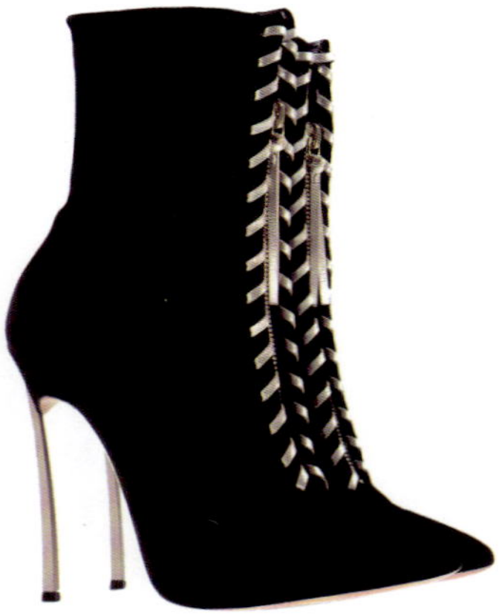

细跟踝靴

采用了前部拉链设计，皮辫元素的金属质感与鞋跟相呼应。

参考价格：￥9 800

运动款楔形鞋

高帮镂空式设计，后部带有拉链，鞋跟高度为 8 厘米。

参考价格：￥5 100

买手必购榜

水晶元素高跟鞋

鞋跟镶嵌施华洛世奇水晶元素以及各式铆钉，高度为 13.5 厘米，前部防水台高度为 3.5 厘米。有白色和黑色两款。

参考价格：￥8 000

运动款楔形鞋

造型别致，鞋跟高度为 15 厘米，前部防水台高度为 4.5 厘米。

参考价格：￥8 000

水晶元素高跟凉鞋

后部拉链式设计，镶嵌施华洛世奇水晶，鞋跟高度为 13.5 厘米，前部防水台高度为 3.5 厘米。

参考价格：￥11 300

水晶元素细跟高跟鞋

参考价格：￥7 300

尖头踝靴

搭扣设于外侧，鞋跟高度为 11.5 厘米。

参考价格：￥4 600

Valentina 露趾高跟鞋

饰有别致的红色镶边，鞋跟高度为 13.5 厘米，前部防水台高度为 3 厘米。

参考价格：￥6 150

束带笼式长靴

参考价格：￥12 600

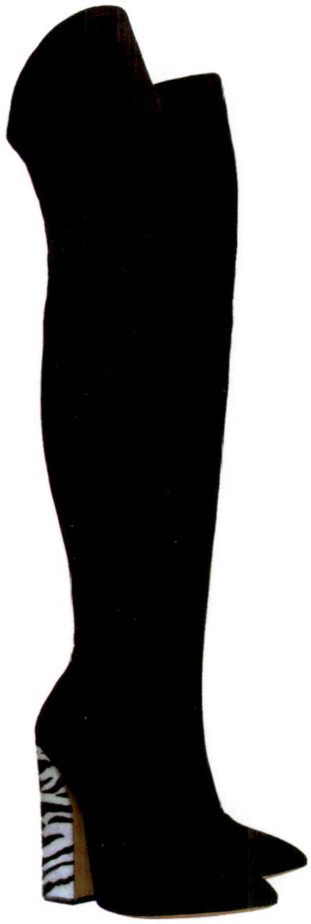

Animalier 高筒靴

潮女的必备之物中绝少不了过膝长靴，这款长靴采用了粗跟设计，并以斑马纹皮革装饰，高度约为 11.5 厘米。

参考价格：￥10 500

水晶元素高跟凉鞋

参考价格：￥6 000

Jungle Pop 露趾高跟鞋

鞋跟高度为 13.5 厘米，前部防水台高度为 3.5 厘米。

参考价格：￥5 800

Crackle 楔形凉鞋

鞋跟带有裂片效果，高度为 15 厘米，前部防水台高度为 4.5 厘米。

参考价格：￥7 200

缎面高跟凉鞋

鞋跟高度为 14.5 厘米，前部防水台高度为 4.5 厘米。

参考价格：￥7 000

Animalier 斑马纹高筒靴

黑白相间的斑马纹色调十分清新，低跟设计十分舒适，后部设有拉链。

参考价格：￥12 500

直通名店

卡萨黛的店面主要集中在欧洲一些国家的主要城市，包括伦敦、米兰、罗马、戛纳、莫斯科、圣彼得堡、雅典等。在纽约第五大道和中东的迪拜购物中心也有店面，亚洲地区尚无店面。一些知名购物网站常有一定的折扣。

伦敦 Selfridges 百货•Harrods 百货

迪拜 迪拜购物中心

纽约 第五大道

米兰 Via Sant'Andrea

戛纳 Rue D'Antibes

Chan Luu

绝对潮牌

当 Chan Luu 的潮流配件出现在众多好莱坞大腕身上时，这个越南设计师创办的品牌就出名了。设计的灵感来自于这位艺术家的旅行经历。每一件作品的背后都有一个有关大自然和文化的故事。

设计师以在世界旅行中所感受到的不同各地的文化为构想，采用选自世界各地的皮革、天然石、金属等材质，透过专业的手工技艺打造出充满个性、不做作、混搭起来又非常舒适的设计单品。

Chan Luu 偏爱采用古老的工艺创作出全新的作品，因此每件当代作品都体现出与传统之间千丝万缕的关系。尤其是品牌的标志性绕腕手链在时尚界得到了极高的评价，手链可以随性地缠绕在手上，产生多层次的变化的佩戴方式。

大牌明星们对 Chan Luu 的精致波希米亚风配饰爱不释手，从 Lady Gaga 到瑞茜·威瑟斯彭等一众名人都钟爱它的酷炫羊绒围巾与标志性绕腕手链。其不拘一格的配饰可轻松展现酷劲，不论单独佩戴还是层叠搭配都效果完美。

CHAN LUU

绿玛瑙镀金珠手镯

以绿玛瑙及镀金珠为原料，用黑尼龙绳串联。长 17~23 厘米，宽 4 厘米。

参考价格：￥1 850

紫色玛瑙项链

用紫色棉绳串联紫玛瑙而成，吊坠长 7 厘米，宽 5 厘米。建议搭配素色坦克背心，定会给人留下深刻印象。

参考价格：￥1 000

镇店潮款

缟玛瑙镀金耳坠

采用手工制作，黑色丝线镶边，叶片造型。宽 4 厘米，垂直距离 8 厘米。

参考价格：￥800

海蓝宝石皮绳项链

以棕色皮绳将海蓝宝石碎粒串接而成，纯银搭扣。长 69 厘米。

参考价格：￥1 850

石榴石编织手镯

将石榴石、玛瑙等编织串联而成，搭扣为镀金。长 17~20 厘米，宽 4 厘米。

参考价格：￥2 150

绿松石多层项链

由绿松石、施华洛世奇水晶、皇家蓝纸珠构成，配金属搭扣。长 43 厘米。

参考价格：￥1 100

彩线珍珠项链

以彩线编织包裹施华洛世奇珍珠，925 银搭扣。长 107 厘米。

参考价格：￥1 200

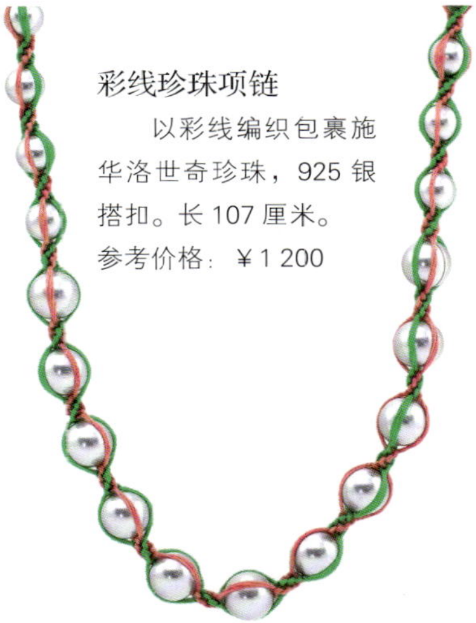

菱形水晶耳坠

闪亮的施华洛世奇水晶瞬间让这款耳坠的佩戴者光彩照人。长 8 厘米，宽 3 厘米。

参考价格：￥1 100

买手必购榜

绿松石彩珠手链

由绿松石等多种彩色宝石珠串接而成，搭扣为纯银。长 82 厘米，宽 0.6 厘米。

参考价格：￥1 200

绿松石、火玛瑙棕色皮革手镯

皮质包边设计，由绿松石、火玛瑙等编织串联而成。长 82~86 厘米。

参考价格：￥2 000

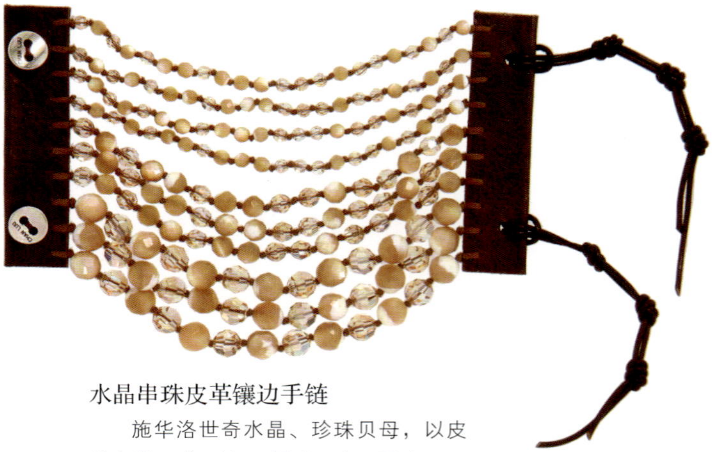

水晶串珠皮革镶边手链

施华洛世奇水晶、珍珠贝母，以皮革串联而成。长 22 厘米，宽 8 厘米。

参考价格：￥1 850

珍珠围兜项链

由珍珠、黄铁矿石、水晶串联而成。

参考价格：￥3 100

黑水晶耳坠

由施华洛世奇黑水晶、泪珠形愚人金组成。长 9 厘米，宽 2 厘米。

参考价格：￥1 300

绿色东陵玉串珠手链

以东陵玉珠用皮绳串联，纯银搭扣。长 82 厘米，宽 3 厘米。

参考价格：￥1 100

粉珊瑚皮绳手镯

饰有粉珊瑚、帕德玛宝石、施华洛世奇水晶。长 82~86 厘米。

参考价格：￥1 850

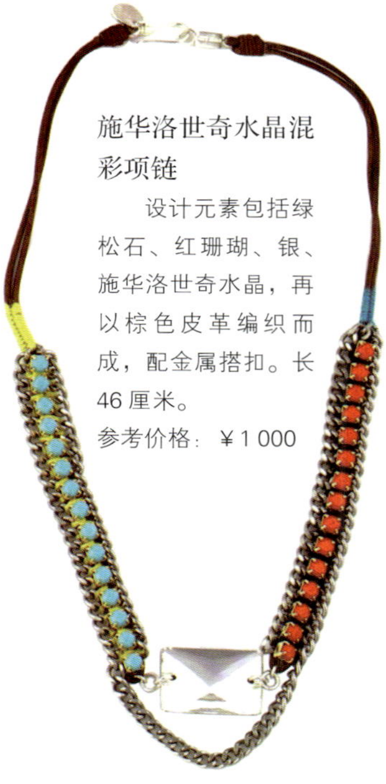

施华洛世奇水晶混彩项链

设计元素包括绿松石、红珊瑚、银、施华洛世奇水晶，再以棕色皮革编织而成，配金属搭扣。长 46 厘米。

参考价格：￥1 000

石英、木珠串珠男士项链

将石英、木珠、纯银具有的不同材质风格有机地结合起来。长 77 厘米。

参考价格：￥1 700

红玛瑙金珠手镯

饰有红玛瑙、镀金的圆珠。长 81~86 厘米，可在手腕上缠 5 圈。

参考价格：￥1 400

水晶金珠简约风项链

将施华洛世奇水晶与镀金珠串联而成。长 24 厘米。

参考价格：￥1 200

薰衣草形耳坠

用法国丝将纯银珠编织而成。长 8 厘米，宽 3 厘米。

参考价格：￥2 100

绿松石混彩项链

分层设计，设计元素包括绿松石、银、皮革。

参考价格：￥1 300

玛瑙三环耳坠

采用玛瑙以及镀金材质。长 10 厘米，宽 4 厘米。

参考价格：￥1 850

页岩灰色皮绳男士手镯

用皮绳将页岩、银镀金等珠子串联而成。长 84~91 厘米。

参考价格：￥1 400

银质、青铜、方解石五圈绕腕手链

手链的长度足够在手腕上缠绕五圈，是层叠佩戴时尚首饰的捷径。皮质饰边，饰有银质、青铜和方解石，可为你的装束平添几许波希米亚风情。

参考价格：￥1 500

直通名店

当 Chan Luu 这个品牌越来越被人们认可时，它的时尚版图也逐步扩大。人们可以在越来越多的时尚商圈内看到 Chan Luu 产品的身影。

香港 Solid Red 精品店

台北 美永酷公司

纽约 Cactus Trading 精品店

真丝雪纺系带水晶手镯

在真丝雪纺上密镶水晶，并以金链点缀。长 18 厘米，宽 6 厘米。

参考价格：￥800

Max Mara 麦丝玛拉

MaxMara

绝对潮牌

意大利品牌麦丝玛拉由阿希尔·玛拉莫蒂创立于 1951 年，以一套驼色大衣和一套深红色套装的推出，标志着麦丝玛拉传奇的开端。麦丝玛拉的第一套时装系列，就以其精巧细致的风格展现出了后来所有产品的特征，外形漂亮，线条清晰，以当时正时兴的法国风格为蓝本，再按照典型的意大利格调重新设计和制作而成。品牌其他时装系列也紧随其后，不断推陈出新。

镇店潮款

马毛豹纹高跟鞋

以豹纹元素衬托气质，是潮人们的一大搭配法则。

参考价格：￥2 800

亮片背心

混合材质，亮片装饰，摩登感十足。

参考价格：￥2 600

百褶雪纺连衣长裙

藕粉色，适合皮肤白的女性穿着。

参考价格：￥3 800

纯棉材质亮片上衣

可搭配腰带穿着。

参考价格：￥2 300

牛皮单肩包

色彩亮丽，牛皮材质实用又富有质感。

参考价格：￥3 700

漆皮凉鞋

别致的双扣带设计。

参考价格：￥3 100

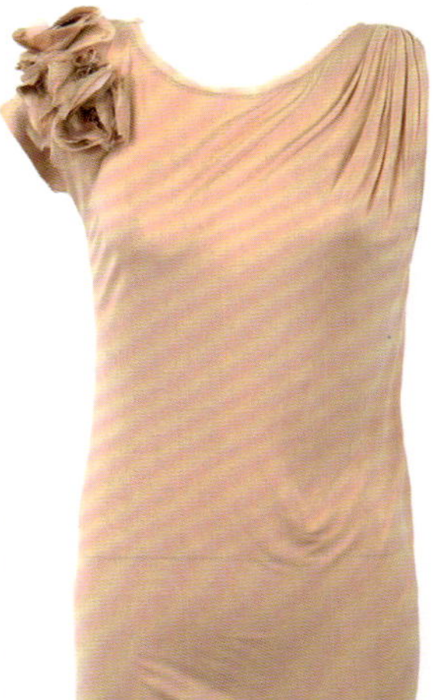

立体花朵装饰女士上衣

适合于年轻女性的粉色，精致优雅。

参考价格：￥3 400

直通名店

麦丝玛拉品牌的潮品可在全球主要城市的麦丝玛拉的精品店以及授权零售商处购买。

北京 东方广场•国贸商城

青岛 海信广场

重庆 星光广场

西安 中大国际

香水

潮人的品位，其实并不仅仅只是体现在看得见的服饰上，极富个性的香水也是展现潮人气质的必须品。收集和关注香调特别或者瓶身别致的香水，更是很多潮人的一大爱好。

让·保罗·高堤耶 Kokorico 男士香水

这是一款清新怡人的绿香型香水，香水瓶也很酷，人头形状的设计其实正是设计师高堤耶本人的侧面剪影。

参考价格：￥380/50 毫升

邦德 9 号 Central Park South 女士香水

这款香水采用明艳亮丽的粉色，瓶盖造型是一朵立体玫瑰。前调是温柔的葡萄柚花与黑醋栗花苞的气息的集合；接下来，醉人的中调满带着茉莉和铃兰的香味；最终，进入经典的木质元素的尾调。

参考价格：￥1 160/50 毫升

莲娜丽姿 L’ Air du Temps 女士香水

这款香水瓶身顶部的水晶和平鸽栩栩如生、晶莹剔透。前调为康乃馨、桃子、橙花、佛手柑、玫瑰、巴西利亚玫瑰木，中调为迷迭香、康乃馨、栀子花、紫罗兰、兰花、丁香、鸢尾根、茉莉、依兰、玫瑰，尾调为辛香料、鸢尾花、琥珀、麝香、檀木、安息香、橡树苔、香根草、雪松。

参考价格：￥340/30 毫升

迪赛 Only the Brave 男士香水

这款香水的前调为柠檬、柑橘，中调为琥珀、香柏木，尾调为弗吉尼亚雪松。

参考价格：￥450/35 毫升

让·保罗·高堤耶 Le Male 系列夏日男士香水

这款香水延续了让·保罗·高堤耶标志性的人体瓶身，前调为薄荷、薰衣草、佛手柑，中调为肉桂、莳萝、橙花，尾调为香草、零陵香豆、檀香木、雪松木。

参考价格：￥460/50 毫升

繁多的新星 Azure Blue 女士香水

这款香水的设计沿用了 Miss Caty Cat 系列别致的小猫造型，展现了一个可爱无忧的小女孩坐在一条鱼的身上，完全地放松，并享受美好时光的情景。这款香水的前调是苹果，中调是玫瑰、茉莉和黑黄花梨木，尾调是琥珀、麝香和雪松。

价格请店洽

让·保罗·高堤耶 Classique 系列夏日女士香水

这款香水的瓶身采用了人体造型，并以刺青为灵感。前调为玫瑰、橙花、西西里橙橘，中调为圣巴克茉莉、依兰、木质铃兰和白色鸢尾花，尾调是麝香、琥珀和香草。

参考价格：￥460/50 毫升

繁多的新星 Koyuki 女士香水

这款香水为清新花香型，出自 Les Poupées 系列，选择了别致的日式玩偶造型。这款香水的前调为柠檬、苹果花，中调为小苍兰、月桂树、松树，尾调为香柏木、檀木、麝香。

价格请店洽

帕高 Black XS L’Excès 女士香水

这是一款东方香型的女用香水，2012 年推出，瓶颈点缀着一颗小骷髅。这款香水的前调是奈若利橙花和黑胡椒，中调是茉莉、玫瑰和昙花，尾调是香草和克什米尔木。

参考价格：￥340/30 毫升

迪塞尔 Fuel for Life 男士香水

这款香水的前调为星茴香，中调为薰衣草、香豆素；后调为天芥菜。

参考价格：￥670/75 毫升

莫利纳 Habanita 女士香水

这款香水为东方香型，前调为橙花、佛手柑、水蜜桃、覆盆子，中调为丁香、鸢尾根、茉莉、紫色向阳花、玫瑰、依兰，尾调为琥珀、皮革、麝香、安息香、香草、雪松、橡苔。

参考价格：￥760/75 毫升

潘海利根 Artemisia 香水

这款香水于 2002 年推出，前调是油桃和绿色元素，中调是青苹果、铃兰、茉莉、茶、紫罗兰和香草，尾调是橡苔、檀木、麝香和琥珀。

参考价格：￥610/50 毫升

帕高 Black XS L’Excès 男士香水

这是一款木质香型芳香调的男用香水，在 2012 年推出，瓶身一侧悬坠着一颗小骷髅。这款香水的前调是薰衣草和阿马尔菲柠檬，中调是莎草（香付子根）油和海洋元素，尾调是广藿香和琥珀。

参考价格：￥420/50 毫升

繁多的新星 C'est Soirée 女士香水

这是一款花香型木质麝香调的女士香水，瓶身采用了化装舞会礼服造型。这款香水的前调是葡萄柚和橙，中调是茉莉、玫瑰和仙客来，尾调是麝香、檀木和弗吉尼亚雪松。

参考价个：￥300/30 毫升

祖蓓 Homme Wild 男士香水

棱角分明的瓶子上，出现了一颗略显俏皮的骷髅头。这是一款东方香型森林调男士香水，于 2012 年推出。这款香水的前调是粉色胡椒，中调是朗姆酒，尾调是木质元素和白烟草。

价格请店洽

三宅一生 Pleats Please 女士香水

灵感来自三宅一生时装所展现的轻盈元素，反映出独特的褶皱结构。这款香水的前调是西洋梨、苹果、花香，中调是牡丹花、甜豌豆，尾调是雪松木香、广藿香、香草、白麝香。

参考价格：￥340/30 毫升

马克·雅可布 Lola 女士香水

这款香水为花果香型，前调为粉胡椒、梨、葡萄柚，中调为牡丹、天竺葵、玫瑰，尾调为香草、麝香、零陵香豆。

参考价格：￥730/50 毫升

让·保罗·高堤耶 Classique 系列女士香水

这款香水的前调选择了玫瑰所特有的浪漫芬芳；中调是出乎意料的橘子花和姜香，这个男士香水的主要香调被让·保罗·高堤耶用在女士香水中，使其多了一份果敢和坚韧；最后，香草和香琥珀为它带来甜美温暖的尾调。

参考价格：￥560/50 毫升

洛丽塔 The First 女士香水

独特华丽的水晶苹果瓶身，带着淡紫色的神秘色彩。这款香水的前调为蝴蝶花、紫罗兰，中凋为甘草、茴香，尾调为兰香、麝香、紫罗兰。

参考价格：￥370/30 毫升

图书在版编目（CIP）数据

时尚品牌选购完全指南 / 世界品牌研究课题组主编. — 北京：北京工业大学出版社，2014.2

ISBN 978-7-5639-3776-9

Ⅰ. ①时… Ⅱ. ①世… Ⅲ. ①商品—选购—指南 Ⅳ. ①F76-62

中国版本图书馆CIP数据核字(2013)第318583号

时尚品牌选购完全指南

主　　编：世界品牌研究课题组

责任编辑：李　华

封面设计：赵兴华

出版发行：北京工业大学出版社

（北京市朝阳区平乐园100号　邮编：100124）

010-67391722（传真）　bgdcbs@sina.com

出 版 人：郝　勇

经销单位：全国各地新华书店

承印单位：沈阳鹏达新华广告彩印有限公司

开　　本：889 mm×1194 mm　1/16

印　　张：25

字　　数：360千字

版　　次：2014年2月第1版

印　　次：2014年2月第1次印刷

标准书号：ISBN 978-7-5639-3776-9

定　　价：169.00元
